COLLECTION POÉSIE

COLLECTION UNESCO D'ŒUVRES
REPRÉSENTATIVES

SÉRIE CHINOISE

Publiée sous les auspices de l'Unesco avec la coopération des experts du Conseil international de la Philosophie et des Sciences humaines et de M. Étiemble, représentant les Éditions Gallimard.

Anthologie de la poésie chinoise classique

sous la direction de

PAUL DEMIÉVILLE
Professeur au Collège de France

nrf

GALLIMARD

ISBN 2-07-032219-X

AVERTISSEMENT

A la préparation de cette anthologie ont participé les collaborateurs suivants :

Mme Pénélope Bourgeois, à Hongkong.

M. Paul Demiéville, membre de l'Institut, professeur au Collège de France.

M. Jean-Pierre Diény, agrégé de l'Université, attaché au Centre national de la Recherche scientifique.

Mme Patricia Guillermaz, à Paris.

M. Yves Hervouet, professeur à l'Université de Bordeaux.

M. André d'Hormon, ancien directeur du Centre franco-chinois d'études sinologiques à Pékin.

M. Max Kaltenmark, directeur d'études à l'Ecole des Hautes Etudes.

Mme Odile Kaltenmark, ancien membre du Centre d'études sinologiques de l'Université de Paris à Pékin.

Mlle Leang P'ei-tchen, répétitrice à l'Ecole des Langues orientales.

M. Li Tche-houa, répétiteur à l'Ecole des Langues orientales.

M. Pierre Royère, ancien membre du Centre franco-chinois d'études sinologiques à Pékin.

M. Robert Ruhlmann, professeur à l'Ecole des Langues orientales.

M. Siao Che-kiun, à Paris.

M. Tchang Fou-jouei, lecteur à l'Université de Paris.

Mlle Tch'en Yen-hia, lectrice à l'Université de Paris.

M. Wong T'ong-wen, à Paris.

Entrepris dès la fin de 1954, le travail s'est poursuivi en ordre dispersé jusqu'au début de 1957. L'indispensable révision des contributions individuelles devait être assurée par M. d'Hormon, connaisseur incomparable de la poésie chinoise qu'il n'a cessé de cultiver pendant un séjour d'un demi-siècle à Pékin. D'autres obligations l'ont malheureusement empêché de s'acquitter de cette tâche ; il n'a pu qu'établir la liste des pièces à traduire, en contribuant au recrutement des collaborateurs. Une première révision des manuscrits remis a été confiée à MM. Diény, Hervouet et Kaltenmark. M. Diény s'est ensuite chargé de préparer le tout pour l'impression, ajoutant notamment des notices sur les auteurs et des notes explicatives (la plupart de ces notes lui sont dues). Enfin l'ensemble a été revu d'un bout à l'autre par le soussigné, textes chinois en main.

Quelques traductions ont été empruntées aux *Fêtes et chansons anciennes de la Chine,* de Marcel Granet (1919), ainsi qu'aux *Etudes françaises* et aux *Lectures chinoises* publiées à Pékin, pendant la dernière guerre, sous la direction de M. d'Hormon.

Cette anthologie comprend pour chaque pièce : le titre, traduit en principe du titre chinois original ; la traduction du poème ; une notice succincte sur l'auteur ; un minimum de notes ; la transcription du titre chinois et des deux premiers vers du poème, destinée d'une part à permettre aux sinologues de retrouver facilement le texte original, de l'autre à donner une idée de la structure métrique du poème ; le nom du traducteur et celui du réviseur.

La disposition typographique des traductions vise à donner, elle aussi, une idée de la structure prosodique et strophique des poèmes. En principe, chaque vers chinois est rendu dans la traduction par une seule ligne. Le deuxième vers d'un distique est imprimé en retrait sur le premier. Dans les pièces de structure strophique, les distiques ou les quatrains, sixains, etc., sont séparés par des espaces. Dans les pièces dont les vers sont de longueur irrégulière, on a tenté également de reproduire tant bien que mal, par des retraits plus ou moins marqués, la disposition des vers originaux. Tout cela reste naturellement approximatif ; souvent la structure technique des pièces n'apparaît pas au premier regard et aurait appelé des analyses détaillées.

L'annotation aurait de même nécessité un effort plus poussé. Telle qu'on a pu l'établir dans les délais imposés, elle se borne généralement à expliquer les *realia*, les allusions historiques ou littéraires, quelques points stylistiques ou techniques. Il aurait fallu replacer chaque poème dans son ambiance historique, en dégager les traits propres à chaque période, à chaque genre, à chaque auteur, en commenter méthodiquement les éléments thématiques pour permettre au lecteur français de mieux saisir les intentions et les procédés des poètes. Le choix des pièces aurait lui-même pu tenir un compte plus exact de leur représentativité, tant pour la forme que pour le fond ; on ne saurait dire par exemple que, pour les dynasties des Ming et des Ts'ing, les pièces choisies évoquent adéquatement les caractéristiques propres à la poésie de chacune de ces périodes, dont la production fut énorme. L'amendement de ces imperfections, ainsi que l'amélioration de la forme française, auraient exigé un supplément de travail de plusieurs années.

L'anthologie s'arrête à la dynastie des Ts'ing (1644-1911), c'est-à-dire à la fin de l'empire. L'époque républicaine ouvre pour la poésie chinoise une ère d'expériences nouvelles qui n'est pas encore close. Dans les notices sur les auteurs (tirées pour la plupart du *Dictionnaire des littérateurs chinois* de T'an Tcheng-pi, 1934), ceux-ci sont désignés par leur nom de famille (TOU), suivi de leur nom personnel officiel (TOU Fou) puis, entre parenthèses, de leur nom personnel honorifique (TOU Tseu-mei) et éventuellement de leur surnom le plus usuel (TOU Chao-ling). Le mot *li*, mesure itinéraire dont la valeur a oscillé au cours des siècles autour du demi-kilomètre, a été rendu par « stade » plutôt que par « lieue » qui s'emploie ordinairement mais a paru par trop inexact.

P. D.

INTRODUCTION

Questa poesia è un insieme di gocce d'acqua che
dovrebbero rivelarci un oceano e se ne stanno
chiuse nelle loro fiale delicate e sottili ; E un
lampo di madreperla che illumina una tragedia
troppo più che individuale per suggerirci parole
di quaggiù.

Eugenio Montale, préface aux *Liriche
cinesi* traduites par Giorgia Valensin.

*Pour gouverner un grand pays, enseigne le taoïsme, il faut
toute la délicatesse et la légèreté de main d'un maître queux qui
sait faire cuire de petits poissons sans les gâter. On peut en dire
autant de la poésie chinoise : qui mal y touche l'abîme ; il y faut
une initiation. On tentera d'indiquer ici quelques-unes des
précautions qui se recommandent au lecteur étranger.*

*La poésie est partout en Chine : sur les lèvres des enfants, où
les folkloristes en cueillent une floraison inépuisable, sur celles du
paysan et de l'ouvrier qui scandent de chansons leur peine, leurs
récréations ou leurs récriminations, dans la bouche du condamné
à mort qui, tel le héros d'un conte moderne célèbre, entonne un
couplet d'opéra en se rendant au lieu de son exécution, et bien sûr
sous le pinceau du fonctionnaire qui avait nécessairement appris
la prosodie pour passer ses concours officiels. Elle fait l'objet de
jeux et de concours qui servaient de passe-temps favori au beau
monde ; elle double l'œuvre du peintre, qui est aussi calligraphe
et se plaît à commenter, à rehausser ses paysages de vers tracés du*

11

même pinceau ; elle jaillit chez le philosophe, qui pense à coups d'images et d'apologues et se met insensiblement à versifier lorsque sa méditation s'exalte ; on la trouve jusque dans la rue où les devantures des boutiques s'ornent d'inscriptions parallèles or sur rouge qui sont des manières de distiques, éléments de base de la prosodie chinoise. Depuis tantôt trois mille ans qu'on fait de la littérature en Chine, la poésie n'a cessé d'y être cultivée avec prédilection et sous des formes sans cesse renouvelées, et de nos jours encore Mao Tsö-tong cultive son prestige en composant des vers dans le style classique le plus pur, comme ce ts'eu de 1945 où il fait comparaître les grands empereurs du passé, fondateurs de dynasties, en leur reprochant de n'avoir pas été assez poètes.

Une des raisons de cette primauté tient à la nature intrinsèque de la langue chinoise. Le monosyllabisme impose au parler même le plus quotidien des formulations rythmées, une structuration métrique des syllabes faute de quoi l'expression de la pensée resterait incohérente. Dans la prose littéraire, cette métrique inhérente à la langue revêt une importance fondamentale : c'est grâce à son articulation en groupements rythmiques, et en même temps sémantiques, que la chaîne des caractères écrits, dont chacun représente un mot d'une syllabe, s'organise en tranches significatives, en périodes et en phrases qu'il est nécessaire au lecteur de savoir découper pour que le texte lui devienne intelligible. Le « phrasé » (kiu), l'art de ponctuer oralement les textes (comme on phrase une partition musicale), est une des formes de l'exégèse ; la ponctuation écrite était du reste elle aussi désignée par ce même mot lu keou. Et c'est kiu qui désigne également le vers poétique, ainsi confondu avec la phrase de prose, de même encore que le mot yen désigne à la fois le mot monosyllabique et le pied prosodique, l'unité lexicale et l'unité métrique. Le chinois se prête donc comme naturellement aux formes poétiques. De fait, entre prose et poésie, la distinction n'est pas toujours nette, et l'on ne sait trop, par exemple, comment classer un genre comme le « récitatif » (fou), rimé comme la poésie, mais d'une prosodie plus libre, et qui a été exclu de la présente anthologie.

12

Une autre conséquence du monosyllabisme est la prégnance du mot chinois, sa polyvalence grammaticale qui, en l'absence de toute morphologie, la forme du mot restant en principe invariable, fait qu'un mot comme kiu, qui vient d'être cité, peut s'employer aussi bien comme nom que comme verbe : « phrase » et « phraser ». Il en résulte une imprécision qui nuit à l'expression analytique de la pensée (et il n'y a pratiquement jamais eu de logique formelle en Chine), mais aussi une souplesse, une richesse de sens, une puissance de suggestion qui sont éminemment favorables à l'art poétique. Celui-ci sait en tirer des effets qu'il est impossible de rendre en traduction française, où l'on est obligé de préciser non seulement la catégorie nominale ou verbale, mais aussi le genre et le nombre du nom, la personne et le temps du verbe. L'impersonnalité du verbe chinois confère à la diction un caractère de flou, de généralité qui disparaît dans la traduction, le chinois pouvant spécifier, mais n'ayant pas nécessairement à spécifier et souvent, en poésie, s'abstenant intentionnellement de spécifier si c'est le poète qui parle en son propre nom, ou s'il s'adresse, à la deuxième personne, à quelque interlocuteur réel ou imaginaire, ou s'il fait parler un tiers, qui peut être soit un homme, soit une femme, soit une collectivité, etc. : au lecteur de recomposer à sa manière les associations qui lui sont proposées et qui peuvent comporter plusieurs niveaux d'interprétation.

Se perdent aussi, dans notre langue analytique et polysyllabique, bien d'autres effets de la prosodie et de la stylistique poétiques chinoises qui font le désespoir des traducteurs. Pour parer à cette trahison inévitable, peut-être sera-t-il permis d'entrer ici dans quelques détails techniques.

La cellule prosodique chinoise est essentiellement le distique, généralement doublé en quatrains avec la rime au deuxième et au quatrième vers, parfois aussi au premier. La rime apparaît dès les origines ; elle est sévèrement réglementée et fait l'objet, dès les premiers siècles de notre ère, de répertoires officiels qui en fixent la norme phonologique conforme à la prononciation de chaque

13

époque. La métrique est tantôt régulière, chaque vers comptant le même nombre de pieds, c'est-à-dire de monosyllabes, tantôt irrégulière, avec des vers de longueur inégale. Les mètres réguliers ont été principalement ceux de quatre, de cinq et de sept pieds.

Le mètre quaternaire est celui qui fut en usage dans la haute Antiquité, en gros au cours du premier millénaire avant notre ère ; on le trouve notamment dans le plus ancien monument de la poésie chinoise, le Canon des Poèmes (Che-king), qui date de la première moitié de ce millénaire. Voici comment se présente un quatrain de cette collection, tel à peu près qu'il se prononçait à l'époque (les rimes en italique ; l'apostrophe marque l'expiration) :

> Ts'ieng ts'ieng tsieg k*iem* /
>   Diog diog nga s*iem* //
> Tsiung nga puet guang /
>   Tsieg nieng puet dzieg *iem* //

Mot à mot :

> Bleu bleu votre collet /
>   Troublé troublé mon cœur //
> Si moi pas aller /
>   Vous pourquoi pas continuer sons //

Traduction de Marcel Granet :

> Votre collet est bien bleu,
>   Et mon cœur est bien troublé...
> Si vers vous je ne vais pas,
>   Faut-il que vous ne chantiez ?

La rime en -iem est au premier, au deuxième et au quatrième vers du quatrain. Le quatrième vers compte cinq pieds au lieu de quatre, irrégularité assez fréquente dans ces poèmes et qui s'explique probablement par l'inaccentuation d'un des monosyllabes. On notera les effets d'allitération ; il s'agit d'une pièce imitée du folklore, et qui en met en œuvre les procédés caractéristiques.

14

Voici maintenant un quatrain pentasyllabique de Li Po, le grand poète du VIIIᵉ siècle de notre ère. Un millénaire et demi a passé ; nous sommes à l'âge classique de la poésie chinoise. Tombé en désuétude pour ne plus se maintenir que dans certains genres archaïques et hiératiques, le vers de quatre pieds s'est vu remplacer, vers le début de notre ère, par le vers de cinq pieds, avec une forte césure après le deuxième pied ; peut-être la substitution de ce mètre impair au mètre pair de l'Antiquité doit-elle s'expliquer par l'intégration dans le schème prosodique de la pause qui marquait le dernier pied du vers tétrasyllabique. A l'époque de Li Po, la prosodie s'est enrichie d'une ressource nouvelle : la polytonie. Les monosyllabes chinois, comme ceux de la plupart des langues extrême-orientales du même type, sont affectés de tons, c'est-à-dire d'inflexions, de modulations soit « planes » (recto tono), soit « obliques » (ascendantes, descendantes, implosives), qui font partie intégrante du mot au même titre que les consonnes ou les voyelles. Les Chinois ne semblent avoir pris pleine conscience de cette particularité de leur langue qu'après avoir connu le sanscrit, qui n'offrait rien de pareil ; vers le Vᵉ siècle de notre ère, la prosodie commence à en tirer un parti que la poésie antérieure négligeait. Dans la transcription suivante, qui reproduit la prononciation du temps de Li Po, les tons plans sont marqués, sur la voyelle principale, du signe —, les tons obliques du signe ˅, et les césures d'une virgule (Kiang-d'ieng est le nom de la montagne) :

> Tchŭng tieŏu, kăo pyuĕi dz'iĕn /
> Kyō yūen, d'ŭk k'ywŏ ghăn //
> Siāng k'ān, liăng pŭet iĕm /
> Tchĭe ieŏu, kiăng d'iēng chăn //

Mot à mot :

> Tous oiseaux, haut voler disparus /
> Orphelin nuage, seul aller oisif //
> Mutuellement regarder, deux pas rassasier /
> Seulement avoir, Kiang d'ieng mont //

15

Traduction libre :

Tous les oiseaux ont disparu bien haut ;
Seul un nuage au ciel s'en va oisif.
A nous fixer tous deux sans nous lasser,
Il n'y a plus que la montagne et moi.

Le *schème tonal suivi par Li Po est le suivant (avec au troi-*
sième vers une petite irrégularité, licite après la césure) :

```
 ᴗ ᴗ , ‒ ‒ ᴗ |
 ‒ ‒ , ᴗ ᴗ ‒ | |  Rime
 ‒ ‒ , ᴗ ᴗ ᴗ |
 ᴗ ᴗ , ᴗ ‒ ‒ | |  Rime
```

Ainsi qu'on le voit, les tons plans et obliques s'opposent régu-
lièrement d'un vers à l'autre, à l'intérieur de chaque distique. Il
en résulte un effet de balancement symétrique, une sorte de contre-
point que la psalmodie d'un bon récitateur sait mettre en pleine
valeur.

L'autre mètre classique de la poésie régulière, constitué un peu
plus tard que le mètre de cinq pieds, est le mètre de sept pieds,
peut-être issu du distique de deux vers de quatre pieds tronqué de
son huitième et dernier pied. En voici un exemple emprunté, lui
aussi, à Li Po. C'est un quatrain d'adieu, thème courant en
Chine où les lettrés, pour des raisons principalement administra-
tives, se déplaçaient sans cesse d'un point à l'autre du vaste empi-
re, comme le faisaient les fonctionnaires romains : d'où des sépa-
rations qui pesaient aux amis. Ici le poète, au lieu dit le Pavillon
de la Grue jaune, près de Hankeou, sur le moyen Fleuve Bleu,
prend congé d'un de ses amis qui, par une journée de printemps,
descend en jonque le « Long Fleuve », comme on dit en chinois,
pour se rendre à la préfecture de Yang, grande ville de luxe et de
plaisir située en aval de Nankin. Cette pièce est un des chefs-
d'œuvre du quatrain impressionniste, genre qu'on appelle en

chinois des « vers interrompus » (tsiue-kiu) et dont on dit que
« l'idée se propage à l'infini quand la parole s'arrête » :

> Kuŏ nyiēn siēi zĭ, ghuāng ghăk leōu /
>   Ngăn huā săm ngyuăt, ghă iăng tchieōu //
> Kuŏ b'ywăn ywăn iăng, pyĕk k'ŭng dz'iĕn /
>   Wĭ kiĕn dj'iăng kăng, t'iĕn tchiăi lieōu //

Mot à mot :

> *Vieil ami ouest quitter, Jaune Grue pavillon /*
>   *Buée fleurs troisième mois, descendre Yang préfecture //*
> *Solitaire voile lointaine silhouette, émeraude espace finir //*
>   *Seulement voir Long Fleuve, ciel bout couler //*

*Adaptation libre de Paul Claudel (voir aussi ci-dessous,
p. 262) :*

Mon ami s'en est allé sur sa barque et la distance entre moi et lui ne cesse de
Dans le léger brouillard sur l'eau mêlé de fleurs il s'est évanoui [s'élargir
La voile peu à peu s'éteint à l'horizon blanc sur blanc
Il n'y a plus que le fleuve vers le ciel qui s'allonge indéfiniment

La symétrie tonale est un peu troublée ici par la présence au
premier vers d'une rime de ton plan, procédé suivi avec prédilec-
tion dans le quatrain isolé de sept syllabes, alors qu'on l'évite
plutôt dans le quatrain pentasyllabique :

> ⌣ – – – , – ⌣ – | Rime
> ⌣ – – ⌣ , ⌣ – | | Rime
> – – ⌣ ⌣ , ⌣ – ⌣ |
> – ⌣ – – , – ⌣ – | | Rime

Il y a en outre des irrégularités sur d'autres pieds, irrégularités
licites aux pieds impairs, le premier, le troisième et le cinquième ;
les tons, plans ou obliques, ne sont imposés qu'aux pieds pairs,
deuxième, quatrième, sixième. Le contrepoint tonal parfait serait
théoriquement le suivant :

```
 ∪ ∪ − − ,  − ∪ ∪ /
 − − ∪ ∪ ,  ∪ − − / / Rime
 − − ∪ ∪ ,  − − ∪ /
 ∪ ∪ − − ,  ∪ ∪ − / / Rime
```

    Les variantes apportées à ce schème théorique sont un raffine-ment de plus, un peu comme des dissonances.

    A ce contrepoint tonal vient s'en ajouter, dans le premier quatrain de Li Po cité plus haut (p. 15), un autre d'ordre sémantique, sensible dans les deux premiers vers, où tous *répond à* orphelin, oiseaux *à* nuage, haut *à* seul, voler *à* aller, dispa-ru *à* oisif, *les mots s'ordonnant de vers à vers en catégories corré-latives suivant leur sens ou leur fonction syntaxique. Ce procédé, lié lui aussi au monosyllabisme de la langue chinoise, qui sous toutes ses formes se voit contrainte de recourir à des formulations symétriques pour introduire dans la séquence des monosyllabes un principe d'organisation significative, est de rigueur, à partir des T'ang, dans le genre du double (ou du triple) quatrain, qu'on appelle « codifié » (liu), parce que tous les détails en font l'objet de règles systématiques. Le praticien le plus consommé de la prosodie « codifiée » est Tou Fou, contemporain de Li Po dont il égale la gloire. J'en citerai pour exemple un huitain qu'il m'arrivait souvent de chantonner lors de l'exode, pendant la dernière guerre. Ce poème est de l'année 757 : la guerre civile faisait rage en Chine ; la capitale, Tch'ang-ngan, avait été évacuée l'été précédent par la cour impériale et par tous ceux des habitants qui avaient pu prendre le chemin de l'exode ; le poète a été installer sa famille à bonne distance de Tch'ang-ngan, mais, pris par les rebelles, il a dû regagner la ville désertée où le prin-temps le surprend en plein désarroi :*

        Kuĕk p'uằ, chān hă dz'ăi /
          Jiĕng tch'ŭen, ts'ăo mŭk chẽm //
        Kăm jĩ, huă tsiĕn luĩ /
          Hĕn b'iĕt, tieŏu kiăng siẽm //

P'uŏng huă, liĕn săm nguăt /
  Kã chŏ, tiĕi muăn kiĕm //
B'ăk d'ĕou, săo kăng tuăn /
  Hŭen iuŏk, pŭet chĕng tchĕm //

Mot à mot :

  Pays effondré, montagnes rivières présentes /
    Ville printanière, plantes arbres profonds //
  Emu époque, fleurs éclabousser larmes /
    Chagriné séparation, oiseaux angoisser cœur //

  Torches feux, durer trois mois /
    Famille lettre, valoir myriade or //
  Blanche tête, gratter plus court /
    Absolument vouloir, non supporter épingle //

Interprétation :

  Le pays est perdu : reste le paysage ;
    La ville est printanière : foisonne la verdure.
  Les fleurs ne sont mouillées que des larmes du malheur ;
    Les oiseaux ne font qu'aggraver l'angoisse de l'absence.

  En plein avril, les feux d'alarme ne cessent de brûler ;
    Une lettre de ma famille vaudrait une fortune !
  A gratter ma tête blanchie, j'accourcis encore mes cheveux ;
    Bientôt ils ne tiendront même plus mon épingle.

Contrepoint tonal :

    ⌵ ⌵ , — — ⌵ /
    — — , ⌵ ⌵ — / / *Rime*
    ⌵ — , — ⌵ ⌵ /
    ⌵ ⌵ , ⌵ — — / / *Rime*

    — ⌵ , — — ⌵ /
    — — , ⌵ ⌵ — / / *Rime*
    ⌵ — , — ⌵ ⌵ /
    ⌵ ⌵ , ⌵ — — / / *Rime*

Contrepoint sémantique :

Si l'on veut bien examiner le mot à mot, on constatera qu'entre les mots de chacun des trois premiers distiques le contrepoint sémantique est rigoureux de vers à vers. Pays *répond à* ville, (être) effondré *à* printemps *(ce qui montre que* printemps *est traité ici en verbe prédicatif, tour puissant et proprement intraduisible),* montagnes et rivières *à* plantes et arbres, (être) présent *à* (être) profond, ému *à* chagriné, époque *à* séparation, fleurs *à* oiseaux, éclabousser *(passif) à* angoisser *(actif),* larmes *à* cœur, feux *à* lettre, durer *à* valoir, trois *à* myriade, mois *à* or. *Le contraste entre l'angoisse du poète et l'atmosphère printanière, avec la végétation renaissante qui envahit les parcs et les jardins de la grand-ville laissés à l'abandon, est mis en relief avec une virtuosité verbale qui, chez un maître comme Tou Fou, se garde de tomber dans l'artificiel ; mais on imagine ce que cette technique pouvait donner dans les copies des examens d'État au programme desquels le genre « codifié » fut inscrit depuis l'époque de Tou Fou.*

Un autre élément de la poésie chinoise qui disparaît en traduction, mais dont il faut tenir compte si l'on veut s'expliquer les formes de cette poésie et leur rendre justice, c'est la musique. Les rapports de la poésie avec la musique en Chine sont encore insuffisamment étudiés et restent mal connus, d'autant que les notations musicales qui nous sont parvenues ne remontent pas bien haut, beaucoup moins haut que les textes poétiques ; on en sait assez cependant pour discerner l'importance de ces rapports. La poésie chinoise ne s'est jamais parlée. Tantôt on la psalmodiait sur une mélopée apprise du maître, la même pour tous les vers, et déjà beaucoup plus soutenue que ne l'est par exemple la Wortmelodie *de nos compositeurs modernes. Tantôt on la chantait, souvent avec un accompagnement instrumental, sur des airs donnés dont la structure était généralement à répétition, d'où l'organisation des vers en strophes, quatrains, sixains, huitains, etc. Ce dernier cas était celui des pièces recueillies dans le Canon des Poèmes, qu'il faut se représenter comme les paroles de stro-phes chantées et dansées, à rythme quaternaire, soit lent et solen-nel dans les pièces sacrées, hymnes sacrificiels, odes dynastiques, liturgies rituelles, soit au contraire vif et léger dans les morceaux profanes, tirés ou imités du répertoire folklorique des différentes seigneuries et qu'on exécutait sans doute lors des fêtes ou des réceptions royales ou seigneuriales.*

Un peu plus tard, vers le IVe siècle avant notre ère, on voit apparaître un genre de poésie très différent dans la région de Tch'ou, sur le moyen Fleuve Bleu, région qui à cette époque restait encore en marge de la civilisation proprement chinoise, celle du bassin du Fleuve Jaune, et de la tradition confucianiste. On y cultivait une poésie d'inspiration chamanique, incantatoire et dionysiaque, proche du taoïsme, avec un débordement de symbo-lisme végétal et floral et d'étranges délires où l'onirisme se mêlait à l'érotisme, non sans que les lettrés réussissent à y glisser des allusions politiques. La forme en était ce qu'on appelle le fou, terme qui peut se traduire par « récitatif » s'il est vrai, comme on nous le dit, que ces poèmes ne se chantaient pas (du moins en chœur ?) ; et de fait les vers de Tch'ou sont de longueur irrégu-lière, oscillant autour de six pieds (mais il y en a aussi de quatre pieds, à la manière de la Chine antique), et ne semblent générale-ment pas répondre à des structures musicales strophiques.

Cependant certaines « chansons de Tch'ou » semblent s'être répandues dans le reste de la Chine et avoir contribué à éliminer la vieille prosodie quaternaire. Sous les Han, au IIe siècle avant notre ère, les airs du Canon des Poèmes s'étaient perdus. L'empereur Wou des Han, vers l'an 120, institua un Conser-vatoire de Musique (yue-fou) qui fut chargé de recueillir un nouveau répertoire de mélodies et de paroles à l'usage de la cour impériale. Celles de ces pièces qui étaient d'origine ou d'inspira-tion populaire donnèrent naissance à un genre, dit du Conserva-toire (yue-fou), qui fut largement exploité par les lettrés des premiers siècles de notre ère, se détachant peu à peu de son contenu musical pour devenir purement littéraire. C'est là le premier des genres qui seront désignés dans cette anthologie comme « poèmes à chanter ».

À l'époque des T'ang, à partir du VIIe siècle, les vers de cinq et de sept pieds, érigés en métrique classique et régulière, semblent s'être tantôt psalmodiés, tantôt chantés sur des airs d'emprunt dont la structure musicale n'avait parfois pas de rapport avec celle des vers. C'est alors, aux alentours de l'an 800, que se constitue une nouvelle forme de « poèmes à chanter », les ts'eu, c'est-à-dire des « paroles », des textes sur des airs donnés qui avaient cours alors. Ces airs ne nous sont plus connus ; à en juger par la prosodie très complexe à laquelle ils ont donné naissance, ce devaient être des pièces d'un rythme très varié, et en partie d'origine étrangère, en particulier sérindienne. Le ts'eu, qui allait fleurir surtout sous les Cinq Dynasties et sous les Song, du Xe au XIIIe siècle, prend dans l'histoire de la poésie chinoise la suite du genre « à chanter » qui avait conservé, depuis les Han, le nom du Conservatoire de Musique des Han (yue-fou) ; mais, alors que ce genre restait prosodiquement assez proche des stances régulières en vers égaux qui caractérisaient le che ou poésie régulière classique, dont il se distinguait surtout par l'absence de contrepoint tonal et sémantique et par l'allure plus populaire des thèmes, le ts'eu introduit une prosodie toute nouvelle. Les pièces, les stances, les vers eux-mêmes sont de longueur très inégale ; pas de parallélisme sémantique, mais les oppositions tonales sont exploitées à fond, jusqu'à tenir compte, parmi les tons obliques eux-mêmes, des tons ascendants ou descendants dont la succession est interdite à certains pieds de certains vers. Chaque type de ts'eu, désigné par un nom d'air musical (de même que Béranger écrivait des chansons en vers inégaux « sur l'air de Jeannot et Colin », etc.), fait l'objet de règles minutieuses qui ne devaient guère embarrasser les poètes tant que ceux-ci suivaient des mélodies qui leur étaient connues, mais dont l'observation devint fort épineuse lorsque à partir du XIIIe siècle environ les airs origi-

naux furent oubliés. On continua cependant à « remplir » artifi-
ciellement des formules prosodiques privées de leur raison d'être
musicale, comme chez nous les parnassiens s'évertuaient à rimer,
d'après les traités de versification, des ballades ou des rondeaux,
issus eux aussi de chansons (à danser) qu'ils ne connaissaient
plus. On compte près d'un millier de schèmes de ts'eu, avec
autant de variantes ou à peu près.

V oici un exemple de ts'eu emprunté à Li Yu (†978), un des
maîtres du genre, souverain d'une des petites dynasties qui précé-
dèrent celle des Song. Il l'écrivit après avoir perdu son trône. Ses
vainqueurs, les Song, l'ont déporté en captivité. C'est un poème
d'exil et de regret, mis dans la bouche d'une femme comme le
veut la thématique propre aux ts'eu ; le féminin n'est du reste
nulle part spécifié dans le texte, car le chinois ne distingue pas
entre les genres, et l'on pourrait aussi bien traduire au masculin.
La transcription est conforme à la prononciation moderne, dont
se rapprochait déjà celle de Li Yu :

Sur l'air La joie du revoir.

Wŏu yēn tŏu chăng sī leōu /
Yŭe jōu keōu /
Tsĭ mŏ wōu t'ōng chēn yuăn, sŏ ts'īng ts'ieōu //

Tsiēn pŏu *touăn* /
Lĭ houăn *louăn* /
Chĕ lī tch'eōu /
Piĕ chĕ yĭ pān tsēu wĕi, tsăi sīn t'eōu //

Mot à mot :

Sans parole seul(e) monter Ouest pavillon /
Lune comme crochet /
Tranquilles silencieux sterculias paulownias profond cour, cadenasser pur
[automne //

Couper pas rompu /
Ranger encore désordonné /
Être séparation chagrin /
Singulière est une sorte saveur goût, dans cœur suffixe //

Traduction de Mme Kaltenmark (ci-dessous, p. 354) :

Silencieuse, esseulée, je monte les degrés du pavillon de l'Ouest.
  La lune est comme une faucille.
Dans la cour profonde plantée de platanes, le frais automne enferme ma
                                                              [*solitude.*

  O insécable fil de ma pensée,
  Inextricable écheveau de mes peines,
  Douloureux éloignement,
Quelle singulière saveur tu mets en mon cœur !

Le schème prosodique est celui de l'air intitulé La joie du revoir, *air remontant aux T'ang et sur lequel ont été composées de nombreuses paroles de ts'eu :*

$$\_\,\_\,\smile\,\smile\,\_\,\_ \mid Rime\ A$$
$$\smile\,\_\,\_ \mid Rime\ A$$
$$\smile\,\smile\,\_\,\_\,\_\,\smile\,,\ \smile\,\_\,\_ \mid\mid Rime\ A$$

$$\smile\,\smile\,\smile \mid Rime\ B$$
$$\smile\,\_\,\smile \mid Rime\ B$$
$$\smile\,\_\,\_ \mid Rime\ A$$
$$\smile\,\smile\,\smile\,\_\,\_\,\smile\,,\ \smile\,\_\,\_ \mid\mid Rime\ A$$

La métrique est à base ternaire, les vers comptant trois, six ou neuf syllabes, ces derniers avec une césure après la sixième syllabe. Tous les vers riment, les trois premiers et les derniers en -eōu (ton plan), le quatrième et le cinquième en -ouǎn (ton oblique). La prosodie n'impose des tons plans ou obliques que pour certaines syllabes de chaque vers, les autres restant tonalement libres ; au premier vers, par exemple, on pourrait avoir $\smile\,\_\,\_\,\smile\,\_\,\_$ *, au lieu de* $\_\,\_\,\smile\,\smile\,\_\,\_$ *. Les effets tonaux paraissent difficiles à interpréter et à apprécier en l'absence de la musique, qui est perdue, et dont les tons des mots devaient suivre, on ne sait trop dans quelle mesure, la marche mélodique, le cursus plan, ascendant, descendant.*

Tels sont quelques-uns des obstacles d'ordre formel qui hérissent l'abord de la poésie chinoise et compromettent tout essai de traduction. Les mécomptes ne sont pas moindres en ce qui concerne le contenu, la thématique. Comme toute grande poésie, la poésie chinoise est chargée d'associations traditionnelles et dispose d'un matériel de thèmes, d'une topique d'autant plus riches qu'en raison de la continuité de sa tradition, soutenue par une langue littéraire et par une écriture qui ont à peine évolué au cours d'une vingtaine de siècles, la Chine a toujours incliné à se retourner vers son passé pour y puiser des exemples ou des inspirations. En dehors des « allusions littéraires » proprement dites, qui se réfèrent à des textes ou à des faits historiques déterminés et dont l'érudition chinoise a dressé des répertoires monumentaux, il y a un fonds immense de thèmes convenus et tellement courants qu'aucun commentaire ne songe même à les relever, une réserve d'archétypes poétiques qui relèvent du subconscient collectif et qui vont de soi pour tout lecteur chinois, mais dont la méconnaissance risque d'induire le lecteur étranger à de graves malentendus. Nous avons aussi nos thèmes traditionnels, dont nous ne sommes guère plus conscients et qui déroutent les Chinois tout autant (le thème du baiser les scandalise) ; qui nous donnera une thématique comparée des littératures universelles ? Il me souvient qu'étant professeur en Chine, et cherchant une lecture française le plus directement accessible à mes élèves, je crus pouvoir recourir au Discours de la méthode. Je n'en avais pas lu cinq lignes que je sentis se dresser devant moi un mur d'incompréhension et me rendis compte de ma naïveté ; Descartes s'avérait chargé d'une thématique à laquelle mes auditeurs n'entendaient rien.

C'est sur un tel canevas de thèmes traditionnels que le poète chinois brode ses variations les plus originales : à prendre pour bon argent toutes les figures au milieu desquelles il se joue, on passe à côté de sa pensée et on se méprend sur ses intentions esthétiques. Le blanc signifie pour nous pureté ; pour les Chinois, couleur du deuil, il évoque plutôt tristesse, froidure, solitude, par exemple dans une expression comme « la lune blanche ». Il s'oppose au rouge, couleur des épousailles, qui évoque les joies de ce monde : la « poussière rouge », c'est le monde avec ses plaisirs, ses pompes, sa vaine agitation. Les poètes chinois, qui restent ou se piquent de rester des ruraux, sont très sensibles aux saisons ; la philosophie nationale a toujours insisté sur les rapports qui lient la vie humaine à celle de la nature. Les mots « printemps » et « automne » reviennent donc constamment dans le vocabulaire poétique : le premier est presque synonyme de « vitalité, exubérance, excitation » (en particulier érotique), le second suggère les notions opposées. Or la Chine est soumise au régime des moussons, et le printemps s'y annonce par les vents tièdes et humides du sud-est, l'automne par les vents froids et secs du nord-ouest. « Est » est donc synonyme de « printemps », comme « ouest » l'est d'« automne » ; dans le système de correspondances cosmiques dont les Chinois étaient friands, le printemps se classe avec l'est et avec l'élément du bois, l'automne avec l'ouest et l'élément du métal. Dans le ts'eu de Li Yu, qui a été cité plus haut, il est question d'un pavillon de l'Ouest et non de l'Est : c'est qu'il s'agit d'un poème d'automne et de mélancolie ; l'ouest était d'autre part, dans l'Antiquité, la partie de la maison réservée à la femme, laquelle relève du yin, principe d'ombre et d'humidité ; la mention, dans un tel contexte, d'un pavillon de l'Est produirait sur le lecteur chinois l'effet d'une fausse note.

Innombrables sont les clichés plus ou moins euphémiques qui se rapportent aux choses de l'amour. L'expression « les fleurs en buée » (yen-houa) est une de celles qui évoquent l'atmosphère du printemps, avec ses effluves vaporeux qu'apporte la mousson maritime :

> Dans le léger brouillard sur l'eau mêlé de fleurs,

comme dit Claudel paraphrasant Li Po (ci-dessus, p. 17). La buée est yin ; les fleurs, en poésie, ce sont les femmes ; yen-houa suggère une ambiance de fête qu'égaient des courtisanes, et finira *par signifier un lieu de débauche. Dans le quatrain d'adieu de Li Po, il se peut qu'à l'emploi de cette expression ne soit pas étrangère la vision de la vie de plaisir qui attend son ami à la préfecture de Yang. Lorsqu'un poète parle du « vent printanier » il sous-entend un souffle de sensualité ; « le vent et la lune », c'est-à-dire le vent du printemps et le clair de lune de la mi-automne, si beau à l'équinoxe dans les pays de mousson où l'on célèbre des fêtes pour en jouir, est une autre expression qui a subi la même déviation sémantique ; de même « le nuage et la pluie », plus réaliste, et qui fait allusion à un mythe érotique de l'Antiquité. Le « nuage blanc », à la dérive dans le ciel, implique au contraire un sentiment d'exil et de dépaysement. « La lune dans l'eau », reflet insaisissable, est une image bouddhique de l'illusion universelle ; la fleur de lotus, dont les racines trempent dans la vase, mais qui élève sur la surface de l'eau sa grande corolle immaculée, c'est, dans le bouddhisme aussi, la pureté transcendante du saint ; Judith Gautier, dans son* Livre de jade, *commet un contresens lorsqu'elle nous montre un poète adressant une déclaration d'amour à un lotus. Les oies sauvages, auxquelles on confiait naguère des messages comme à nos pigeons voyageurs, s'associaient à l'idée de la séparation qui est un des thèmes constants de la poésie chinoise, thème lié à l'immensité du territoire et aux expéditions militaires lointaines, et auquel s'apparente celui du retour au pays natal, qu'il s'agisse du soldat licencié ou du fonctionnaire retraité, enfin rendus à la paix champêtre. Tels sont quelques-uns des idiotismes du langage poétique chinois, sans parler des doubles sens allégoriques selon lesquels, par exemple, une femme abandonnée devient un vassal ou un fonctionnaire méconnu par son prince ; c'est à de tels doubles sens moralisants que nous devons la conservation de tant de pièces d'inspiration plus ou moins populaire et qui comptent parmi les joyaux de la poésie chinoise, tels les* Airs des seigneuries *qui ouvrent le* Canon des Poèmes (Che-king) *et la présente anthologie.*

Il faut souligner qu'en Chine la poésie, art qui plonge dans le subconscient, est toujours restée plus proche que la prose de la spontanéité populaire, et cela tant par les sujets dont elle traite que par sa langue elle-même ; les vulgarismes abondent jusque chez les poètes les plus châtiés de l'époque des T'ang. Les lettrés mandarins trouvent dans la poésie un moyen de revenir à la nature sans mauvaise conscience ; ils y célèbrent les vacances du ritualisme et de l'intellectualité. De là le thème si fréquent du retour à la campagne, à la terre natale où reposent les ancêtres et où le haut dignitaire en retraite remise sa robe de cour pour revêtir le manteau de paille du paysan et entonner des airs rustiques. Toute l'histoire de la poésie chinoise est une suite de recours aux sources populaires, en particulier dans le domaine des formes qu'on voit se renouveler périodiquement par ce moyen. Les Airs des seigneuries passent pour être des chansons recueillies par l'administration des Tcheou, avec leurs « airs » musicaux, dans les différentes principautés ou seigneuries de la Chine féodale, en vue de renseigner la cour royale sur l'opinion publique, les mœurs locales, l'« air » politique et moral qu'on respirait dans le peuple ; l'idée que le tao s'exprime par la voix du peuple, resté plus près de la nature, est très ancienne en Chine, et plus d'un empereur ou d'une impératrice a dû ou a su tenir compte des chansons satiriques, ritournelles plus ou moins prophétiques, slogans rimés à base de jeux de mots, qui n'ont jamais cessé de courir dans le peuple. Les chansons du Che-king, bien entendu, avaient été mises en forme dans le dialecte de la cour par des scribes qui ne tardèrent pas, en outre, à leur appliquer une interprétation allégorisante et didactique : c'était la mainmise de la classe lettrée et gouvernante sur l'art du peuple, accaparé à des fins politiques.

Lorsque après la chute de la féodalité antique l'empire des Han veut se constituer une musique et une poésie de cour, on le voit recourir au même procédé et faire recueillir par son Conservatoire de Musique (yue-fou) le folklore régional qui allait inspirer tout un genre littéraire au cours des premiers siècles de notre ère. Sous les Six Dynasties, la Chine du Nord est envahie par les Barbares et les dynasties nationales légitimes se réfugient dans le bassin du Fleuve Bleu, à Nankin, où pendant deux siècles et demi (317-589) elles se perpétuent dans l'attente trompeuse d'une restauration. Les courtisans du Nord se trouvaient là en région exotique, dans un Midi où tout les dépaysait, climat, mœurs, langue, mais qui offrait pâture à leur curiosité d'esthètes oisifs ; et l'on voit le folklore de cette région de Wou donner naissance à de nouveaux genres poétiques. Telles par exemple les chansons dites de Tseu-ye (c'était le nom d'une chanteuse de Wou), sur le modèle desquelles des lettrés de Nankin se mirent à composer des poèmes qui affectaient la simplicité populaire par un surcroît de raffinement.

Sous les T'ang, à partir du VIIIe siècle, les vieux airs du Conservatoire des Han, comme ceux des chansons de Wou, tombent en désuétude à leur tour ; la prosodie divorce d'avec la musique ; on applique aux nouveaux mètres réguliers de cinq et de sept pieds, en particulier aux quatrains des grands poètes contemporains qui se répandent jusque dans le peuple, des mélodies qui ne sont pas faites pour eux. La musique autochtone a été bouleversée par les apports du reste de l'Asie orientale et centrale, Inde et Sérinde, Indochine et Corée ; elle appelle des paroles (ts'eu) dont la métrique lui convienne. Ainsi se crée le ts'eu, avec sa prosodie assouplie et variée dont on trouve les premiers états dans les manuscrits de Touen-houang un peu avant l'an 1000. La langue en est très assouplie elle aussi, proche du parler vulgaire dont on constate alors l'affleurement dans toutes les branches de la littérature ; à la fois familière et subtile, elle est pleine de particules et de tours empruntés à la koinè vernaculaire dont le rythme plus libre s'adaptait aux mélismes sinueux des airs chantés. Plus de liberté aussi dans les sujets : l'amour joue dans le ts'eu un rôle prédominant, non plus l'amour pseudo-rustique des chansons anciennes à la manière de nos bergeries, mais celui des chanteuses professionnelles, des courtisanes, aimables interprètes de l'art populaire auprès des gens distingués. La femme n'a jamais fait l'objet d'un culte en Chine ; elle n'y a pas été idéali-

29

sée comme dans nos littératures ; le ts'eu, qui semble s'être développé dans les milieux de chanteuses, est le seul genre de poésie où l'amour soit au premier plan. Querelles sentimentales ou sensuelles, dépits de l'absence, voluptueuses langueurs, avec les paysages ou les atmosphères saisonnières dans lesquels ces marivaudages se déroulaient, tels sont les principaux thèmes du ts'eu, du moins dans sa première période : poésie d'une société qui, à la fin des T'ang, se renouvelle par la décentralisation économique, par le développement du commerce et de la vie urbaine, par l'enrichissement de couches sociales avides de divertissements plus accessibles qu'elles n'en pouvaient trouver dans la poésie classique réservée à une élite essentiellement mandarinale. Cependant, dès le Xᵉ siècle et surtout sous les Song, cette élite s'empare du ts'eu et le marque de son empreinte. Il devient un jeu littéraire ; les thèmes s'en anoblissent, en même temps que s'en perd le substrat musical ; et le voici bientôt qui, après tant d'autres formes, tombe dans l'artifice. La réaction ne se fait pas attendre. Dès le XIIIᵉ siècle, à l'époque mongole, le ts'eu se voit supplanté par une forme nouvelle, celle du k'iu ou « air » qui devient la pièce maîtresse du théâtre, de l'opéra mi-chanté, mi-déclamé auquel le k'iu donne un de ses noms. Le k'iu est une manière de ts'eu, mais fondé sur des mélodies réelles qui en justifient et en vivifient la métrique. Le processus se poursuit de nos jours. Dès la Révolution littéraire des années 1920, des équipes d'enquêteurs se sont mis à recueillir dans toute la Chine les chansons folkloriques, enfin authentiques cette fois-ci. Le Gouvernement populaire de Pékin a repris en main cette vaste enquête, en se réclamant du mythe d'Antée que Staline se plaisait à invoquer. Il est probable qu'une fois de plus la poésie chinoise retrouvera ainsi un élan que les tentatives d'imitation des littératures occidentales n'ont jusqu'ici guère réussi à lui imprimer.

Ce n'est pas ici le lieu d'entreprendre une histoire de la poésie chinoise. Le lecteur d'un recueil de traductions doit cependant être prévenu que, sous l'apparente et lassante homogénéité des textes, se cache une évolution qui, même après l'évidente coupure de la fin de l'Antiquité (aux IIIe et IIe siècles avant notre ère), comporte des articulations, des périodes aussi indubitables qu'elles sont délicates à déterminer et à définir. La périodisation est en ce moment à l'ordre du jour en sinologie ; on en discute, et non seulement entre marxistes, dans les congrès internationaux et dans les revues spéciales. L'ancienne historiographie chinoise périodisait par dynasties, par règnes ou par ères subdivisant les règnes. Il est clair qu'un changement de dynastie ou d'empereur ne suffisait pas à modifier les courants poétiques. Il n'est pas moins certain qu'entre un poème des Han et un poème des T'ang la différence saute aux yeux, même compte tenu de l'imitation des anciens qui est un des charmes et une des faiblesses de tout art chinois ; les experts ne s'y trompent pas. On a vu ci-dessus comment les formes poétiques se sont renouvelées au cours des siècles, le vers impair se substituant vers le début de notre ère au vers pair de l'Antiquité, la poésie à chanter passant du yue-fou des Han aux « chansons de Wou » des Six Dynasties, du t'seu des Song au k'iu des Yuan. Mais la création de formes nouvelles n'empêchait pas les poètes de continuer à cultiver, par archaïsme, par dilettantisme, par simple habitude, les formes anciennes qui jamais ne sortaient complètement d'usage. C'est ainsi que le vieux vers quaternaire du Che-king s'emploie encore de nos jours en certaines occasions (par exemple dans les oraisons funèbres, ou pour traduire les psaumes bibliques), ou que sous les T'ang, à côté de la prosodie dite « nouvelle » qui mettait en œuvre les ressources de la polytonie, on continuait à pratiquer le genre « ancien » qui n'en tenait pas compte. La poésie des Ts'ing (XVIIe-XIXe siècles) peut même se caractériser par le fait qu'on y voit reparaître toutes les formes anciennes, la virtuosité des plus grands maîtres s'exerçant dans chacune de ces formes exploitées tour à tour.

La thématique souffre du même défaut d'imitation perpétuelle. On ressasse les sujets éprouvés par les maîtres anciens, l'innovation ne portant que sur la manière de traiter des thèmes

31

connus. Les poètes des T'ang placent leurs scènes sous les Han et n'hésitent pas à piller leurs prédécesseurs des Six Dynasties, leur empruntant jusqu'à des expressions littérales que les commentateurs et les connaisseurs se délectent à reconnaître au passage, de même qu'un mélomane guette et savoure chez son compositeur préféré les réminiscences savamment altérées.

Pour déceler l'évolution de la poésie chinoise, l'étude des formes et des thèmes est donc assez ingrate. C'est en la replaçant dans l'histoire générale, et en particulier dans celle des idées, qu'on la saisira le mieux. Un exemple suffira. Il y a, dans cette évolution, une période bien caractérisée, dûment reconnue de tous les anciens historiens et critiques de la poésie chinoise. C'est celle qui précéda et suivit la chute des Han (220 après J.-C.), avec les « sept poètes de l'ère Kien-ngan » (196-219) et leurs patrons, les puissants dictateurs des Wei, Ts'ao Ts'ao (†220) et ses fils Ts'ao Pei (†225) et Ts'ao Tche (†232), suivis un peu plus tard du groupe du Bosquet des Bambous, avec Hi K'ang (†262) et Jouan Tsi (†263), pour aboutir sous les Tsin aux deux plus grands poètes des Six Dynasties, T'ao Ts'ien (T'ao Yuan-ming, †427) et l'admirable paysagiste Sie Ling-yun (†433). Ce fut là un tournant crucial non seulement dans l'histoire de la poésie, mais dans celle de toute la culture chinoise. Sous les Han, au cours des quatre siècles qui s'écoulèrent de part et d'autre du début de notre ère, le confucianisme avait tout dominé. L'impérialisation de la Chine, longuement préparée à la fin de l'Antiquité, s'était réalisée avec les Ts'in, dans la seconde moitié du IIIe siècle avant notre ère, au prix du sacrifice d'une grande partie de l'héritage littéraire antique ; de la poésie antique il n'avait survécu que le Che-king et, en marge de la tradition confucianiste, le corpus des textes de Tch'ou, avec quelques rares chansons conservées par hasard dans les ouvrages des historiens ou des philosophes. Les Han consolidèrent l'œuvre des Ts'in ; ce fut l'époque romaine de la Chine, tout s'inclinant devant l'autorité impériale, qui s'appuyait sur le confucianisme. Peu de grands poètes : il leur fallait servir la cause de l'Etat, et il n'est pas jusqu'à la poésie de l'Antiquité qui n'en subît le contrecoup, les vieux Airs des seigneuries, et jusqu'aux dithyrambes de Tch'ou, se voyant transformer en leçons allégoriques à l'usage des courtisans et des administrateurs. C'est en réaction contre ce didactisme que les chansons du Conservatoire de Musique devaient donner naissance à une poésie d'allure populaire et sentimentale. A cette réaction se rattachent aussi les plus beaux poèmes qui nous restent des Han, les dix-neuf pièces dites « anciennes » dont on trouvera la traduction ci-dessous : rédigées en vers de cinq pieds, sur un ton populaire mais avec un art consommé, ces pièces sont anonymes et ne doivent leur conservation qu'à un anthologiste du VIe siècle. Elles datent probablement de la fin de la dynastie, dont l'effondrement fut marqué par de graves troubles politiques et, l'emprise du confucianisme se relâchant enfin, par un réveil du taoïsme et par une féconde effervescence philosophique et littéraire. La poésie s'émancipe ; elle se fait personnelle : impétueuse avec les Ts'ao, extatique avec le groupe du Bosquet des Bambous, sobre et rêveuse avec T'ao Ts'ien. Elle tourne le dos au monde, prônant la solitude, la liberté, le retour à la nature, l'évasion dans l'infini. C'est alors qu'on voit se développer le thème de l'ivresse, qui est en Chine un thème d'évasion à arrière-plan triste, non pas à la manière d'Horace, mais à celle des poètes persans (qui le doivent peut-être à la Chine) :

> Brefs sont, hélas ! le plaisir et la joie
> Alors qu'abondent la peine et le souci.
> Rien ne vaut donc une libation de vin,
> Une promenade parmi les lianes embuées !

écrira dans sa Poétique, au IXe siècle, le poète Sseu-k'ong T'ou pour caractériser ce thème. Les mêmes tendances, la même inquiétude se retrouvent dans la philosophie des IIIe et IVe siècles, sourdement travaillée par l'influence du bouddhisme qui va miner l'orthodoxie confucianiste. C'est alors aussi qu'apparaissent les premiers essais d'esthétique poétique ; la poésie n'est plus aux ordres de la morale d'État, elle devient un art qui prend conscience de son autonomie, elle revendique les droits du beau. Wei Hong, sous les Han, déclarait dans sa préface du Che-king que la poésie avait pour rôle de renseigner le gouvernement sur l'ordre ou le désordre qui régnaient dans le monde, de « régler les relations conjugales, perfectionner la piété filiale et le respect envers les supérieurs, consolider les bons rapports entre les hommes, embellir l'éducation, réformer les mœurs ». Au IIIe siècle, Lou Ki compose un Récitatif sur la littérature dans le simple dessein d'« illustrer l'art parfait des anciens écrivains » (pour « art », il emploie un mot dont le sens propre est « ornementation »), et au VIe le prince Siao Kang, futur empereur d'une des dynasties repliées à Nankin, se prononce en faveur de la libre expression des sentiments, en particulier amoureux, tandis que son frère Siao T'ong exclut de sa célèbre Anthologie toute citation des livres classiques du confucianisme, sous le prétexte qu'on n'y saurait toucher, mais en y introduisant des proses expressément choisies en raison de leur valeur esthétique. L'art pour l'art, le raffinement verbal, l'hédonisme et le maniérisme vont régner dans la poésie à la fin des Six Dynasties, avant le classicisme des T'ang qui recueillera et ordonnera tout cet héritage médiéval.

Un des meilleurs experts occidentaux de la poésie chinoise, feu le sinologue russe Basile Alexéiev, dans ses conférences données à Paris en 1926, insistait sur le contraste entre le « phantasme » confucéen, cette conception didactique et moralisatrice de la littérature, qui prétend l'engager au service du bien public et tend au refoulement du sentiment personnel et de la vie instinctive, et la « fantaisie » taoïste qui laisse libre cours à l'imagination esthétique. Ce conflit est en effet sensible à travers toute l'histoire de la poésie chinoise ; il répond à une polarité permanente de l'âme chinoise. Il en est souvent question dans les « propos » d'esthétique et de critique poétiques, trop peu connus en Occident mais qui, sous une forme dispersée et peu systématique, attestent chez les Chinois une conscience aiguë des problèmes que pose leur art *poétique. Il éclate à l'époque qu'on a tenté de caractériser ci-dessus ; la poésie, à cette époque, s'intègre manifestement dans une ambiance, dans un style de vie, dans toute une structure historique qui l'éclaire et l'explique.*

En Chine autant et plus qu'ailleurs, la poésie est en situation. Très souvent motivée par des faits occasionnels, on ne peut la comprendre vraiment que par rapport à des contextes contingents, et l'impression d'universalité, le symbolisme qui peuvent s'en dégager, ne résultent jamais d'un effort d'abstraction dont les Chinois ont une horreur instinctive. Jamais de comme : le symbole sourd de la réalité elle-même, appréhendée par une sensibilité infiniment directe. Aussi cette poésie n'a-t-elle commencé à prendre vie pour l'Occident que lorsqu'on la lui a présentée dans son cadre historique et biographique, l'œuvre des poètes étant replacée dans leurs circonstances personnelles et dans leur temps, comme l'ont fait Lin Yu-t'ang pour Sou Tong-p'o (1947), Arthur Waley pour Po Kiu-yi (1949), Li Po (1950) et Yuan Mei (1956), Alfred Hoffmann pour Li Yu (1950), William Hung pour Tou Fou (1952), Donald Holzman pour Hi K'ang (1957), K. P. K. Whitaker pour Ts'ao Tche (1954-1957). Le commentaire est d'autant plus indispensable qu'en bien des cas le sujet du poème, alors qu'il concerne personnellement le poète, est reporté par lui à une époque ancienne et présenté sous des noms d'emprunt que le lecteur chinois saura interpréter, mais qui empêcheront le lecteur étranger, s'il n'est pas averti, de saisir la portée humaine du poème et sa signification véritable.

Voilà bien des chinoiseries, dira ce lecteur, et peut-être, surtout s'il est nourri de notre tradition méditerranéenne, trouvera-t-il cette poésie bien courte : « Des images chinoises », comme disait Cézanne avec dédain. Aucune rhétorique en effet, rien d'oratoire, rien d'abstrait, peu d'idées et toujours les mêmes, des formules qui se répètent sans cesse : la complainte du soldat perdu dans la steppe barbare, celle de la femme abandonnée, la guerre avec ses

35

misères et ses exploits, tantôt glorifiée, tantôt honnie ; ces ruines, ces palais déserts, ce thème obsédant de l'impermanence ; des paysages vus par un œil de peintre, de petits tableaux qui n'ont l'air de rien, collant au réel ; la montagne, que la Chine a découverte deux mille ans avant nous et que ses artistes ne se lassent pas de chanter et de peindre ; des impressions, des sensations saisies au vif, en leur fraîcheur intacte, hors de toute intervention de l'intellect desséchant ; des notations si fugitives, tellement insaisissables qu'on les comparait à des antilopes qui, pour couper leurs traces, se seraient pendues par les cornes aux branches d'un arbre comme le font les chamois dans nos Alpes en hiver ; pas l'ombre de sens épique, sinon dans des ballades d'inspiration populaire en marge des genres classiques. N'est-ce donc que cela ? Un quatrain de vingt syllabes ne saurait faire un grand poème. Attention ! Chacune de ces syllabes est un petit monde en soi, une cellule linguistique chargée de significations irradiantes comme une gemme à facettes. Elle déclenche de puissantes résonances auditives et visuelles, car elle s'écrit au moyen d'un calligramme qui est une œuvre d'art, et sa prononciation comporte des modulations qui entrent en jeu dans la prosodie ; elle va toucher la sensibilité esthétique en des centres héréditairement exercés dont notre psychologie, notre physiologie n'offrent guère d'équivalent. Voilà quelque trente siècles qu'un grand peuple, à la fois le plus terre à terre et le plus subtil, communie dans cette poésie qu'il tient pour l'expression la plus haute de son génie. Il s'y régénère aux sources ; il y cherche son réconfort, un bercement, une sorte d'envoûtement qui tient de l'ivresse, de la magie ou de l'extase.

Mettez-vous donc en état d'innocence, comme le veut la meilleure philosophie de ce peuple. Au vestiaire la cervelle ! Prenez ces petits tableaux pour ce qu'ils sont, la réalité immédiate captée en mille images. Vous y verrez se déployer toute la vie humaine, transposée par un art prestigieux dont les moyens d'expression sont aussi stricts et aussi savants que les thèmes en demeurent proches de la nature. Partout derrière les mots toujours concrets vous percevrez l'immensité des espaces chinois, le cosmos répondant à l'homme, et aussi le sourd écho des profondeurs qui échappent à la parole. Peu à peu vous vous trouverez dans un monde enchanté, où tout est repos, simplicité, détente, et auprès de quoi toute autre poésie vous paraîtra verbeuse.

Paul Demiéville.

Mai 1957.

NOTE SUR LA PRONONCIATION CHINOISE

Les noms et les termes chinois ont été transcrits selon le système de transcription en usage dans la sinologie française, système qui n'est plus exactement conforme à la prononciation chinoise actuelle :

ai après consonne se prononce à peu près comme *aïe*, après *i* comme *è* français ;

an comme dans *canne*, *en* comme dans *benne* ;

e après *i* comme *è* (*pie* comme dans *piège*), devant *i* comme *é* (*nei* comme dans *année*) ;

e et *eu* après consonne chuintante ou sifflante comme *e* muet (*che* comme dans *cheval*, *sseu* comme dans *semer*) ;

eul comme dans *to err* prononcé à l'américaine ;

h devant *a, e, o* comme *ch* allemand de *ach* ;

h et *s* devant *i* comme *ch* allemand de *ich* (*hie* et *sie* comme dans *ich ende*) ;

k et *ts* devant *i* comme *c* italien de *cinese* ;

ng comme dans *ping-pong* ;

ouen comme *oun* (*touen* comme dans *toundra*) ;

ö comme dans *œuf* ;

w comme *ou* français (*wen* comme dans *couenne*).

L'apostrophe indique une expiration après consonne (comme après *t* dans l'allemand *Thema*).

Le reste à peu près comme en français.

Canon des Poèmes

(XIᵉ-VIᵉ siècle av. J.-C.)

GLORIEUX ANCÊTRE

Oh ! mon glorieux ancêtre !
Éternels sont tes bienfaits !
Dispense tes grâces illimitées,
Qu'à nous tous en ce lieu elles parviennent !

J'ai rempli les coupes d'une pure liqueur :
Accorde-moi que se réalisent mes vœux.
Et voici encore un potage savoureux !
Purifié, apaisé,
Je m'avance sans parler ;
L'heure n'est pas aux discussions.
Accorde-moi longévité,
Belle vieillesse, vie sans fin !

Dans mon char, roues parées, joug décoré,
Ses huit sonnettes tintinnabulant,
Je m'avance pour te faire goûter les offrandes.
Pour moi qui ai reçu le mandat grandiose[1],
Fais descendre du ciel prospérité,
Belles récoltes, grande abondance !
Approche, viens goûter mon offrande ;
Fais descendre un bonheur sans limites !

Agrée ces sacrifices
Que t'offre le descendant de T'ang !

Le Canon des Poèmes (Che-king) *est un des recueils de textes archaïques qui, avec le* Canon des Documents (Chou-king, *histoire*), *le* Canon des Mutations (Yi-king, *divination*) *et d'autres, furent érigés par le confucianisme en livres « canoniques » (king) ou « classiques ». Il date en gros de la première moitié du Ier millénaire av. J.-C.*

Ce chant accompagnait les sacrifices offerts par les princes de Song (une des principautés de la Chine féodale au Ier millénaire avant l'ère chrétienne), qui se considéraient comme les descendants de T'ang le Victorieux, fondateur de la dynastie royale des Chang (vers le milieu du IIe millénaire). Ces sacrifices comportaient des libations de vin et des offrandes de mets, bouillons et viandes, au Grand Ancêtre en qui était évoquée toute la lignée ancestrale.

1. Le Prince tient son pouvoir du Ciel, du Seigneur d'En-Haut ; cette investiture, qui se manifeste par la prospérité du règne, est ce qu'on appelle le « mandat céleste ».

Lie tsou : Tsie tsie lie tsou, yeou tche sseu hou...

Tr. O. Kaltenmark.
Rv. Hervouet.

LA NAISSANCE DE LA RACE
DES TCHEOU

Celle qui jadis donna naissance à notre race,
Ce fut Kiang-yuan !
Et comment donna-t-elle naissance à notre race ?
Elle sut faire offrande et sacrifice,
Pour ne pas rester sans enfant ;
Marcha sur l'empreinte de l'ancêtre et en fut émue ;
Fut fortifiée, fut bénie,
Fut enceinte et alla jusqu'à son terme ;
Mit au monde et nourrit l'enfant :
Ce fut Prince Millet.

Quand elle eut accompli le temps de sa grossesse,
Son premier-né naquit comme un agneau,
Sans déchirure, sans rupture,
Sans mal, sans lésion ;
Car c'était un enfant divin !
Le Seigneur d'En-Haut n'était-il pas satisfait ?
N'avait-il pas agréé ses offrandes ?
Tranquillement donna le jour à son enfant.

Ils le mirent dans le sentier ;
Vaches et brebis le nourrirent.
Le mirent dans la forêt ;
Bûcherons l'y trouvèrent.
Le mirent dans l'eau glacée ;
Oiseaux le couvrirent de leurs ailes.
Mais les oiseaux partirent,
Et Prince Millet se mit à pleurer ;
Vraiment forte, vraiment puissante,
Sa voix emplissait les chemins.

Puis il se mit à ramper,
Et sut bientôt marcher, tout dressé sur ses jambes,
Pour chercher sa nourriture.
Il planta le grand haricot[1] ;
Ses grands haricots flottèrent au vent.
Riches en épis furent ses moissons ;
Serrés son chanvre et son blé ;
Abondants ses courges et ses concombres !

Prince Millet, dans ses travaux,
Savait l'art de discerner :
Il sarclait les mauvaises herbes,
Il semait des grains d'un beau jaune.
Ses semis étaient bien réguliers, bien luxuriants :

Comme c'était bien semé, comme cela germait bien !
Comme cela poussait bien, comme cela fleurissait !
Comme les tiges étaient fermes et belles à voir,
Combien lourds les épis !
Et alors il eut sa maison à T'ai.

Et certes les bonnes céréales lui furent apportées d'En-
Millet noir et millet double,   [Haut :
Sorgho rouge et sorgho blanc.
Partout poussaient millet noir et millet double.
Il en portait sur l'épaule,
Il en portait sur le dos ;
Il en rapporta à la maison,
Et institua le sacrifice.

Qu'est-il, en vérité, notre sacrifice ?
L'un pile, l'autre enlève le grain du mortier ;
L'un vanne, l'autre foule aux pieds.
Nous le rinçons à grande eau ;
Nous le cuisons à la vapeur.
Nous délibérons, nous méditons ;
Nous saisissons l'armoise, nous offrons la graisse[2].
On prend un bouc, en offrande expiatoire ;
On le rôtit, on le cuit,
Pour le succès de la prochaine récolte.

Nous remplissons les vases,
Les vases de bois et ceux de terre.
Aussitôt que l'odeur s'élève,
Le Seigneur d'En-Haut se réjouit.
Combien pénétrant le fumet du sacrifice offert en temps
Depuis que Prince Millet institua le sacrifice,   [voulu !
Le peuple n'a jamais commis de faute,
En le transmettant jusqu'à maintenant.

Cette pièce raconte la légende des origines de la dynastie royale des Tcheou, qui régna du XIe au IIIe siècle avant l'ère chrétienne. Beaucoup de traits de cette légende se retrouvent dans d'autres civilisations : le fait de poser le pied sur une empreinte divine, l'accouchement sans douleur, l'abandon du nouveau-né qui est soigné par les animaux, etc. Prince Millet, ancêtre des Tcheou, est en même temps, comme son nom l'indique, le premier agriculteur ; c'est donc aussi à lui que remontent les sacrifices qui sont faits avec le produit des récoltes.

1. Le « grand haricot » semble avoir été le soja. — 2. Des tiges d'armoise, plante aromatique fréquemment évoquée dans le *Canon des Poèmes*, étaient enduites de graisse, puis brûlées, et la fumée montait au ciel inviter les âmes des ancêtres à descendre prendre part au sacrifice.

Chang min : Kiue tch'ou cheng min, che wei kiang yuan...

Tr. O. Kaltenmark.
Rv. Hervouet.

LES SOLDATS

Quelle plante n'est déjà jaunie[1] ?
   Quel jour n'avons-nous à marcher ?
Quel homme qui ne soit appelé
   Pour défendre les quatre frontières ?

Quelle plante n'est déjà noircie ?
   Quel homme qui ne soit pitoyable ?
Hélas sur nous, pauvres soldats,
   Qui ne sommes plus traités en hommes !

Sommes-nous rhinocéros ou tigres,
   Pour que parcourions ces déserts ?
Hélas sur nous, pauvres soldats,
   Ni jour ni nuit n'avons repos !

Les renards à la toison dense
    Parcourent ces épaisses prairies ;
Nos chariots couverts de clayons
    Vont à pas lents sur la grand-route.

1. Loin de leurs familles, les soldats sont comme des plantes qui se
flétrissent à l'approche de l'hiver. Cela deviendra un des thèmes les plus
fréquents de la poésie chinoise, surtout pour symboliser la femme qui
languit à la maison, son mari parti au loin.

Ho ts'ao pou houang : Ho ts'ao pou houang, ho je pou hing...

Tr. O. Kaltenmark.
Rv. Hervouet.

LE DANSEUR

Qu'il est grand, qu'il est majestueux !
    Il s'apprête à danser la Grande Danse.
Le soleil est juste à son zénith ;
    Sur l'estrade, devant le palais,

Que sa stature est imposante,
    Quand il danse dans la cour princière !
Il a la force même du tigre ;
    Les rênes pour lui sont des rubans.

De sa main gauche il tient une flûte,
    De l'autre les plumes du faisan ;
Comme il resplendit d'un rouge éclat !
    Offrez-lui, dit le prince, une coupe !

« Sur la colline croît le coudrier,
    La réglisse dans les marais.

46

Dites à qui je pense ?
   A la belle du pays de l'Ouest.
Ah ! qu'elle est belle,
   La dame du pays de l'Ouest ! »

Cette danse, comme le montre la fin du poème, évoquait l'amour et non la guerre. La dernière strophe est le texte même du chant qui accompagnait la danse ou la pantomime.

Ce poème et la plupart des suivants sont extraits de la partie du Canon des Poèmes *intitulée* Airs des Seigneuries (Kouo-fong) : *chansons locales recueillies, avec les airs sur lesquels elles se chantaient, par les soins de la cour royale des Tcheou, dans les diverses principautés de la Chine antique (première moitié du 1ᵉʳ millénaire av. J.-C.). Beaucoup de ces chansons évoquent les fêtes paysannes qui se déroulaient souvent dans une atmosphère de relâchement sexuel.*

Kien hi : Kien hi kien hi, fang tsiang wan wou...

Tr. O. Kaltenmark.
Rv. Hervouet.

LE NID DE PIE

C'est la pie qui a fait un nid :
   Ce sont ramiers qui logent là !
Cette fille qui se marie,
   Avec cent chars accueillez-la !

C'est la pie qui a fait un nid :
   Ce sont ramiers qui gîtent là !
Cette fille qui se marie,
   Avec cent chars escortez-la !

C'est la pie qui a fait un nid :
   Ce sont ramiers plein ce nid-là !

Cette fille qui se marie,
De cent chars d'honneurs comblez-la !

Ts'iue tch'ao : Wei ts'iue yeou tch'ao, wei kieou kiu tche...

Tr. Marcel Granet, *Fêtes et chansons anciennes
de la Chine*, Paris, 1919.

LES LISERONS

Aux champs sont liserons
  Tout chargés de rosée !
Il est belle personne
  Avec de jolis yeux !
J'en ai fait la rencontre :
  Elle est selon mes vœux !

Aux champs sont liserons
  Tout couverts de rosée !
Il est belle personne
  Avec de jolis yeux !
J'en ai fait la rencontre :
  Avec toi tout est bien !

Ye yeou wan ts'ao : Ye yeou wan ts'ao, ling lou t'ouan hi...

Tr. Granet, *op. cit.*

LES FEUILLES FLÉTRIES

Feuilles flétries ! feuilles flétries !
  Le vent vient à souffler sur vous !

Allons, messieurs ! allons, messieurs !
　　Chantez ! nous nous joindrons à vous !

Feuilles flétries ! feuilles flétries !
　　Le vent vient à souffler sur vous !
Allons, messieurs ! allons, messieurs !
　　Chantez ! et puis nous après vous !

T'o hi : T'o hi t'o hi, fong k'i tch'ouei jou...

Tr. Granet, *op. cit.*

L'ARC-EN-CIEL

L'arc-en-ciel est à l'orient !
　　Personne ne l'ose montrer !
La fille, pour se marier,
　　Laisse au loin frères et parents !

Vapeur matinale au couchant !
　　C'est la pluie pour la matinée !
La fille, pour se marier,
　　Laisse au loin frères et parents !

Or la fille que vous voyez
　　Rêve d'aller se marier,
Sans plus garder la chasteté
　　Et avant qu'on l'ait ordonné !

Ti tong : Ti tong tsai tong, mo tche kan tche...

Tr. Granet, *op. cit.*

Je cueille les roseaux tout le matin,
    Sans emplir le creux de mes mains !
    Voilà mes cheveux tout défaits !
    Allons ! retournons les laver !

Je cueille l'indigo tout le matin,
    Sans emplir le creux de mes jupes !
    Le cinquième jour était le terme :
    Au sixième, il ne paraît pas !

Lorsque tu iras à la chasse,
    Je mettrai ton arc dans l'étui !
    Lorsque tu iras à la pêche,
    Je ferai la corde de ta ligne !

Qu'est-ce que tu as pris à la pêche ?
    Ce sont des brèmes et des perches !
    Ce sont des brèmes et des perches !
    Allons ! allons ! qu'il y en a !

Ts'ai lu : Tchong tchao ts'ai hi, pou ying yi kiu...

Tr. Granet, *op. cit.*

JUPES TROUSSÉES

Si tu as pour moi des pensées d'amour,
    Je trousse mes jupes et passe la Tchen !
Mais si tu n'as point de pensées pour moi,

50

Est-ce qu'il n'y a pas d'autres hommes ?
O le plus fou des jeunes fous, vraiment !

Si tu as pour moi des pensées d'amour,
 Je trousse mes jupes et passe la Wei !
Mais si tu n'as point de pensées pour moi,
 Est-ce qu'il n'y a pas d'autres garçons ?
 O le plus fou des jeunes fous, vraiment !

K'ien chang : Tseu houei sseu wo, k'ien chang chö tchen...

Tr. Granet, *op. cit.*

LA TCHEN ET LA WEI

La Tchen avec la Wei
 Viennent à déborder !
Les gars avec les filles
 Viennent aux orchidées !

Les filles les invitent :
 « Là-bas si nous allions ? »
Et les gars de répondre :
 « Déjà nous en venons. »
« Voire donc, mais encore,
 Là-bas si nous allions,
Car la Wei traversée,
 S'étend un beau gazon ! »
Lors les gars et les filles
 Ensemble font leurs jeux ;
Et puis elles reçoivent
 Le gage d'une fleur !

La Tchen avec la Wei
  D'eaux claires sont gonflées !
Les gars avec les filles
  Nombreux sont assemblés !

Les filles les invitent, etc.

Tchen wei : Tchen yu wei, fang houan houan hi...

Tr. Granet, op. cit.

SAUTERELLES DES PRÉS

La sauterelle des prés crie
  Et celle des coteaux sautille !
Tant que je n'ai vu mon seigneur ;
  Mon cœur inquiet, oh ! qu'il s'agite !
Mais, sitôt que je le verrai,
  Sitôt qu'à lui je m'unirai,
Mon cœur alors aura la paix !

Je gravis ce mont du Midi
  Et vais y cueillir la fougère !
Tant que je n'ai vu mon seigneur,
  Mon cœur inquiet, qu'il se tourmente !
Mais, sitôt que je le verrai,
  Sitôt qu'à lui je m'unirai,
Mon cœur alors deviendra gai !

Je gravis ce mont du Midi
  Et vais y cueillir la fougère !
Tant que je n'ai vu mon seigneur,
  Mon cœur, qu'il se peine et chagrine !

Mais, sitôt que je le verrai,
  Sitôt qu'à lui je m'unirai,
Mon cœur alors sera calmé !

Ts'ao tch'ong : Yao yao ts'ao tch'ong, t'i t'i feou tchong...

Tr. Granet, *op. cit.*

LE PAYSAN

Paysan, qui semblais tout simple,
  Troquant tes toiles pour du fil,
Tu ne venais pas prendre du fil :
  Tu venais vers moi pour m'enjôler !
Je te suivis et passai la K'i !
  Et j'allai jusqu'au tertre Touen...
« Je ne veux pas, moi, passer le terme ;
  Toi, tu viens sans marieur honorable. »
« Je t'en prie, ne te fâche pas !
  Que l'automne soit notre terme ! »

Je montai sur ce mur croulant
  Pour regarder vers Fou-kouan !
Je ne vis rien vers Fou-kouan...
  Et je pleurai toutes mes larmes !
Quand je te vis vers Fou-kouan,
  Alors de rire ! et de parler !
« Ni la tortue, ni l'achillée,
  Ne m'ont rien prédit de mauvais ! »
« Viens-t'en donc avec ta voiture ;
  Qu'on y emporte mon trousseau ! »

Quand le mûrier garde ses feuilles,
    Elles sont douces au toucher !
Hélas ! hélas ! ô tourterelle,
    Ne t'en va pas manger les mûres !
Hélas ! hélas ! ô jeune fille,
    Des garçons ne prends point plaisir !
Qu'un garçon prenne du plaisir,
    Encore s'en peut-il parler !
Qu'une fille prenne du plaisir,
    Pour sûr il ne s'en peut parler !

Lorsque le mûrier perd ses feuilles,
    Elles tombent, déjà jaunies...
Depuis que je m'en fus chez toi,
    Trois ans j'ai vécu de misère...
Comme la K'i s'en venait haute,
    Mouillant les tentures du char !
La fille, vrai, n'a pas menti !
    Le garçon eut double conduite !
Le garçon, vrai, fut sans droiture !
    Et changea deux, trois fois de cœur !

Ta femme, pendant trois années,
    Du ménage jamais lassée,
Matin levée et tard couchée,
    Je n'eus jamais ma matinée...
Et, autant que cela dura,
    Cruellement tu m'as traitée.
Mes frères ne le sauront pas !
    Ils s'en riraient et moqueraient...
J'y veux songer dans ma retraite,
    Gardant tout mon chagrin pour moi...

Avec toi je voulais vieillir,
    Et vieille, tu m'as fait souffrir...

Et pourtant la K'i a des berges !
    Et pourtant le val a des digues !...
Coiffée en fille, tu me fêtais !...
    Ta voix, ton rire me fêtaient !
Ton serment fut clair, telle l'aurore !
    Je ne pensais pas que tu changerais !...
Que tu changerais !... Je n'y pensais pas...
    Maintenant, c'est fini !... hélas !...

Mong : Mong tche te ch'e te ch'e, pao pou mao sseu...

Tr. Granet, *op. cit.*

Poèmes de Tch'ou

(Epoque des Royaumes Combattants,
IVᵉ-IIIᵉ siècles av. J.-C.)

K'iu Yuan

LA DÉESSE DE LA RIVIÈRE SIANG

(Le prêtre :)

La princesse va descendre à l'île du Nord.
    Son regard me cherche en vain ; mon chagrin redouble.
Quelle agitation au souffle du vent d'automne :
    Le lac Tong-t'ing gonfle ses vagues, les feuilles tombent
                                                    [des arbres.
Sur les blancs carex, mon regard court çà et là...
    Dans le soir qui s'étend, j'ai rendez-vous avec la belle.
Les oiseaux perchent-ils parmi les marsilées ?
    Que ferait un filet de pêche en haut d'un arbre ?
La Yuan a l'angélique, la Li ses eupatoires :
    Je pense à ma princesse et n'ose point parler.
Tout se trouble à mes yeux qui regardent au loin,
    Je ne vois plus que l'eau, l'eau qui coule sans trêve.
Pourquoi l'élan viendrait-il brouter dans la cour ?
    Que fait un dragon au bord de la rivière ?

(La déesse :)

Ce matin mon cheval galopait sur la rive ;
    Ce soir, j'ai passé l'eau vers la falaise, à l'Ouest.

On m'avait dit que mon bien-aimé m'appelait,
  Et qu'au galop nous irions sur le même char...
J'ai bâti ma maison au fond de la rivière,
  Je lui ai fait un toit de feuilles de lotus.
Le lis des marais couvre les murs, les cauris violets pavent la
  [cour ;
  Partout répandu, le poivrier parfumé décore la grande
  [salle.
Les poutres sont de cannelier, les chevrons de magnolia
  [nain ;
  Les linteaux de magnolia étoilé, l'alcôve d'angélique
  [blanche.
J'ai noué la vigne vierge pour faire des rideaux ;
  J'ai cassé le basilic et l'ai tressé en un tapis :
De lourds blocs de jade blanc le pressent au sol ;
  La terre est jonchée de dendrobies pour parfumer l'air,
L'angélique est le chaume sur une maison de lotus,
  Et partout l'asaret s'enlace aux autres fleurs.
Mille plantes emmêlées emplissent la cour,
  Et dressent leurs odeurs aux portes des communs.
Les dieux du Kieou-yi se pressent pour m'accueillir ;
  Les Esprits arrivent nombreux comme nuages.
J'ai laissé tomber ma bague dans la rivière ;
  J'ai oublié ma veste aux rives de la Li.

(Le prêtre :)

Sur l'île plate, j'ai ramassé l'alpinie,
  Pour la présenter à celle qui vient de loin...
Les merveilleux instants ne reviendront plus guère :
  Que d'aisance et de grâce en son pas nonchalant !...

Les poèmes de Tch'ou (Tch'ou-ts'eu) *sont un recueil composé dans la princi-
pauté de Tch'ou (bassin du Fleuve Bleu, au sud de la Chine des Tcheou).*
  Cette poésie est un des Neuf chants (Kieou ko) *attribués à K'iu Yuan, qui
fut un ministre malheureux du royaume de Tch'ou aux IV*e-III*e siècles avant*

60

notre ère. Exilé par son prince et désespéré au point de se donner la mort, il est resté depuis, ou est devenu, surtout à notre époque, le symbole de l'homme intègre, révolutionnaire et dévoué aux intérêts du peuple. En fait, nous ne savons pas grand-chose de sa vie, et moins encore de l'authenticité des poèmes qui lui sont attribués.

Revue ou non par K'iu Yuan, cette poésie narre, sous la forme d'un dialogue entre le prêtre ou sorcier et la déesse, les moments essentiels d'une cérémonie religieuse plus ou moins proche du chamanisme : l'attente de la déesse, son arrivée, l'union au sorcier évoquée par la description de la chambre nuptiale. Les plantes sont celles qui servaient dans ces cérémonies religieuses ; il est difficile de critiquer les équivalences traditionnelles données à leurs noms anciens. La rivière Siang coule du sud au nord à travers la province actuelle du Hou-nan pour aller se jeter dans le lac Tong-t'ing.

Siang fou jen : Ti tseu kiang hi pei tchou, mou maio miao hi tch'eou yu...

Tr. Hervouet.
Rv. M. Kaltenmark.

LA DÉESSE DE LA DESTINÉE

Les orchidées d'automne et la livèche
    Poussent en touffes au pied de la salle.
Leurs feuilles vertes et leurs tiges blanches
    Lancent vers moi leurs parfums en rafales.
Chaque homme, à coup sûr, a son grand amour :
    Pourquoi seule la déesse est-elle triste ?
L'orchidée d'automne, quelle splendeur !
    Verte est la feuille, violette la tige.
La salle regorge de beaux garçons ;
    Mais soudain à moi seul va son regard.
Venue sans un mot, elle part sans adieu :
    Une tornade est sa monture, un nuage son pennon.

Quel chagrin se compare à celui d'un départ,
    Quel bonheur à celui du premier amour ?

En robe de lotus, ceinte de basilic,
  Soudain elle arrive, en un instant s'en va.
Le soir elle loge dans les parvis du ciel ;
  Qui attendez-vous, Déesse, au bord d'un nuage ?
Puissé-je avec vous me baigner au Lac Céleste,
  Sécher sur une pente au soleil vos cheveux !
J'attends ma bien-aimée, mais elle ne vient pas ;
  Dans le vent, désolé, je chante à haute voix.
Sous un dais de plumes de paon, avec un fanion de martin-
                                                    [pêcheur,
  Elle monte aux Neuf Cieux prendre en main les comètes.
Dressant sa longue épée pour secourir jeunes et vieux,
  Seule la déesse sera pour tous un juge.

*Cette poésie est du même genre que la précédente, si ce n'est qu'il ne semble
pas qu'on puisse y voir un dialogue. La Déesse de la Destinée pourrait être
aussi bien un Dieu de la Destinée. En ce cas, la poésie serait à mettre dans la
bouche d'une prêtresse. Cette divinité habitait, d'après la mythologie chinoise
ancienne, dans une étoile, d'où les images.*

Chao sseu ming : Ts'ieou lan hi mi wou, lo cheng hi t'ang hia...

                                        Tr. Hervouet,
                                        Rv. M. Kaltenmark.

L'ESPRIT DE LA MONTAGNE

Il semble qu'il y ait quelqu'un au creux du mont,
  Vêtu de lierre, ceinturé de cuscute.
Un léger sourire en son regard éloquent...
  « Comme vous m'aimez pour être aussi gracieux ! »
Il conduit un léopard écarlate, qu'escortent des renards
                                                    [mouchetés.
  Son char est de magnolia, le drapeau, de cannelier tressé ;

L'habit est de dendrobies, et l'asaret fait sa ceinture.
  Pour mon bien-aimé j'ai cueilli tous les parfums.
J'habite en un noir bosquet de bambous, où jamais je n'ai vu
  La route est ardue, aussi j'arrive en retard. ⎡le ciel ;
Solitaire je me dresse au sommet du mont ;
  Les nuages sous moi glissent avec lenteur.
Le soleil s'est caché : il fait noir en plein jour.
  Dans les rafales du vent d'Est, les dieux envoient la pluie.
J'attends l'ami lointain, sans songer au retour.
  L'année touche à sa fin, qui donc me fleurira ?
Au Mont des Devins, j'ai cueilli l'amadouvier,
  Dans les éboulis de rocs où grimpent les lierres.
Je hais cet homme... et, peinée, j'oublie le retour...
  Vous m'aimez, mais voici que l'heure s'est enfuie...
L'hôte des montagnes, fleurant bon l'alpinie,
  Boit à la source des rochers, à l'abri sous pins et cyprès.
Vous m'aimez, je le sais, mais un doute en vous subsiste.
Le tonnerre roule et gronde, noire est la pluie.
  Les singes gémissent, puis hurlent à la nuit.
Le vent souffle fort et siffle dans les ramures.
  Je pense à vous et ne connais que la tristesse.

*Toujours dans le même genre mystique, cette poésie semble évoquer une céré-
monie religieuse où la divinité ne fait que se laisser entrevoir. Cette divinité est
là aussi de sexe indéterminé : on y a vu plutôt un dieu. Peut-être la poésie
serait-elle un dialogue, mais ce n'est pas évident, de même que plusieurs passages
sont d'une traduction fort incertaine.*

  Chan kouei : Jo yeou jen hi chan tche ngo, pei pi li hi tai niu lo...

Tr. Hervouet.
Rv. M. Kaltenmark.

Le ciel impérial ne remplit pas son mandat :
    Pourquoi le peuple est-il si durement secoué ?
Les gens sont dispersés, à jamais séparés :
    Au second mois du printemps, vers l'Est ils s'en vont.
Adieu, pays natal, je pars pour d'autres cieux ;
    Sur les eaux du Hia puis du Kiang, comme eux je fuis.
Quel chagrin en mon cœur quand j'ai franchi la porte,
    Lorsqu'en ce premier matin du mois je m'en allai !
J'ai quitté Ying la capitale, et mon quartier.
    Le désarroi m'accable : en verrai-je la fin un jour ?
Les rames unies s'élèvent avec lenteur ;
    Et moi je pleure de ne plus revoir mon prince.
Je regarde le fier catalpa et soupire ;
    Mes pleurs coulent à flots : on dirait du grésil...
Quitté le Hia, mon âme vogue encore à l'Ouest ;
    Mes yeux cherchent en vain la Porte du Dragon.
De mon cœur enchaîné, profonde est la blessure ;
    Les yeux perdus au loin, je ne sais où je vais.
Au gré de la vague et du vent, les flots m'emportent
    De-ci de-là, et j'ai commencé mon exil.
Porté sur les eaux immenses du Dieu des Vagues,
    Soudain je pars en flèche : où donc m'arrêterai-je ?
Mon cœur est dans des liens que je saurais rompre ;
    Mon esprit divague, rien ne peut le guérir.
Le bateau tourne en tous sens au gré des courants,
    Remonte vers le lac, puis descend vers la mer.
J'ai quitté les lieux où vécurent mes ancêtres ;
    Et dans ma course sinueuse, je vais vers l'Est.
Mon âme n'a qu'un vœu : retourner au pays :
    Pourrai-je, un seul instant, ne penser au retour ?
Le Hia derrière moi, je rêve encore de l'Ouest ;

Je pleure ma Cité, chaque jour plus lointaine.
　　J'inspecte l'horizon du haut d'un promontoire,
　　Avec l'espoir d'apaiser ainsi mon chagrin.
Je pleure le bonheur paisible des rivages,
　　Et les usages anciens des plaines du Kiang.
Jusqu'où irai-je donc sur les flots déchaînés ?
　　Où finira mon long voyage vers le Sud ?
J'ignorais que palais n'étaient plus que ruines,
　　Que l'herbe recouvrait les deux portes de l'Est.
Mon cœur en a perdu la joie et pour toujours ;
　　Le chagrin au chagrin sans fin se lie.
Je rêve du long, long chemin vers ma cité ;
　　Mais le Kiang et le Hia, qui peut les traverser ?
J'ai parfois peine à croire que je suis au loin ;
　　Pourtant neuf ans ont passé depuis mon exil.
Un noir chagrin m'oppresse sans espoir,
　　Et mon cœur est gros d'une insondable détresse.
D'autres font les modestes pour être en faveur ;
　　Au vrai, sur leur faiblesse on ne peut s'appuyer.
Pleinement loyal, je voulais parler au prince ;
　　Mais la jalousie me brisa, me bannit.
Noble était la conduite de Yao et de Chouen ;
　　Comme un regard perçant, elle atteignait le ciel.
Mais les calomnies de tous les envieux
　　Leur reprochèrent d'avoir manqué d'affection.
Les sages et les probes s'attirent la haine ;
　　Mais l'on aime les hommes qui s'agitent.
En rangs pressés, ceux-ci chaque jour voient le prince ;
　　Mais les sages, plus ils sont purs, et plus on les écarte.

(Envoi :)

Je laisse mon regard errer sur l'horizon :
　　Le retour tant espéré, quand donc viendra-t-il ?
L'oiseau prend son essor pour regagner son nid,

Et le renard mourant se tourne vers son gîte.
Intègre et loyal, je fus exilé ;
   Quel jour ou quelle nuit pourrais-je l'oublier ?

Ce poème lui aussi fait partie du même recueil (Tch'ou-ts'eu), qui contient principalement les pièces attribuées à K'iu Yuan. Il y a d'ailleurs plus de chances que pour les pièces religieuses précédentes, pour que les Neuf Justifications (Kieou-tchang), dont fait partie cette pièce, soient réellement de K'iu Yuan. En tout cas, c'est bien sa situation de ministre chassé de la cour par des envieux, au moment où la guerre sévissait dans son pays, qui fait le sujet du morceau. Les lieux qui sont mentionnés correspondent également à la région où se trouvait la capitale du pays de Tch'ou, Ying, au sud du Hou-pei.

Kieou tchang, Ngai ying : Houang t'ien tche pou tch'ouen ming hi, ho pai sing tche tchen k'ien...

Tr. Hervouet.
Rv. M. Kaltenmark.

Song Yu

LES NEUF ADMONESTATIONS :
LA TROISIÈME

Le ciel a fait quatre saisons ;
   Mais seul le froid de l'automne m'afflige.
Le givre est descendu sur la nature ;
   Bientôt sterculier, catalpa, seront nus.
La clarté aveuglante du soleil a fui ;
   Et l'on entre dans la longue nuit de l'hiver.
Finie l'exubérance des fleurs et des parfums ;
   Je suis triste, car bientôt tout sera flétri.
L'automne nous prévient avec son givre ;
   L'hiver ajoutera le froid de ses gelées.
Quand sont récoltées les richesses de l'été,
   Tout reste enfoui au fond des grottes souterraines.
Les feuilles vont pourrir et perdre tout aspect :
   Oh ! le désarroi des branches qui font des croix !
Les couleurs ont brillé avant de disparaître ;
   Les troncs eux-mêmes semblent flétris et jaunes.
Oh ! tristesse des squelettes dressés au ciel,
   Des corps émaciés et des blessés exsangues !
Combien la profusion est proche de la ruine ;
   Hélas ! je n'ai pas de place en mon propre siècle.

Ma main qui tient les rênes relâche l'allure ;
   Je n'ai souci que de flâner d'un pas tranquille.
Soudain l'année en marche approche de sa fin ;
   Et je crains que mes jours aussi ne soient comptés.
Je pleure d'être né à contretemps ;
   Je n'ai trouvé que confusion en mon époque.
Paisible et nonchalant, je reste seul ;
   Un grillon chante dans la salle occidentale.
Mon cœur troublé s'agite en moi :
   Que nombreuses les causes de mes larmes !
Je regarde la lune brillante, et je soupire ;
   Et jusqu'au jour je marche sous les étoiles.

Song Yu, compatriote de K'iu Yuan, lui est un peu postérieur. On ne sait rien de sa vie. Les œuvres poétiques qui lui sont attribuées avec quelque vraisemblance sont dans une forme voisine de celle de K'iu Yuan. « Les vers qu'il écrivit sur la mélancolie de l'automne sont restés célèbres par leur perfection. Face à face avec lui-même au sein de la nature désolée par l'approche de l'hiver, le poète y médite sur son propre destin » (Max Kaltenmark).

Kieou pien, Ti san : Houang t'ien p'ing fen sseu che hi, tsie tou pei ts'eu lin ts'ieou...

Tr. Hervouet.
Rv. M. Kaltenmark.

Poèmes des Han

(206 av. J.-C.-219 ap. J.-C.)

Hiang Yu

CHANSON DE KAI-HIA

Mon bras déracinait les monts ;
   Mon souffle couvrait l'univers...
Ce temps m'est devenu sévère ;
   Tchouei, mon cheval, n'a plus sa belle allure.
Si mon cheval a perdu son allure,
   Que pourrais-je essayer encore ?
Ah, pauvre Yu ! Ah, pauvre Yu !
   Qu'allez-vous devenir alors ?

La Chine, unifiée pour la première fois par l'empereur Ts'in Che-houang-ti dans la seconde moitié du IIIe siècle avant l'ère chrétienne, connut peu après une période de luttes anarchiques entre plusieurs chefs de bandes qui cherchaient à s'emparer du pouvoir suprême. Hiang Yu (232-202) est l'un de ces chefs qui, après avoir failli l'emporter, vit la chance tourner contre lui. C'est acculé à la défaite près de Kai-hia, au nord de l'actuel Ngan-houei (province du centre de la Chine), et désespéré par le retournement de la fortune, que Hiang Yu improvisa, dit-on, cette chanson, dont la forme, quelle que soit son origine réelle, reste assez primitive. Yu est le nom de la femme très aimée de Hiang Yu ; elle accompagna son improvisation chantée. — Dans ce poème et dans quelques-uns des suivants, les lignes de la traduction ne correspondent pas exactement aux vers chinois, ceux-ci ayant été scindés en deux lignes dans la traduction.

Kai hia ko : Li pa chan hi k'i kai che, che pou li hi tchouei pou che...

Tr. Hervouet.
Rv. M. Kaltenmark.

71

L'empereur Kao-tsou des Han

CHANSON DU GRAND VENT

Un vent violent s'était levé,
    Les nuées montaient et volaient...
Mon prestige s'est imposé au monde,
    Et je reviens au sol natal.
Où trouverai-je des héros
    Pour garder les quatre horizons ?

Le rival heureux de Hiang Yu fut Lieou Pang (247-195) qui devint, sous le nom rituel de Kao-tsou, le fondateur de la dynastie des Han. C'est en 196 av. J.-C., quelques années après l'avoir emporté définitivement, que Kao-tsou, de passage dans son pays natal, et dans la chaleur d'un banquet où le vin circulait abondamment, improvisa cette chanson en s'accompagnant sur la cithare. Sa composition devait devenir plus tard un chant rituel, utilisé dans certaines cérémonies annuelles au temple du village natal.

Ta fong ko : Ta fong k'i hi yun fei yang, wei kia hai nei hi kouei kou hiang...

Tr. Hervouet.
Rv. M. Kaltenmark.

L'empereur Wou des Han

CHANSONS DE LA DIGUE-AUX-GOURDES

I

La Digue-aux-Gourdes s'est rompue[1] ;
  Que faire en cette épreuve ?
Immensément, l'onde est par l'onde accrue ;
  Les bourgs ne sont plus qu'eau du Fleuve.

Plus qu'eau du Fleuve ! Le pays
  N'a ni repos ni quiétude.
Ces travaux, jamais on n'en a fini ;
  Le mont Yu se dénude[2] !

Le mont Yu va se dénudant,
  L'étang Kiu-ye déborde[3] !
L'eau de poissons bouillonne, quand
  Déjà l'hiver approche[4] !

Le flot s'étale et, déployé,
  Du cours normal s'écarte[5].
Sauriens et dragons déchaînés
  S'en vont au loin s'ébattre.

L'eau rejoindra son ancien lit,
  Tant les dieux nous protègent !
Sans le Double Culte entrepris,
  Du dehors que saurais-je[6] !

De ma part au Seigneur du Fleuve qu'il soit dit :
  « Quelle est donc ta malice ?
« Tes débordements n'ont fin ni répit,
  Et mes sujets pâtissent.

« Ye-sang est déjà submergé,
  La Houai, la Sseu, sont pleines[7] ;
« Si ton flot tarde à refluer,
  Les lois des eaux sont vaines ! »

II

Les eaux du Fleuve, en bouillonnant,
  D'un flot rapide affluent ;
Détourner au Nord leur courant,
  L'y régler, tâche ardue[8] !

De câbles de jonc nous aidant,
  Immergeons un beau jade !
Le Seigneur du Fleuve consent ;
  Mais trop peu de branchages[9]...

Trop peu de branchages ! Les gens
  De Wei sont les coupables :
Leurs feux ont dévasté les champs ;
  Las ! de quoi disposer pour faire à l'onde obstacle ?

Soient les bambous des parcs fauchés[10] !
   Qu'on fiche pieux et roches !
A Siuan-fang, la brèche est bouchée[11] ;
   Tous les bonheurs approchent !

Des trois poèmes attribués à l'empereur Wou (Lieou Tch'ò, qui régna de 140 à 87 av. J.-C.) dont nous donnons la traduction, celui-ci est le seul auquel des témoignages historiques confèrent une véritable authenticité. Il fut composé en l'an 109 av. J.-C., alors que l'empereur faisait réparer la brèche faite par les eaux du Fleuve Jaune à la Digue-aux-Gourdes (Hou-tseu) (cf. Chavannes, Mémoires historiques, t. I, Introduction, p. CIV ; t. III, pp. 506, 525 et 533 ; voir aussi Wieger, Textes historiques, pp. 527 et 555). Cette digue se trouvait au nord de la ville de Pou-yang (territoire actuel du Ho-pei). Le poème est écrit dans le style sao, qui tire son nom du fameux poème Li-sao de K'iu Yuan (ca. 332-295 av. J.-C.). Le texte adopté est, à l'exception, dans le second vers, d'une variante empruntée au Livre des Han antérieurs, celui des Mémoires historiques.

1. C'est en 132 av. J.-C., c'est-à-dire vingt-trois ans plus tôt, que s'était produite cette brèche. Une première fois bouchée, elle s'était peu à peu rouverte. Les travaux furent alors abandonnés, par peur de contrarier les desseins du Ciel (cf. CHAVANNES, *Mémoires historiques*, t. III, p. 526). — 2. Le Mont Yu, voisin de la digue, se dénude parce qu'on en tire le bois, les roches et la terre nécessaire aux travaux. — 3. L'étang, ou les marais, de Kiu-ye, se trouvaient au nord, dans le territoire qui est aujourd'hui celui de la sous-préfecture du Chan-tong qui porte encore le même nom. — 4. Lorsque l'Empire, et par conséquent l'Univers, sont en ordre, les poissons *doivent*, à l'approche de l'hiver, se réfugier dans les profondeurs des rivières, d'où ils ne remontent à la surface, encore couverte de glace, qu'au premier mois du printemps (cf. *Li-ki, Yue-ling*, trad. Couvreur, t. I, p. 332, et la glose de K'ong Ying-ta). 5. Nous suivons ici l'interprétation de Sseu-ma Tcheng. — 6. Le Double Culte : les sacrifices *Fong* (au Ciel) et *Chan* (à la Terre), que l'Empereur était allé faire, l'année précédente, sur le mont sacré T'ai-chan. C'est au cours de ce voyage que le souverain a pu se rendre personnellement compte de l'étendue du désastre causé par la rupture de la digue. C'est donc par un effet de la protection des dieux qu'il se trouve amené à en faire définitivement boucher la brèche. — 7. Ye (prononciation courante : Nie)-sang, ville alors inondée par le Fleuve Jaune (territoire actuel du Kiang-sou), sur l'emplacement de laquelle subsiste encore un kiosque (ou relais) portant le même nom. — La Houai, rivière qui traverse les provinces actuelles du Ho-nan, du Ngan-houei et du Kiang-sou, et par l'embouchure de laquelle

le Fleuve Jaune débordé se jetait dans la mer depuis la rupture de la digue. La Sseu, rivière dont le cours a varié, était alors un affluent de la Houai (cf. CHAVANNES, *Mémoires historiques*, t. I, p. 115, n. I, et p. 117, n. 2). — 8. Il s'agissait de faire rentrer le fleuve dans son ancien lit, et de l'y maintenir. — 9. Le Dieu du Fleuve accepte les offrandes (le récit qui précède le poème mentionne, outre le disque de jade, un cheval blanc), et consent à ne pas contrarier les travaux. Mais les branchages manquaient pour faire des fascines, parce que les paysans de la commanderie de Tong (qui occupait alors le territoire de l'ancien pays de Wei) venaient d'incendier les broussailles pour fertiliser leurs terres. — 10. Le parc seigneurial des ducs de Wei (K'i-yuan) était fameux pour l'abondance et la beauté de ses bambous. — 11. Le nom de cette localité fut donné au pavillon commémoratif érigé sur la digue enfin réparée.

Hou tseu ko : Hou tseu kiue hi tsiang nai ho, hao hao yang yang hi lu tan...

Tr. *Lectures chinoises*, n° I, Pékin, janvier 1945 (publication du Centre franco-chinois d'études sinologiques, dirigée par André d'Hormon).

CHANSON DES FEUILLES MORTES
ET DES CIGALES DOLENTES

Ses manches de gaze
    Ont cessé de bruire.
Aux dalles de jade
    A crû la poussière.
Froide et silencieuse
    Est la chambre déserte.
Au vantail clos
    Les feuilles mortes s'amoncellent.
Mes yeux cherchent encore
    Celle qui fut si belle !

Peut-elle, à présent, s'émouvoir
    Du deuil de mon âme inquiète ?

D'après le Recueil d'anecdotes oubliées, *attribué à Wang Kia, ce poème aurait été composé par l'empereur Wou en souvenir d'une favorite, la Dame Li, que la mort venait de lui enlever.*

Lo ye ngai tch'an k'iu : Lo mei hi wou cheng, yu tch'e hi tch'en cheng...

Tr. *Lectures chinoises,* n° I.

STANCES
DU VENT D'AUTOMNE

Le vent d'automne s'est levé.
    Quel vol de blancs nuages !
L'herbe va jaunir, l'arbre va s'effeuiller ;
    Au Sud fuit l'oie sauvage.

Mais reste à l'orchidée sa fleur,
    L'arôme aux chrysanthèmes.
Sans pouvoir l'oublier, mon cœur
    Songe à celle que j'aime.

De la Fen[1] ma nef, en voguant,
    Franchit l'eau tourmentée,
Et fait, en travers du courant,
    Jaillir l'onde argentée.

Au son des flûtes et tambours,
    Les chants des rameurs naissent.
Des plaisirs épuisés, il sourd
    D'autant plus de tristesse.

Jeunesse et vigueur, qu'en durent les jours ?
Quoi ! déjà la vieillesse...

1. La Fen, affluent du Fleuve Jaune.

Ts'ieou fong ts'eu : Ts'ieou fong k'i hi pai yun fei, ts'ao mou houang lo yen nan kouei...

Tr. Lectures chinoises, n° I.

Li Yen-nien

CHANSON

Au Nord il est une belle si belle
    Que nulle ne reste belle près d'elle.
D'un regard elle jette les remparts à terre,
    D'un second regard le royaume est abattu.
Qui ne sait que, les murs et le royaume à terre,
    La belle à nouveau fera la fière ?

Li Yen-nien était le frère d'une des femmes le plus en faveur auprès de l'empereur Wou (140-87), qui le nomma musicien de la cour. Il composait des airs pour les poèmes que d'autres avaient écrits. Mais il était aussi poète. Dans cette seule poésie qui nous reste de lui, Li Yen-nien célèbre la beauté de sa propre sœur.

Ko : Pei fang yeou kia jen, tsiue che eul tou li...

Tr. Hervouet.
Rv. M. Kaltenmark.

Princesse Si-kiun

CHANSON D'UN TRISTE AUTOMNE

Ma famille m'a mariée
    A l'autre bout du monde.
A l'étranger m'a confiée,
    Au lointain roi barbare.

La tente ronde est mon palais,
    Les murs y sont de feutre.
La viande crue est mon seul mets,
    Ma boisson le koumys.

Sans fin je rêve à ma patrie,
    Mon cœur en est meurtri.
Que ne suis-je le cygne jaune,
    Qui retourne au pays !...

Fille d'un roitelet du centre de la Chine, la princesse Si-kiun fut envoyée par
l'empereur Wou, vers 105 av. J.-C., pour être mariée dans le royaume barbare
des Wou-souen, au nord-ouest de la Chine, loin du territoire chinois d'alors.
La coutume était déjà de consolider les alliances avec les populations exté-
rieures par des mariages. Le roi était très vieux et Si-kiun ne le voyait presque
jamais. D'ailleurs la différence des langues leur interdisait toute conversation.
Triste à en mourir, elle composa la chanson où elle évoque le cygne jaune qui

émigre, à l'automne, des confins de la Mongolie et du Turkestan vers le sud-est, c'est-à-dire vers la Chine. L'histoire ajoute que l'Empereur, à la lecture de ce poème, eut pitié de la jeune femme et chercha à la faire revenir en Chine. Mais il était difficile de rompre l'alliance avec les Wou-souen au moment où le vieux roi demandait que la princesse chinoise devînt l'épouse de son petit-fils. Elle fut donc contrainte de se soumettre à ce nouveau mariage.

Le thème de la princesse chinoise mariée chez les barbares est fréquent dans la poésie, le théâtre, etc.

Pei ts'ieou ko : Wou kia kia wo bi t'ien yi fang, yuan t' o yi kouo bi wou souen wang...

Tr. Hervouet.
Rv. M. Kaltenmark.

Li Ling

ADIEUX A SOU WOU

I

Les jours heureux jamais ne reviendront ;
    Dans un instant nous serons séparés.
Près du carrefour, troublés et tremblants,
    Main dans la main, nous tardons dans la steppe.

Vois là-haut : légers courent les nuages ;
    Soudain, voici que l'un dépasse l'autre.
D'un souffle de vent tous sont balayés :
    Chacun va se perdre dans un angle du ciel.

Il faut, pour toujours, ici nous quitter ;
    Du moins, demeure encore un court instant...
Puissé-je au vent du matin m'envoler !
    Que mon corps toujours reste près du tien !

II

Nous montons vers le pont, nos deux mains enlacées :
    Voyageur en partance, où seras-tu ce soir ?

Sur les bords du sentier, nos pas sont hésitants,
   Trop tristes, trop tristes pour pouvoir nous quitter.

Hélas ! celui qui part ne peut tarder longtemps ;
   Chacun promet à l'autre un souvenir fidèle.
Peut-être passons-nous de la lumière à l'ombre :
   Pleine lune et croissant, chacun vient à son heure.

Courage ! Portons haut l'éclat de nos vertus !
   C'est dans les cheveux blancs que je mets mon espoir...

III

Jours précieux, que nous ne verrons plus !
   Trois ans, pour moi, vont durer mille automnes.
De mon bonnet lavant la bride au fleuve,
   Je penserai bien tristement à toi...

Les yeux au loin, d'où monte un vent lugubre,
   J'ai là ce vin, mais n'ose emplir ta coupe.
Celui qui part, ne songe qu'au départ ;
   Que pourrais-tu pour calmer mon chagrin ?

Je m'en remets aux suprêmes rasades,
   Pour nous lier d'un éternel lien.

   *Li Ling et Sou Wou étaient deux généraux qui, au temps de l'empereur
Wou, furent faits prisonniers par les Huns. Li Ling, accusé de s'être rendu à
l'ennemi, fut condamné par l'empereur, qui fit périr toute sa famille. Sou
Wou, au contraire, avait essayé de se tuer au moment d'être fait prisonnier.
Après dix-neuf années de captivité chez les Huns, il fut autorisé à s'en retour-
ner en Chine, tandis que son compagnon, par crainte ou par dépit, refusait de
quitter le territoire des Huns. C'est au moment de la séparation, en 81 av.*

J.-C., que des poèmes d'adieux auraient été composés par Li Ling et Sou Wou. Ce sont en fait des essais poétiques bien postérieurs, sur le thème de la séparation.

Yu sou wou che : Leang che pou tsai tche, li pie tsai hiu yu...

Tr. Hervouet.
Rv. M. Kaltenmark.

Sou Wou

POÈME

D'un seul coup d'aile un cygne au loin s'en est allé,
  A cent stades, puis regarde en arrière, hésitant.
Le cheval de la steppe a perdu sa manade ;
  Son cœur sans cesse est lourd d'un secret sentiment.

Pire est le sort de deux dragons au même vol,
  Dont les ailes, un jour, ont des buts opposés...
Heureusement les airs des « Chansons sur les cordes »
  Savent prêter leur voix à nos émois cachés.

Je t'invite à chanter pour l'ami qui s'en va :
  Au chant d'un ruisseau quel chagrin soudain se mêle ?
Vifs et purs résonnent les bambous et les cordes :
  Sous des rythmes virils, la tristesse y domine.

Mes longs couplets veulent garder la même flamme ;
  Mais lourd est le chagrin dont mon cœur est brisé.
Je voudrais chanter un « Air sur les notes claires »...
  Hélas, jamais tu ne reverras ta patrie.

Prompte comme un regard, ma peine en moi s'installe ;
    Mes larmes coulent, je ne puis les essuyer.
Ah, que ne sommes-nous un couple uni de cygnes,
    Pour au loin fuir ensemble, au lieu de nous quitter !...

Voir la notice sur le poème précédent. — Les « Chansons sur les cordes » et les « Airs sur les notes claires » sont des genres poétiques anciens, chantés avec accompagnement de musique.

Che : Houang hou yi yuan pie, ts'ien li kou p'ai houei...

Tr. Hervouet.
Rv. M. Kaltenmark.

Une dame de Houa-jong

CHANSON

De quel fouillis de chevelures
  Les canaux sont-ils obstrués ?
Les os, en tous sens dispersés,
  Ne connaissent plus le repos.

La mère cherche le corps de son fils,
  L'épouse cherche partout son mari —
De-ci de-là, d'un canal à l'autre...
  Prince, vous seul encor connaissez le repos.

Le roi de Yen avait comploté contre l'empereur Tchao (87-74), mais ses intrigues venaient d'être découvertes et l'un de ses associés avait déjà été exécuté. C'est dans l'attente de sa propre condamnation que le roi convia toute sa cour à un banquet. Après qu'il eut chanté son malheur, une femme de Houa-jong dont nous ne savons rien, mais qui devait être une des épouses du roi, se leva pour danser en chantant ce poème. Cette élégie sur les malheurs de la guerre s'applique sans doute également au triste destin qui attendait la famille du roi de Yen : plus de vingt personnes, en effet, durent se suicider.

Ko : Fa fen fen hi tche kiu, kou tsi tsi hi wang kiu...

Tr. Hervouet.
Rv. M. Kaltenmark.

La dame Pan

J'ai, d'un tissu de Ts'i, candide soie[1],
  Brillante et pure autant que givre ou neige,
Fait l'éventail d'harmonie et de joie,
  Tout arrondi comme une lune pleine[2].

Toujours blotti, Seigneur, dans votre robe,
  L'agitez-vous, un vent léger s'éveille...
Je crains pour lui le retour de l'automne :
  Que l'aquilon triomphe des chaleurs,

Et, relégué dans l'oubli des corbeilles,
  Avant son terme, il perdra vos faveurs.

La dame Pan, tante de l'illustre historien Pan Piao, introduite dans le harem de l'empereur Tch'eng (32-6 av. J.-C.), distinguée par le souverain et élevée par lui au rang de Belle-Favorisée, mais bientôt éclipsée par la belle et ambitieuse Tchao Fei-yen, qui ne devait pas tarder à devenir impératrice (16 av. J.-C.), se voyant persécutée par son heureuse rivale, et craignant d'en devenir la victime, alla demander à se retirer, en qualité de suivante, auprès de l'Impératrice-Mère. C'est pour déplorer sa disgrâce qu'elle composa une lamentation lyrique, citée par le Livre des Han antérieurs (Biographies, livre 97,

2ᵉ partie), et, d'après une tradition qui s'est vraisemblablement développée à l'époque des Ts'i (479-501) et des Leang (502-556), le poème que nous traduisons ici. Ce poème est classé dans le Wen-siuan (ch. 27) parmi les poèmes du genre yue-fou, et par le Yue-fou che-tsi parmi ceux de ces poèmes qui se chantaient sur des airs du royaume de Tch'ou. A en juger par le style et par la forme, déjà régulièrement pentasyllabique, il semble bien qu'il ait été en vérité écrit, sous les Han postérieurs, par un des nombreux auteurs qui, au cours des siècles, s'exercèrent à l'envi sur le thème, devenu fameux, des doléances de la dame Pan et de l'éventail abandonné.

1. Les soies du pays de Ts'i (territoire actuel de Chan-tong) étaient renommées pour leur finesse. — 2. La parfaite rotondité est un symbole d'union et d'harmonie. L'expression s'applique aux joies partagées de l'amour.

Yuan ko hing : Sin lie t'si wan sou, kiao kie jou chouang siue...

Tr. *Lectures chinoises*, nᵒ I (cf. p. 76).

Auteur inconnu

I

En route sans cesse et sans cesse en route...
   Vous et moi, vivants, nous être disjoints !
Séparés par mille et dix mille stades,
   Nous voici chacun sous un bord du ciel.

La route est bien longue et bien périlleuse ;
   Nous reverrons-nous, qu'en peut-on savoir ?
Le cheval du Nord jouit de l'aquilon,
   Mais l'oiseau du Sud niche en branche australe.

Plus le jour qui nous divisa s'éloigne,
   Et plus ma ceinture à ma taille est lâche.
Quel nuage errant voile un clair soleil,
   Pour que l'exilé renonce au retour ?

Tant penser à vous m'a fait tôt vieillir ;
   Mon âge, soudain, touche au crépuscule.
Mais c'est trop parler de mon abandon !
   Il vous faut tâcher de mieux vous nourrir[1].

1. On peut comprendre aussi :
      Mais c'est trop parler d'un tel abandon !
      Il me faut tâcher de mieux me nourrir.

Comme elle est verte, au bord de l'eau, cette herbe !
　　Qu'ils sont touffus, dans ce jardin, les saules !
Belle, bien belle, est là-haut cette femme,
　　Claire, si claire, au bord de sa fenêtre.

Qu'il est charmant son teint poudré de rose !
　　Toute menue a jailli sa main blanche.
D'abord chanteuse aux maisons de musique,
　　Elle est la femme, à présent, d'un volage.

Le volage vague et ne revient pas :
　　Au lit déserté comment rester seule ?

Verts, toujours verts, sont les thuyas de la colline,
　　Toujours amoncelés les rochers du ravin.
Mais les jours des humains sont, dans notre univers,
　　Aussi brefs que l'arrêt d'un passant qui va loin.

Une pinte d'arak vous mettra l'âme en joie :
　　N'est-ce assez pour suffire à qui n'en fait point fi ?
Pressons l'élan du char, cinglons les haridelles,
　　Courons nous divertir, soit à Wan, soit à Lo !

Dans la cité de Lo, que de magnificence !
　　Nobles et mandarins l'un l'autre s'y pourchassent ;
Quels vastes carrefours, quels réseaux de ruelles,
　　Où tant de grands seigneurs ont de si beaux hôtels !

Les deux palais royaux, entre eux, de loin, s'admirent,
   Avec leur double tour haute de cent coudées.
Comblés d'aise, égayons nos cœurs et nos pensées.
   Quelle tristesse encor viendrait nous obséder ?

IV

Ce jour nous vaut un excellent festin,
   Et du plaisir plus qu'on ne saurait dire.
Cette cithare a des sons merveilleux :
   L'air est neuf, si beau qu'il touche au divin.

Que de vertus exprime un chant si noble !
   Qui sait l'entendre en perçoit le vrai sens.
Tous les cœurs, ici, n'ont qu'un seul désir,
   Un propos caché que nul ne dévoile :

Les jours qu'un mortel passe en cette vie
   Sont plus tôt enfuis qu'un flot de poussière ;
Pourquoi ne pas s'élancer d'un pied prompt,
   Et le premier s'emparer des bons postes ?

Que servirait de rester pauvre et humble,
   A cahoter toujours de mal en peine ?

V

Au Nord-Ouest s'élève un altier logis,
   Dont le faîte atteint le vol des nuages.
Le plus fin décor brode les fenêtres,
   Au pavillon monte un triple perron.

Un chant s'y mêle aux sons d'une cithare :
    Dans ces accents que de mélancolie !
Qui peut ainsi chanter telle élégie ?
    Ne dirait-on la veuve de K'i Leang[1] ?

Les purs accords au gré du vent s'égrènent,
    Puis, à mi-cours, la mélodie hésite ;
Pour chaque note il naît plus d'un soupir,
    Tant la plainte est loin d'épuiser la peine...

J'ai moins d'égard aux deuils de la chanteuse,
    Que de pitié pour son chant méconnu.
Oh ! mariant nos voix, couple de cygnes,
    D'un même essor là-haut nous envoler !

1. La veuve de K'i Leang, désespérée de se trouver désormais sans
père, mari, ni fils, se noya dans la rivière après avoir exhalé sa douleur en
lamentations si pathétiques, qu'au 10e jour de ce deuil la muraille de la
ville s'écroula.

VI

J'ai traversé le fleuve et cueilli des lotus.
    Au marais des iris, que d'herbes odorantes !
Vais-je encore en cueillir, pour les donner à qui ?
    Celui que je regrette est au loin sur les routes.

Tourne-t-il ses regards vers nos vieilles campagnes,
    La longueur du chemin s'espace à l'infini...
N'avoir qu'un même cœur pour vivre séparés,
    Et voir dans le chagrin se consumer notre âge !

Clairs de lune, ô splendeur de ces nuits lumineuses !
  Un grillon fait son cri dans mon mur du levant.
Yu-heng indique, au ciel, l'approche de l'hiver[1].
  Que d'étoiles sans fin par tout l'espace éparses !

Déjà blanche est sur l'herbe des champs la rosée ;
  Voici que la saison de nouveau va changer.
La cigale d'automne aux bosquets chante encore ;
  Mais la noire hirondelle a fui, vers quels climats ?

L'ami qui fut jadis mon compagnon d'études,
  Pour gagner les hauteurs a déployé son vol ;
Oublieux d'un accord qui tenait nos mains jointes,
  Il me laisse après lui comme on laisse un vestige.

Au Sud, là-haut, le Van, plus au Nord, le Cyathe,
  Le Bouvier, dont le bœuf ne souffre pas le joug[2],
Et l'ami qui n'a pas la constance du roc —
  Noms sans réalités, à quoi donc sont-ils bons ?

1. Yu-heng est la première des trois étoiles (Alioth, Mizar et Ackaïr) qui forment la queue de la Grande Ourse (Manche de la Cuiller, pour les astronomes chinois de l'Antiquité), mais donne parfois, et notamment ici, son nom à la queue tout entière, considérée comme indicatrice des saisons. — 2. Le Van : constellation dont les quatre étoiles forment la main du Sagittaire ; le Cyathe (la Cuiller à Boisson) : constellation (qu'il ne faut pas confondre avec la Grande Ourse) dont les six étoiles forment l'épaule et l'arc du Sagittaire ; le Bouvier : constellation correspondant, pour les anciens, à six étoiles du Capricorne, et pour les modernes, à trois étoiles de l'Aigle, Bêta, Alpha (Altaïr) et Gamma. — Pour comprendre ce texte, il faut se rappeler quatre vers de *Che-king (Siao-ya, Ta-tong)* :

> *Au midi est le Van,*
>   *Dont on ne peut user pour vanner le grain ;*
> *Plus au nord est la Cuiller,*
>   *Dont on ne peut user pour puiser vin ni liqueur.*

Frêle est le bambou qui croît solitaire,
  Nouant sa racine au flanc du Grand Mont...
A vous, Seigneur, me lia l'hyménée,
  Comme un liseron s'attache au lichen.

Le liseron doit venir à son heure,
  Et les époux se joindre quand il sied :
Bien loin, détourné des nœuds de l'hymen,
  Vous voilà, là-bas, delà les montagnes !

Tant penser à vous m'aura tôt vieillie ;
  Comment votre char tarde-t-il ainsi ?
Que je la plains, l'odorante orchidée,
  Dont la fleur s'entrouvre et déjà rayonne !

Passé le moment sans qu'on l'ait cueillie,
  Comme herbe d'automne elle périra...
Mais si vous gardez, Seigneur, votre foi,
  Votre humble servante, encor, que veut-elle ?

IX

Dans la grand-cour, il croît un arbre rare,
  Au vert feuillage, à riche floraison[1].
Haussée aux rameaux, j'en cueille les fleurs,
  Pour les envoyer à celui que j'aime.

Leur senteur m'embaume, aux seins, sous mes manches,
  Mais il est trop loin pour qu'un don l'atteigne.
Dès lors, vains bouquets, qu'auriez-vous pour plaire !
  J'en sens mieux combien dure son absence.

1. On peut lire aussi : Au feuillage vert, d'un humide éclat.

Bien loin, là-haut, voici l'étoile du Bouvier,
   Et, clarté pure, au bord du Fleuve, la Tisseuse[1].
Fines, si fines, sur le métier, ses mains blanches
   Mêlent des cliquetis d'ensouple et de navette.

Mais sans qu'au bout du jour la trame ait pris figure ;
   Et les pleurs de ses yeux tombent comme une pluie.
L'eau du fleuve est, entre eux, limpide et peu profonde ;
   L'un de l'autre sont-ils à si grande distance ?

Mais cette onde, toujours, cette onde interposée,
   Et se voir, là, se voir, sans pouvoir se parler !

1. La Tisseuse (ou la Tisserande) : constellation qui comprend Véga et
deux autres étoiles de la Lyre. — Le Fleuve est la Voie Lactée, qui, toute
l'année, sauf la septième nuit de la septième lune, sépare la Tisseuse du
Bouvier.

J'ai fait virer mon char, j'attelle, je m'éloigne,
   Plus loin, toujours plus loin, sur la route sans fin.
Partout, devant mes yeux, quelle immense étendue,
   Où le vent du printemps berce cent races d'herbes !

Je n'y vois rien qui soit encore ce qui fut :
   Comment ne pas sentir plus prompte la vieillesse ?
Plénitude et déclin, tour à tour, ont leur temps ;
   Hélas ! Je n'ai pas su m'établir assez tôt.

L'homme n'ayant du fer ni du roc la durée,
   Se peut-il qu'à jamais s'éternisent ses jours ?
Son sort bref suit le sort des êtres périssables :
   Qu'un glorieux renom soit notre sûr trésor !

La muraille de l'Est, comme elle est haute et longue,
  Avec ses grands replis qui se soudent entre eux !
Les tourbillons, au sol ébranlé, se déchaînent ;
  L'herbe d'automne achève en tremblant de verdir.

La ronde des saisons poursuit ses alternances ;
  Que la fin d'une année est vite survenue !
« Le Faucon » dit l'émoi d'un cœur qui se tourmente,
  « Le Grillon », le chagrin d'être pressé par l'âge[1].
Curons-nous des soucis, et donnons-nous licence !
  A quoi bon, de ses mains, soi-même s'entraver ?

Il est, à Yen, à Tchao, beaucoup de belles filles[2] ;
  Celle-ci, son visage est beau comme le jade.
Elle a revêtu jupe et tunique de gaze,
  Et, sur son seuil, s'exerce à ses airs de cithare.

Dans ces sonorités que de mélancolie !
  A la corde fébrile on sent la clef brusquée...
Son cœur déjà s'élance, elle ajuste ses voiles,
  Puis demeure indécise, et le pas suspendu :

Ah ! que ne sommes-nous ce couple d'hirondelles,
  Qui vont, l'argile au bec, nicher sous votre toit !

---

1. « Le Faucon », « Le Grillon » : titres de poèmes des *Airs des Seigneuries (Che-king)*. — 2. Yen, Tchao : noms de fiefs. — Les dix derniers vers constituaient peut-être un poème distinct.

XIII

Mon char lancé par la Prime Porte de l'Est[1],
  De loin, je vois, au nord des remparts, les tombeaux.

Anthologie de la poésie chinoise classique.   4.

Que les peupliers blancs ont de tristes murmures !
   De pins et de thuyas s'encadre l'ample allée.

Là, sous terre enfouis, sont les morts des vieux âges,
   Obscurément fondus dans l'éternelle nuit.
Ils dorment, cachés sous les sources infernales,
   D'un sommeil millénaire, à jamais sans réveil.

A l'infini l'Hiver et l'Été se succèdent,
   Nos ans passent ainsi que l'aigail du matin.
La vie humaine est brève : un séjour à l'auberge ;
   Nos jours, du fer, du roc, n'ont pas la fixité.

Tous, d'âge en âge, ici tour à tour s'accompagnent ;
   Nul, fût-il Sage ou Saint, n'y saurait échapper.
Se gorgeant d'Elixir pour se rendre immortels,
   Maints et maints ont été victimes de leurs drogues.

Mieux vaut assurément boire des vins exquis,
   Et se vêtir de fine et de candide soie !

1. La plus septentrionale des trois portes de l'Est, à Lo-yang, capitale
de la seconde dynastie Han.

XIV

Les disparus nous sont chaque jour plus lointains,
   Et les nouveaux venus de jour en jour plus proches...
La porte des remparts franchie, et droit devant,
   Je ne vois que tombeaux et tertres tumulaires.

D'un cimetière ancien le labour fait un champ ;
   Pins et thuyas rompus sont réduits en falourdes.
Dans les peupliers blancs si plaintive est la brise,
   Que leur murmure en moi verse un mortel chagrin.

Je songe à regagner mon village natal,
   Je veux m'en retourner... Ma route est sans retour.

XV

Vivants dont les ans n'atteindront pas cent,
   Nous nous tourmentons autant que pour mille !
Quand les jours sont courts, et les nuits si longues,
   Que n'allons-nous, torche au poing, nous distraire !

Prenons du plaisir tant qu'il en est l'heure ;
   Qui s'en pourrait remettre à l'avenir !
Tel sot, qui ménage et plaint sa dépense,
   N'apprête qu'à rire à nos descendants.

Si K'iao, Fils de Roi, devint Immortel,
   Qui peut se flatter d'être son émule[1] ?

1. K'iao le Fils de Roi passe pour être monté au ciel sur une grue, à la manière des immortels taoïstes.

XVI

Tout glacé de frimas, l'an touche à son couchant.
   La courtilière, au soir, jette son appel triste.
Les aquilons soudain se sont faits plus farouches,
   Et l'absent vague au froid sans rien pour se vêtir.

Me laissant, sur la Lo[1], nos couvertes brodées,
   Lui, le cher compagnon, de moi s'est éloigné.
S'endormir seule ajoute à la longueur des nuits !
   En rêve, j'ai cru voir sa face rayonnante.

L'Époux, sensible encore à nos anciens bonheurs,
  Accourait en quadrige et me tendait la corde[2] !
J'espérais tant pouvoir à jamais lui sourire,
  Et, mains jointes, rentrer avec lui sur son char !

Mais il était venu sans vouloir s'attarder,
  Ni même reposer dans nos chambres intimes...
Et pourtant il n'a pas les ailes du faucon :
  Se peut-il qu'il se soit sur les vents envolé[3] ?

Le cherchant du regard pour flatter mon envie,
  Col tendu, je m'efforce, au loin, de l'entrevoir,
Puis, oscillant au seuil, l'âme lourde de peine,
  Je baigne de mes pleurs les vantaux de la porte.

1. La Lo, affluent du Fleuve Jaune. — 2. La corde dont on s'aidait
pour monter sur un char. — 3. On peut aussi lire :

Moi qui, certes, n'ai pas l'aile des crécerelles,
Pouvais-je, sur les vents, voler à sa poursuite ?

XVII

Au premier mois d'hiver, les froidures surviennent.
  Comme le vent du Nord est déjà glacial !
A souffrir tant de peine, on connaît les nuits longues ;
  Je regarde là-haut s'ordonner tous ces astres !

Trois fois cinq nuits : voici briller la lune-pleine ;
  Quatre fois cinq : déjà Lièvre et Crapaud s'ébrèchent[1]...
Un étranger, venu de régions lointaines,
  Me remit, une fois, en message, une lettre,

Dont le début parlait d'inépuisable amour,
  Et la fin des longs jours passés loin l'un de l'autre.

J'ai gardé cette lettre aux plis de mon corsage ;
En trois ans pas un mot ne s'en est effacé.

Tout mon cœur s'entretient dans cette humble ferveur,
Mais je crains que jamais tu n'y prennes plus garde.

1. Trois fois cinq nuits, quatre fois cinq : le quinzième et le vingtième
jour de la lunaison. — Lièvre et Crapaud : Le lièvre et le crapaud à trois
pattes dont les silhouettes, visibles sur le disque de la lune, s'ébrèchent
avec ce disque dès que l'astre décroît.

XVIII

Un étranger, venu de régions lointaines,
M'a remis un rouleau de beau satin broché.
Donc, séparé de moi par des milliers de stades,
Le cher être, son cœur est demeuré le même !

Dans ce brocart, paré d'Oiseaux Inséparables,
Je veux tailler la couverture de nos joies,
La doubler du tissu des constantes amours,
La border du ruban des liens infrangibles.

Quand la gomme une fois s'est unie à la laque,
Qui donc viendrait à bout de jamais l'en distraire ?

XIX

La claire lune, si blanche, si pure,
Luit, sur mon lit, dans les rideaux de gaze.
Le deuil au cœur, je ne puis m'endormir ;
Mes habits ! Levé, je doute, j'hésite.

Voyageur, ta route eût-elle des charmes,
Mieux vaudrait encor tôt rentrer chez toi !

Je sors et, tout seul, vais, viens, çà et là ;
    Mes tristes pensers, à qui les dirais-je ?

En vain, col tendu... Rentré dans ma chambre,
    Mes pleurs en tombant mouillent ma tunique.

Kou che che kieou cheou : Hing hing tch'ong hing hing, yu kiun cheng pie li...

Tr. *Études françaises,* 2e année, n°s 9 et 10, 3e année, n°s 1 et 2, Pékin, septembre-décembre 1941 (publication du Centre franco-chinois d'études sinologiques, dirigée par André d'Hormon).

Tchang Heng

POÈME DES QUATRE CHAGRINS

I

Celle, oh ! celle à qui mon cœur pense, est au Grand Pic du
[Levant.
   Je voudrais aller la rejoindre : les monts autour[1] sont
[abrupts !
   Mes yeux, à l'Est tournés vers elle, baignent de pleurs
[mon plastron.
La Belle, en présent, m'a fait don d'un poignard incrusté
[d'or[2].
   Que lui donnerai-je en retour ? Quel rubis, quelle éme-
[raude ?
Trop loin pour mes pas fuit la route, et me voilà qui di-
[vague...
   Ah ! pourquoi, dans mon triste cœur, tant de peine et de
[langueur ?

*Tchang Heng (Tchang P'ing-tseu, 78-139), célèbre astronome et mathé-
maticien, constructeur d'une sphère armillaire. Il occupa de hautes fonctions à
la cour des empereurs Ngan et Chouen des Han. D'après une préface qui*

103

accompagne ce poème, Tchang heng y exprimerait, sous une forme figurée, son
dévouement au souverain, son amour de la vertu et sa crainte de la calomnie.

1. Leang-fou est le nom d'une montagne, appartenant au système du
Grand Pic du Levant (T'ai-chan), située à 90 stades au sud de la ville de
T'ai-ngan, dans la province de Chan-tong. Mais ce nom s'applique aussi,
d'une manière générale, à toutes les hauteurs secondaires qui avoisinent le
T'ai-chan (voir Ed. CHAVANNES, *Le T'ai chan*, p. 168, note 1). — 2. Il
n'est guère plausible que Tchang Heng, ministre des Han, ait ici voulu
parler des pièces de monnaie, en forme de poignard et incrustées d'or,
frappées sous le règne de l'usurpateur Wang Mang (8 à 23 ap. J.-C.). Il
s'agit plus vraisemblablement d'une arme de ceinture.

II

Celle, oh ! celle à qui mon cœur pense, est au Bois des
[Canneliers[1].
Je voudrais aller la rejoindre : l'eau de la Siang[2] est
[profonde !
Mes yeux, au Sud tournés vers elle, baignent de pleurs
[mes revers.
La belle, en présent, m'a fait don d'un joyau d'or et de
[gemmes.
Que lui donnerai-je en retour ? Deux plateaux jumeaux
[de jade.
Trop loin pour mes pas fuit la route, et me voilà tout mo-
[rose...
Ah ! pourquoi, dans mon triste cœur, tant de peine et de
[douleur ?

1. Kouei-lin, nom d'un chef-lieu de district sous les Ts'in, sous-
préfecture sous les Han, actuellement chef-lieu de la province du Kouang-
si, se trouvait au sud par rapport à Lo-yang, capitale des Han. — 2. La
Siang, grande et profonde rivière du Hou-nan.

III

Celle, oh ! celle à qui mon cœur pense, est en pays d'Outre-
[Han[1].

Je voudrais aller la rejoindre : quelle chaîne de falaises[2] !
Mes yeux, à l'Ouest tournés vers elle, baignent de pleurs
[ma tunique.
La Belle, en présent, m'a fait don d'une casaque de martre.
Que lui donnerai-je en retour ? La perle à clarté de lune.
Trop loin pour mes pas fuit la route, et me voilà plein de
[doute...

Ah ! pourquoi, dans mon triste cœur, tant de peine et de
[torpeur ?

1. Han-yang, le pays au nord de la Han, nom donné sous l'empereur
Ming des Han (58-76) au district de T'ien-chouei (territoire du Kan-
sou), se trouvait à l'ouest par rapport à Lo-yang. — 2. Long-fan, longue
chaîne montagneuse du Chan-si et du Kan-sou.

IV

Celle, oh ! celle à qui mon cœur pense, est à la Porte aux
[Bernacles[1].

Je voudrais aller la rejoindre : la neige en l'air tourbil-
[lonne !
Mes yeux, au Nord, tournés vers elle, baignent de pleurs
[mon mouchoir.
La Belle, en présent, m'a fait don d'une pièce de brocart.
Que lui donnerai-je en retour ? Un pur bol de jade glau-
[que.
Trop loin pour mes pas fuit la route, et me voilà tout
[soupirs...

Ah ! pourquoi, dans mon triste cœur, tant de peine et de
[rancœur ?

1. Yen-men, nom d'une montagne et d'une passe du Chan-si que le *Chan-hai-king* désigne comme « le lieu d'où proviennent les oies sauvages ».

Sseu tch'eouche : Wo so sseu hi tsai t'ai chan, yu wang ts'ong tche leang fou kien...

Tr. *Études françaises*, 4e année, n° 1, janvier 1943.

K'ong Jong

POÈME DÉTACHÉ

J'avais fort loin conduit un voyageur,
    Et ne revins qu'au déclin de l'année.
Du seuil, mes yeux cherchaient l'enfant aimé...
    Viennent à moi mes femmes éplorées.

Mon fils, j'apprends que plus ne le verrai,
    Et du soleil la splendeur s'est voilée !
« C'est au Nord-Ouest, un tombeau solitaire...
    Ton long retard, que je l'ai regretté ! »

Troussant ma robe, au tertre j'ai monté,
    Pour n'y trouver qu'armoises et fougères.
Aux sombres bords[1] gisent ses os blanchis ;
    Ce qui fut chair vole avec les poussières !

Vivant, si jeune, il ignorait son père ;
    Mort, à présent, saura-t-il qui je suis ?
Au long des nuits, son âme erre, esseulée,
    Au gré des vents, sans havre et sans appui.

Qui n'a pour fin d'assurer sa lignée ?
   Toi disparu, mon regret te poursuit.
Je cherche au sol, au ciel, l'âme navrée,
   Et de mes pleurs ma tunique est baignée.

Soit ! par le sort nos jours sont mesurés...
   Mais que les tiens, mon fils, ont peu duré !

*K'ong Jong (K'ong Wen-kiu, 153-208) : un des sept maîtres de la pléia-
de de l'ère Kien-ngan ; descendant de Confucius, conseiller du dernier empe-
reur de la seconde dynastie Han, mis à mort par ordre de l'usurpateur Ts'ao
Ts'ao, fondateur de la dynastie des Wei.*

1. Aux sombres bords : les Sources jaunes, séjour des morts.

Tsa che : Yuan song sin hing k'o, souei mou nai lai kouei...

                              Tr. *Lectures chinoises,* n° 1 (cf. p. 76).

Sin yen-nien

LE CORNETTE AUX GARDES

Il fut jadis, parmi les gens des Houo[1],
    Un beau cornette, appelé Fong Tseu-tou[2].
Fort du crédit de son maître[3], notre homme,
    Au cabaret, lutinait la patronne.
La belle, une barbare de quinze ans,
    Seule au comptoir, portait, pour le printemps,
Jupe à longs plis, ceinture à doubles pans,
    Manche bouffante et corsage galant,
Dans les cheveux, des jades de Lan-t'ien[4],
    Et perles d'Arabie aux deux oreilles[5].
Ainsi parés, qu'ils lui donnaient de grâce,
    Ses deux chignons, en son temps non pareils !
Chacun valait cinq millions de sapèques :
    Dix millions pour les deux, et davantage !
« Qui l'eût prévu, que le Seigneur Cornette[6]
    Vînt, fastueux, passer par ma buvette ?
« De quel éclat luit sa selle d'argent !
    Son parasol vert s'arrête, en suspens :
« Il me demande un vin pur, et je prends,
    Par ses cordons de soie, l'urne de jade ;
« Il me demande un mets fin, je lui tends,

Sur un plat d'or, une mousse de carpe.
« Il me fait don d'un miroir en airain,
    Puis il m'attache un jupon rouge aux reins[7] !
« Si je n'ai craint d'en déchirer la gaze,
    Pour ce corps vil, craindrai-je davantage ?
« L'homme est tout à la dernière épousée ;
    La femme, à qui, le premier, l'a choisie...
« Il est de vieux amis, et de récents...
    Puis, quel commerce, entre petits et grands ?
« Grand merci, mais souffrez, Seigneur Cornette,
    Que telle amour demeure insatisfaite ! »

On ne sait rien de l'auteur de ce poème. La table des matières du Yue-fou che-tsi *(ouvrage compilé sous les Song) mentionne qu'il vécut sous les Han postérieurs (25-220). C'est bien de cette époque que paraît relever la facture des quelques vers qui ont sauvé son nom d'un oubli total.*

Titre : Yu-lin lang. *Les gardes Yu-lin (prompts comme les plumes des oiseaux et nombreux comme les arbres des forêts : cette interprétation est tirée par Chavannes d'une glose de Yen Che-kou) étaient chargés d'escorter l'empereur. Ils furent institués en 104 av. J.-C. sous le nom de kien-tchang ying-ki ; plus tard, on changea leur nom en celui de yu-lin (Éd. Chavannes,* Mémoires historiques, t. II, p. 516) : « *les lang qui sont préposés à la garde des portes, et qui accompagnent le cortège impérial... » (même ouvrage, ib.).*

1. Puissante famille, qu'illustrèrent Houo K'iu-ping, le vainqueur des Huns, et son frère cadet Houo Kouang, général également fameux, fidèle conseiller de l'empereur Wou, régent de l'Empire sous le règne de l'empereur Tchao et tout puissant de 86 à 68 av. J.-C., date de sa mort. — 2. Fong Yin, dont l'appellation (et non le nom personnel) était Tseu-tou ; intendant et favori de Houo Kouang, dont il séduisit la veuve (cf. *Livre des Han antérieurs*, livre 8, règne de l'empereur Siuan, avec la note de Tsin Tchouo et le commentaire de Wang Sien-k'ien ; et même ouvrage, livre 68, Biographie de Houo Kouang). — 3. Le puissant maréchal Houo Kouang. — 4. Lan-t'ien, montagne située dans le territoire du Chen-si actuel, fameuse pour la beauté du jade qu'on en tirait. — 5. Ta Ts'in était le nom sous lequel était désigné l'ensemble des territoires relevant de l'Empire Romain. Les perles dont il est ici question provenaient vraisemblablement des côtes d'Arabie (Golfe Persique). — 6. Le titre « Seigneur Cornette » ne doit pas être pris à la lettre ; c'est plutôt une appellation de complaisance, peut-être nuancée d'ironie. — 7. Il est diffi-

cile d'assurer l'interprétation de ce vers, et, par voie de conséquence, des deux suivants. Celle qu'on propose ici ne prétend qu'à être plausible.

Yu lin lang : Si yeou houo kia nou, sing fong ming tseu tou...

Tr. *Lectures chinoises*, n° 1.

Anonymes

TROIS POÈMES ANCIENS

Partie sur la hauteur pour y cueillir des simples,
    Elle croise en descendant son ancien mari.
Prosternée de son long, elle questionne :
    « Et la nouvelle, comment la trouvez-vous ? »

« La nouvelle, on peut dire qu'elle est bien ;
    Mais elle n'a pas pour moi le charme de l'ancienne.
« Si leurs traits sont d'une égale beauté,
    Leur adresse ne peut se comparer.

« La nouvelle rentre chez elle,
    Quand l'ancienne descendait de l'étage...
« L'une est habile à tisser le brocart,
    L'autre l'était pour les soieries unies.

« Du brocart en un jour elle fait quelques pieds ;
    De la soie grège, c'étaient plusieurs aunes.
« A comparer le brocart à la soie grège,
    La nouvelle ne vaut pas l'ancienne. »

Cette poésie n'était pas destinée à être chantée ; elle n'est pas classée dans les pièces du « Bureau de la Musique » (cf. p. 119), mais est simplement intitulée « Poème ancien ». — Les deux vers sur la rentrée et la sortie des deux femmes paraissent obscurs : il n'y a pas en fait à y chercher autre chose qu'une opposition entre la femme qui travaille à l'intérieur et celle qui se promène. Il y a cependant une autre interprétation possible :

La nouvelle épouse est entrée par la grand-porte,
Quand l'ancienne sortait par la petite.

Peut-être faut-il supposer un caractère corrompu ; on ne voit pas ce que viendrait faire dans le contexte ce rappel du second mariage.

Kou che : Chang chan ts'ai mi wou, hia chan p'ong kou fou...

Tr. Hervouet.
Rv. M. Kaltenmark.

A quinze ans je suivis l'armée ;
C'est à quatre-vingts que je m'en reviens.
Je croise en route un homme du village :
« Qui trouverai-je dans notre maison ? »

« Regardez là-bas : c'est bien votre maison... »
Pins et cyprès ont crû comme herbe folle.
Les lapins entrent par le trou du chien ;
Des poutres du toit les faisans s'envolent.

Dans la cour a poussé du blé sauvage,
Et sur le puits l'herbe vagabonde.
J'en fais cuire le grain en manière de riz ;
Je cueille la mauve pour faire une soupe.

La soupe et le gâteau sont bientôt prêts ;
Mais je ne sais pas à qui les offrir.
Je sors pour regarder vers le levant ;
Mes pleurs coulent et mouillent mes habits.

Ce « poème ancien », dont l'auteur anonyme a vécu sans doute à la fin des Han, a été mis en musique assez tardivement, semble-t-il.

Kou che : Che wou ts'ong kiun tcheng, pa che che tō kouei...

Tr. Hervouet.
Rv. M. Kaltenmark.

Dans la forêt nouvelle a fleuri l'orchidée,
  Qui, çà et là, s'emmêle à l'asaret.
J'en ai cueilli les fleurs toute la matinée ;
  Le soir venu, je n'ai pas fini ma brassée.
A qui donc présenter les fleurs que j'ai cueillies ?
  Celui à qui je pense est au loin sur la route...
Les parfums délicats vite s'évanouiront ;
  Soudain toutes les fleurs se trouveront fanées.
Quel espoir luit pour moi que je puisse évoquer ?
  Au vent qui vole, je confierai ma brassée.

Cette poésie, elle aussi d'auteur inconnu, ne semble pas avoir été chantée.

Kou che : Sin chou lan houei p'a, tsa yong tou heng ts'ao...

Tr. Hervouet.
Rv. M. Kaltenmark.

Poèmes à chanter (yue-fou) des Han

(206 av. J.-C.-219 ap. J.-C.)

et des Wei

(220-264)

T'ien Heng

LA ROSÉE
SUR LES FEUILLES D'AIL

L'ail était couvert de rosée,
  Qui, vite, au soleil disparut.
La rosée envolée, à l'aube prochaine, redescendra ;
  L'homme meurt et s'en va : quand donc reviendra-t-il ?

Frère d'un chef de bande opposé à Hiang Yu et à Lieou Pang dans les luttes qui précédèrent le début des Han, T'ien Heng vivait encore quand Lieou Pang devint empereur en 202 av. J.-C. Appelé à la cour, il se suicida en chemin. Ce poème et le suivant auraient été composés par ses disciples pour le pleurer. Ils devinrent ensuite des chants rituels de funérailles, après que Li Yennien eut composé une musique pour les accompagner.

Hie lou : Hie chang lou, ho yi hi...

Tr. Hervouet.
Rv. M. Kaltenmark.

CHANT DU VILLAGE DES MORTS

Quels sont les habitants du cimetière ?
  L'assemblée des âmes, tant des sages que des fous...

Au cri du roi des morts, tous en foule se pressent.
Qui pourrait hésiter, quand le destin l'appelle ?

Hao li : hao li chouei kia ti, tsiu lien houen p'o wou hien yu...

Tr. Hervouet.
Rv. M. Kaltenmark.

Anonymes

CHANT DE TRISTESSE

Un chant triste s'harmonise à mes larmes,
  Un regard au loin, à ma nostalgie.
Mon village sans cesse est en moi,
  Dans la forêt de mes pensées, en mes songes amoncelés.
Je voudrais retourner, mais qui m'attend ?
  Pour passer le fleuve, il n'est point de barque.
Mon cœur est lourd et je ne puis parler ;
  En mes entrailles tournent des roues de char.

Toutes les poésies que nous traduisons désormais pour l'époque des Han sont anonymes, et il est impossible d'en déterminer la date, qui dans plusieurs cas pourrait bien être postérieure. D'origine populaire, ou du moins composées à l'imitation des poésies populaires, ces poésies étaient chantées. Le recueil qui les contient s'appelle « Bureau de la Musique » ou « Conservatoire » (yue-fou), du nom de l'office qui était chargé de les réunir ou de les composer (voir Introduction, p. 21). Beaucoup de poèmes postérieurs les imitèrent et portèrent par suite le même nom.

 Pei ko : Pei ko k'o yi tang k'i, yuan wang k'o yi tang kouei...

Tr. Hervouet.
Rv. M. Kaltenmark.

Celui à qui je pense,
   Voici qu'il est au Sud de la Grande Mer.
Que trouverai-je pour lui transmettre mes vœux ?
   Une couple de perles, un peigne d'écaille...
Le jade je prendrai pour attacher le tout.

On dit que vous avez changé de cœur.
   Ah ! malheur ! vous brisez et brûlez mes présents.
Il les brise, il les brûle,
   Et dans le vent jette les cendres.
Dès aujourd'hui et à jamais,
   Je ne veux plus penser à lui.

Penser à lui... Non, pour vous, c'est fini.
   Un coq chante, le chien aboie.
Il faut l'apprendre à mon frère, à sa femme...
   Hou, hou, hou...
Siffle, siffle le vent d'automne ; froide est la brise de l'aube.
   Bientôt le Seigneur de l'Est sera haut : lui aussi saura
                                 [tout.

Les distinctions de personne (lui... vous...) introduites dans la traduction ne sont pas exigées par le texte et sont par suite discutables. Il semble cependant qu'elles correspondent bien à sa tonalité.

Yeou so sseu : Yeou so sseu, nai tsai ta hai nan...

Tr. Hervouet.
Rv. M. Kaltenmark.

120

Mes cheveux sont blancs comme neige de montagne,
    Blancs comme la lune entre les nuages.
J'apprends que votre cœur est partagé ;
    Aussi suis-je venue : il nous faut rompre.

C'est aujourd'hui un rendez-vous pour boire ;
    Demain, à l'aube, au détour du canal,
Nous marcherons d'un pas lourd sur la digue.
    Les eaux s'y séparent vers l'Est, vers l'Ouest...

Triste, triste je suis, triste à jamais.
    L'épousée attend-elle encor des larmes ?
Elle veut un mari au cœur fidèle,
Qui reste attaché à ses cheveux blancs.

Pourquoi les bambous s'agitent-ils ainsi ?
    Comme frétille la queue du poisson !...
Mais un homme doit régler sa conduite.
    Pourquoi donc avez-vous gaspillé votre argent ?

Ce poème était attribué autrefois à Tcho Wen-kiun, la femme du célèbre poète des Han, Sseu-ma Siang-jou. Ils s'étaient unis sur un véritable coup de foudre, resté célèbre à travers l'histoire littéraire chinoise ; mais, devenu vieux, Sseu-ma Siang-jou se serait détaché de sa femme. Si le poème n'est pas de Tcho Wen-kiun, car sa forme est postérieure, l'histoire plus ou moins authentique des deux époux est sans doute à l'origine du thème poétique. L'allusion finale aux dépenses du mari est le symbole de la double vie qu'il mène et qui ne peut que le conduire à sa perte.

Pai t'eou yin : Ngai jou chan chang siue, kiao jo yun kien yue...

                    Tr. Hervouet.
                    Rv. M. Kaltenmark.

Le soleil au Nord-Est soudain paru
  Brille sur notre grande maison des Ts'in[1].
Chez les Ts'in, il est une jolie fille,
  Qui déclare que son nom est Lo-fou.
Lo-fou s'y connaît en vers et mûriers...
  Pour sa cueillette au coin Sud des murailles,
Les liens de son panier sont de soie verte,
  Et l'anse d'un rameau de cannelier.
Ses cheveux sont roulés en longues tresses ;
  Des perles de lune ornent ses oreilles.
Sa jupe est une soie brochée de jaune,
  Et son corsage est garni d'amarante.
Le passant, lorsqu'il aperçoit Lo-fou,
  Pose sa charge et tire sa moustache ;
Un garçon, lorsqu'il aperçoit Lo-fou,
  Ote son chapeau, renoue son turban...
Le laboureur en oublie sa charrue ;
  Le jardinier en oublie sa binette.
Rentrés chez eux, que de mauvaise humeur !...
  « Même assis, c'est Lo-fou que tu regardes ! »

Un jour le Préfet arrive du Sud.
  Les cinq chevaux s'arrêtent, hésitants,
Et le Préfet envoie son officier :
  « De quelle famille est cette beauté ? »
« Chez les Ts'in, il est une jolie fille,
  Qui déclare que son nom est Lo-fou. »
« Dites-moi, quel est l'âge de Lo-fou ? »
  « Vingt ans, elle n'y atteint point encore ;

Quinze ans, c'est déjà loin dans le passé. »
    Le Préfet alors fait dire à Lo-fou :
« Vous plairait-il de monter sur mon char ? »
    Lo-fou bien en face lui fait réponse :
« Qui vous fait, Seigneur, perdre ainsi la tête ?
    Vous avez, Seigneur, vous-même une épouse ;
« Lo-fou, aussi, a bien sûr un mari.
« Mille cavaliers vers l'Est sont partis
    Et c'est mon mari qui galope en tête.
« A quel signe peut-on le reconnaître ?
    Un poulain sombre suit sa jument blanche ;
« Des soies vertes lient la queue du cheval,
    Et la bride est toute d'or brillant.
« A son côté, pend l'épée ciselée,
    Dont la valeur ne connaît pas de chiffre.
« A quinze ans petit clerc dans les bureaux,
    Il est à vingt ans lieutenant des gardes ;
« A trente, il sera conseiller du Prince,
    A quarante, il gouvernera la ville.
« Voyez-le : nul défaut, le teint très blanc,
    Le poil dur : que sa barbe est magnifique !
« Quelle aisance a son entrée au palais !
    Quelle souplesse a son pas dans les salles !
« A la grande assemblée les voix de tous
    Proclament en chœur que nul ne l'égale. »

Le double thème de la cueillette du mûrier et de la fidélité de la femme a été le sujet de nombreuses compositions poétiques, réunies dans le recueil du « Bureau de la Musique ». L'origine en serait dans l'histoire d'une jeune femme appelée Ts'in Lo-fou, qui, aux avances de son prince, aurait répondu par ce poème comme dans nos pastourelles médiévales. Mais, outre qu'il ne s'agit pas de roi dans le poème, il est bien probable qu'il faut y voir une composition de lettré, qui serait à dater de la fin des Han. — Vers la fin du poème, alors que les interprétations les plus fréquentes donnent au mari plus de quarante ans et le poste important dont il est question pour cet âge, on a mis ces deux vers au

futur. Cela paraît mieux correspondre à la psychologie et aux situations réci-
proques des personnages.

1. Ts'in, nom de famille.

Mo chang sang : Je tch'ou tong nan yu, tchao wo ts'in che leou...

Tr. Hervouet.
Rv. M. Kaltenmark.

BALLADE DU SOLDAT
QUI CONDUIT SON CHEVAL À L'ABREUVOIR
SOUS LA GRANDE MURAILLE

Vertes, vertes, les herbes de la rive !
   Longue, longue, la route de mes songes !
Longue route où ma pensée désespère...
   Un jour en rêve je l'aperçus,
En rêve je le vis à mes côtés ;
   Je m'éveille : il était à mille lieues,
A mille lieues dans un autre comté...
   Je me retourne : en vain mes yeux le cherchent.
Le mûrier sec connaît le vent du ciel ;
   L'eau de la mer connaît le froid du ciel.
Chacun, entrant chez moi, ne pense qu'à soi-même ;
   Qui donc consentirait à me parler ?
L'hôte venu d'une région lointaine
   M'a présenté une couple de carpes.
J'appelle un serviteur pour les rôtir :
   Au ventre il trouve une lettre sur soie.
Je me prosterne pour lire la lettre.
   La lettre, que disait-elle donc ?
Elle me souhaitait de bien manger,
   Puis m'assurait d'un souvenir fidèle...

Cette ballade, qui porte aussi le titre de Stances anciennes, *a été attribuée à Ts'ai Yong (133-192). Si cette attribution est probablement inexacte, cette poésie chantée n'en est pas moins de cette époque, c'est-à-dire de la fin des Han. L'évocation, malgré le titre, n'est pas à placer dans la bouche d'un soldat parti défendre la frontière contre les Barbares, mais sur les lèvres de sa femme qui l'attend et rêve de lui à la maison.*

Yin ma tch'ang tch'eng k'ou hing : Ts'ing ts'ing ho p'an ts'ao, mien mien ssen yuan tao...

> **Tr.** Hervouet.
> **Rv.** M. Kaltenmark.

CHANSON
AUX LONGUES MODULATIONS

Verte, verte, l'herbe dans le jardin !
   La rosée attend la chaleur du jour.
Le printemps fécond répand ses bienfaits ;
   La nature émet des rayons de gloire.
Pourtant elle craint la saison d'automne
   Où tombent fleurs et feuilles d'or brillant.
A l'Est les fleuves courent vers la mer :
   Quand les verrons-nous revenir vers l'Ouest ?
Si, jeune et fort, tu ne fais ton possible,
   Vieux tu ne connaîtras que la tristesse...

Cette ballade (hing), *qui date de la fin des Han ainsi que toutes les poésies à mètre régulier que nous donnons ici, est intitulée* Chanson aux longues modulations *ou, selon d'autres,* Chanson sur la longue vie. *Elle était chantée sur une calme mélodie.*

Tch'ang ko hing : Ts'ing ts'ing yuan tchong k'ouei, tchao lou tai je hi...

> **Tr.** Hervouet.
> **Rv.** M. Kaltenmark.

CHANSON DOULOUREUSE

Blanche clarté de la lune brillante,
    Dont les rayons illuminent mon lit...
Je suis trop triste pour pouvoir dormir.
    Quel trouble en moi, et que la nuit est longue !
Un vent léger s'infiltre sous les portes ;
    Le rideau de gaze flotte tout seul.
Je mets une robe et noue ma ceinture ;
    Sandale au pied, je descends de l'étage.
Vers l'Est, vers l'Ouest, de quel côté irai-je ?
    De-ci, de-là, indécise, hésitante...
L'oiseau du printemps vers le Sud s'envole,
    A tire-d'aile en un sublime essor.
Son cri sinistre appelle sa compagne ;
    Sa voix lugubre blesse mes entrailles.
Toute émue, je songe à mon bien-aimé ;
    Des larmes soudain coulent sur ma robe.
Immobile, je pousse un lourd soupir ;
    Puis, de colère, je maudis le ciel.

Chang ko hing : Tchao tchao sou ming yue, kouei kouang tchou wo tch'ouang...

Tr. Hervouet.
Rv. M. Kaltenmark.

BALLADE DE L'ORPHELIN

Ah ! la vie d'orphelin !
Ah ! le destin de l'orphelin :

Qu'amer est donc ce lot !
    Quand mes parents vivaient,
    Sur un beau char j'allais,
    Et conduisais quatre chevaux.
    Père et mère en allés,
Frère et belle-sœur m'envoient commercer,
    Vers le Sud jusqu'aux Neuf-Rivières,
A l'Est, aux pays de Ts'i et de Lou.
    En plein hiver, quand je reviens,
Je n'ose me plaindre de rien,
    Ni de la vermine en mes cheveux,
    Ni de la poussière au fond des yeux.
Mon frère me prend pour cuisinier,
Ma belle-sœur pour palefrenier.
    A la salle là-haut je grimpe ;
Bien vite je dois redescendre.
Pleurs d'orphelin coulent en pluie...
Tôt l'on m'envoie à la source lointaine,
Tard je reviens de la fontaine.
    Mes bras n'en peuvent plus ;
    Aux pieds, point de chaussures...
    Triste, triste je marche.
    Sous le givre, nombreux sont les chardons :
    Quand j'en arrache les épines,
Dans ma chair, quel chagrin s'enfonce !
    Mes larmes coulent, coulent,
    Source pure jamais tarie.
    L'hiver, je n'ai point de manteau double ;
    En été, pas de veste légère.
    Vivre sans nulle joie ?...
    Mieux vaut mourir bientôt,
Sous terre aller aux Sources Jaunes.
Au souffle du printemps, éclatent les bourgeons.
    Avril : vers à soie et mûriers...
    Mai : il faut cueillir les melons.

En route vers la maison...
La charrette de melons
Un jour chavira.
Peu vinrent pour m'aider,
Mais beaucoup pour manger.
« Ne voulez-vous pas me laisser les queues ?
— Mon frère et ma belle-sœur sont sévères —
Que je puisse ainsi très vite rentrer :
Car il faudra que je leur rende compte... »

(Envoi :)

Au village, ah ! quel vacarme ce fut...
Je veux envoyer cette lettre
A mes parents qui sont sous terre :
« Il est trop dur de vivre avec son frère ! »

De mètre irrégulier, cette complainte, qu'accompagnait une mélodie sur la cithare, date encore de la fin des Han. Le poème suivant appelle la même remarque.

Kou eul hing : Kou eul cheng, kou tseu yu...

Tr. Hervouet.
Rv. M. Kaltenmark.

BALLADE DE LA PORTE DE L'EST

J'étais parti par la porte de l'Est,
Rien ne m'aurait fait revenir...
Mais tout de suite je revins,
Et mon chagrin s'accroît encore.
La réserve de riz, dans le bassin, est épuisée ;
Je me retourne : aux poutres, plus un vêtement.

Mon épée à la main, je repasse la porte ;
Femme et enfants, pendus à mes basques, sanglotent.
« D'autres ne rêvent que richesse et honneurs ;
Mon seul vœu est de partager votre brouet,
   De partager votre brouet...
Comme veille sur nous le ciel aux vagues bleues,
Ici-bas nos petits comptent aussi sur nous...
Si maintenant, hélas, je ne pars pas,
Quand je m'en irai, ce sera trop tard.
Lorsque sont apparus les cheveux blancs,
Il est difficile ici-bas de s'attarder. »

Tong men hing : Tch'ou tong men, pou kou kouei...

                 Tr. Hervouet.
                 Rv. M. Kaltenmark.

Song Tseu-heou

TONG KIAO-JAO

Hors de Lo-yang[1], à l'Est, sur la grand-route,
   Pêchers, pruniers, croissent des deux côtés,
Qui, fleur à fleur, confrontent leurs merveilles,
   Et, feuille à feuille, opposent leurs beautés.

Quand du Nord-Est un vent printanier souffle,
   Feuilles et fleurs plongent, pour remonter...
Mais là, quelle est la fille à la corbeille
   Qui va cueillir des feuilles de mûrier ?

De sa main fine elle brise des branches,
   Et que de fleurs on voit s'éparpiller !
« Ne pourrait-on vous demander, la belle,
   Nos floraisons, pourquoi les ravager ? »

« Aux lunaisons où s'achève l'automne,
   Quand l'aigail blanc s'est en givre changé,
Il vous faut bien choir au sol, à fin d'âge !
   Vous est-il dû de toujours embaumer ? »

« Si nous tombons, par l'automne effeuillées,
    L'avril nous rend nos éveils parfumés.
Mais, vous, jamais, la jeunesse envolée,
    Ne renaîtront vos amours oubliées !... »

Moi qui voulais finir cette romance,
    J'en ai le cœur soudain tout endeuillé.
Je rentre. A moi mon luth, dans ma grand-chambre,
    Et du bon vin, pour me désennuyer !

On ne sait rien de Song Tseu-heou, auteur présumé de ce poème, sinon qu'il vécut sous la dynastie des Han postérieurs (25-220), probablement à la fin du IIe siècle ; ni de Tong Kiao-jao, dont le nom sert de titre à cette chanson et fut plus tard évoqué par maint poète comme celui d'une beauté légendaire.

1. Lo-yang, capitale de l'empire sous les Han postérieurs.

Tong kiao jao : Lo yang tch'eng tong lou, t'ao li cheng lou p'ang...

Tr. *Études françaises*, 4e année, n° 3, Pékin,
    mai 1943 (cf. p. 102).

Ts'ao Ts'ao

CHANSON AU TON BREF

Buvons et chantons !
  La vie est si brève :
Comme rosée le matin.
  Que de jours, hélas ! ont fui !

Restons fiers dans notre tristesse ;
  Les soucis secrets mal s'oublient.
Pour dissiper notre chagrin,
  Le seul moyen est le Tou-k'ang[1].

« Votre collet est bien bleu,
  Et mon cœur est bien troublé...[2] »
Vous seul, Seigneur, êtes la cause
  De mes soupirs jusqu'à ce jour.

« Entendez-vous bramer les cerfs,
  Broutant le cresson dans la plaine ?
J'ai des visiteurs de haut rang[3] » :
  Pincez luths, sonnez cornemuses !

Ah ! le même éclat que la lune...
  Comme elle impossible à prendre !
Le souci vient du fond du cœur,
  Et rien ne peut y mettre fin.

Venus par talus et fossés[4],
  Vous m'honorez de votre compagnie.
Séparés, retrouvés, causant à table,
  Nous évoquons notre ancienne amitié.

La lune disperse les astres[5] ;
  Pie et corbeau volent au Sud,
Tournent trois fois autour d'un arbre
  Sans trouver de branche où percher.

Les monts ne se croient pas trop hauts[6] ;
  La mer se voudrait plus profonde.
Le duc de Tcheou, qui crachait sa bouchée,
  Rallia l'univers à sa loi[7].

Ts'ao Ts'ao (Ts'ao Mong-tŏ, 155-220) : cet aventurier de génie, simple chef de bande à ses débuts, devint le ministre tout-puissant du dernier empereur des Han. Stratège et politicien hardi, il fut aussi un poète vigoureux et original.

1. C'est-à-dire le vin, dont une tradition chinoise attribue l'invention à un certain Tou K'ang. — 2. Citation du *Canon des Poèmes* (voir ci-dessus, Introduction, p. 14). Ts'ao Ts'ao semble penser ici à un rival politique qu'il essaie vainement d'attacher à sa cause. — 3. Ces trois vers sont cités du *Canon des Poèmes* (Siao Ya, I) : hymne traditionnel des banquets de cour quelques siècles avant notre ère. La strophe suivante paraît être une allusion aux ambitions politiques de l'auteur, qu'il désespère de réaliser. — 4. C'est-à-dire venus de loin et à travers toutes sortes d'obstacles et de difficultés. — 5. Allusion à lui-même, dont l'essor triomphant éclipse ses rivaux ; puis à ces derniers, qui ont fui vers le sud et qu'il désire se rallier. — 6. Symbole d'une ambition sans limites et qui ne se tiendra jamais pour satisfaite. — 7. L'auteur se propose pour modèle le duc de Tcheou, fondateur réel de la dynastie du même nom. De l'abnégation de ce héros antique, de son dévouement à la chose publique, la tradition donne un

exemple célèbre : il interrompait son repas, sans prendre même le temps d'avaler la bouchée qu'il mâchait, lorsque arrivait un conseiller ou un solliciteur — d'où le succès de son entreprise.

Touan ko hing : Touei tsieou tang yin, jen cheng ki ho...

Tr. Ruhlmann.
Rv. Hervouet.

EN CONTEMPLANT LA MER IMMENSE

Je vais vers l'Est jusqu'au Kie-che[1],
   Pour contempler la mer immense.
Les eaux à l'infini moutonnent
   Autour d'orgueilleux promontoires.

Ici les arbres poussent drus,
   Sur un luxuriant tapis d'herbes.
Au sifflement du vent d'automne,
   D'énormes flots s'enflent et montent.

Soleil et lune, votre route
   D'entre ces flots semble surgir.
L'éblouissant Fleuve d'Étoiles[2]
   Paraît sortir d'entre ces flots.

Quel spectacle ! Oh bonheur suprême !
   Mes vers, chantez mon idéal[3] !

1. Le mont de la Pierre dressée, au bord de la mer Jaune (golfe de Leao-tong), à l'extrémité nord-est de l'actuelle province de Ho-pei. Pour la première fois (et peut-être la seule), ses campagnes amènent ici Ts'ao Ts'ao face à la mer. — 2. La Voie Lactée. — 3. L'ambition politique du poète, à la mesure de l'Océan.

Kouan ts'ang hai : Tong lin kie che, yi kouan ts'ang hai...

Tr. Ruhlmann.
Rv. Hervouet.

BALLADE DU FROID DUR

Nous gravissons, au Nord, les monts T'ai-hang[1].
　　Pénible ascension ! Quels escarpements !
Contreforts tordus en mille détours,
　　Qui font se briser les roues de nos chars.

Dans les arbres, qu'est-ce qui siffle ainsi ?
　　Le vent du Nord : que sa musique est donc lugubre !
Des ours me font face, accroupis.
　　Panthères et tigres au bord du chemin rugissent.

Car ces gorges sont presque inhabitées
　　Et la neige tombe en épais flocons.
Tendant le cou, poussant de longs soupirs,
　　Rendu pensif par la lointaine marche,

Quel tourment j'ai au cœur ! Rien qu'une fois,
　　Rentrer à l'Est, à la maison, j'en rêve...
Mais le torrent est profond et, sans pont,
　　A mi-chemin nous errons à présent.

Nous nous égarons et perdons la route ;
　　La nuit va tomber : pas le moindre gîte.
De jour en jour, à marcher, on s'éloigne ;
　　La même faim creuse hommes et chevaux.

On va, sac au dos, ramasser du bois ;
　　Pour cuire la soupe, on hache la glace.

Le souvenir des « Monts de l'Est » m'afflige[2],
  M'inspire un immense chagrin.

1. Dans la province actuelle de Chan-si. L'auteur marche à la tête de son armée. — 2. « Les Monts de l'Est » : poème du *Canon des Poèmes* (*Pin fong*, 3) attribué au duc de Tcheou, qui exprime la tristesse des guerriers longtemps séparés de leurs femmes.

K'ou han hing : Pei chang t'ai hang chan, k'ien tsai ho wei wei...

Tr. Ruhlmann.
Rv. Hervouet.

Ts'ao P'ei

DEUX CHANSONS DE YEN

I

Le vent d'automne siffle, siffle,
   Et fait fraîchir le temps.
Il secoue, il abat herbes et feuilles ;
   Déjà la rosée gèle.
Un grand vol d'hirondelles nous quitte et rentre en son pays ;
   Au Sud volent les oies[1].
Je pense à vous, ô lointain exilé ;
   La tristesse me brise...
Si la nostalgie vous assiège,
   Et l'amour du pays,
Pourquoi, Seigneur, tant prolonger
   Votre lointaine absence ?
Votre servante, solitaire,
   Garde sa chambre vide.
Je m'inquiète en pensant à vous,
   Comment vous oublier ?
A mon insu, mes larmes coulent,
   Mouillant mes vêtements.
Je prends mon luth, pince les cordes,

Lance des notes claires ;
Mon chant reste court, ma voix basse :
  Je m'arrête, sans force.
Un clair de lune éblouissant
  Inonde notre lit.
Le Fleuve d'Astres coule à l'Ouest[2] ;
  La nuit est encor noire.
Le Bouvier et la Tisserande
  Se regardent de loin.
Avez-vous aussi mérité
  Qu'un Fleuve nous sépare ?

II

Il est aisé de se quitter,
  Difficile de se retrouver !
Au loin, par-delà monts et fleuves,
  Routes interminables,
L'angoisse au cœur, je pense à vous,
  Et je ne puis parler.
Je confie un mot aux nuages ;
  Ils s'en vont sans retour.
Les larmes sillonnent mes joues ;
  Ma beauté se flétrit.
Qui pourrait, accablé de peine,
  Retenir ses soupirs ?
Je me chante des vers à moi-même,
  Pour tenter de me consoler.
Mais la joie me quitte, et la peine
  Vient me briser le cœur.
Je m'étends, pensive, obsédée.
  Sans trouver le sommeil.
Alors je me rhabille et sors,
  Marche de-ci de-là...

Je regarde les étoiles, la lune ;
  J'observe les nuages.
Un oiseau chante dans l'aurore ;
  Sa voix est pitoyable.
Je m'attarde, et désire, et souffre...
  Je ne puis plus trouver la paix.

Ts'ao P'ei (Ts'ao tseu-houan, 187-225), fils et successeur de Ts'ao Ts'ao, détrôna le dernier empereur des Han et fonda la dynastie des Wei. Son règne inaugura la période des Trois Royaumes (220-280), durant laquelle Wei, Chou et Wou se livrèrent des combats épiques. Ts'ao P'ei, qui n'avait pas la puissante personnalité de son père, a écrit des poèmes délicats et nostalgiques.

Yen est un pays de la Chine ancienne qui correspond en gros à l'actuelle province du Ho-pei. Les chansons de Yen, genre très apprécié des poètes du IIIe siècle, expriment la tristesse des femmes séparées de leurs maris partis en guerre ou en voyage. Il faut remarquer de plus que c'est le même caractère qui désigne ce pays de Yen et l'hirondelle : le rapprochement est significatif.

Cette pièce est en vers de sept syllabes, avec césure après la quatrième ; dans la traduction chaque vers est rendu par deux lignes.

1. Les hirondelles et les oies sauvages ou les cygnes, etc., évoquent à travers toute la poésie chinoise le désir des exilés de retourner dans leur pays natal, ainsi que font à l'automne les oiseaux migrateurs. — 2. De part et d'autre de la Voie Lactée (le « Fleuve d'Astres ») se trouvent les étoiles Altaïr et Véga, appelées en Chine le Bouvier et la Tisserande. Une touchante légende raconte leur vie terrestre et son triste dénouement : des dieux cruels rappellent la Tisserande au ciel, qu'elle avait quitté par amour pour le Bouvier, simple mortel : il la poursuit, mais les dieux l'arrêtent au bord du Fleuve Céleste qu'elle a déjà franchi. Ils se retrouvent cependant une fois par an, le septième jour du septième mois lunaire.

Yen ko hing : Ts'ieou fong siao sô t'ien k'i leang, ts'ao wou yao lo lou wei chouang...

                                        Tr. Ruhlmann.
                                        Rv. Hervouet.

Ts'ao Tche

DEUX POÈMES DÉTACHÉS

Aux fières tours les vents tristes affluent ;
  Le bois du Nord brille aux feux du matin ;
Et Lui, là-bas, il erre à mille stades !
  Fleuves et lacs, si profonds, si lointains...

Sur quelle barque atteindre à ces rivages ?
  Qu'on souffre mal l'ennui d'être esseulée !
Volant au Sud, voici qu'une oie sauvage
  Jette au passage un long cri désolé...

Et vers l'absent, mon regret suit sa trace...
  Puisse, en son cri, lui clamer ma douleur
L'oiseau, déjà disparu dans l'espace,
  Dont l'aile fuit en déchirant mon cœur !

II

Dans un fief du Sud, il est une belle,
  Qui passe en éclat pruniers et pêchers.
Dès l'aurore, au Nord du Grand Fleuve, elle erre,
  Aux îlots du Siang, le soir, vient coucher[1].

140

Le temps prise mal les faces vermeilles[2] :
  Pour qui souriaient de si blanches dents ?
Voici que l'an touche aux dernières veilles...
  Ta jeune splendeur, l'auras-tu longtemps ?

Ts'ao Tche (Ts'ao Tseu-kien, 192-232) : troisième fils de l'usurpateur Ts'ao Ts'ao. Un des maîtres du poème en vers réguliers pentasyllabiques, dont la forme est, dès son époque, définitivement fixée ; s'est inspiré des yue-fou, mais en évitant de s'en tenir au pastiche. Généralement tenu pour le plus grand poète de son temps.

1. Le Grand Fleuve : le Fleuve Bleu ; le Siang : rivière du Hou-nan. Ces randonnées ne paraissent plus surprenantes dès que l'on tient compte du style allégorique dans lequel la beauté dédaignée n'est qu'un symbole du talent méconnu. Ts'ao Tche, tenu à l'écart de la vie politique par son père, Ts'ao P'ei, le premier empereur des Wei, qui le jalousait, ne s'est jamais résigné à sa disgrâce. — 2. Les faces vermeilles : les belles jeunes femmes.

Tsa che eul cheou : Kao t'ai to pei fong, tch'ao je tchao pei lin...

Tr. *Lectures chinoises*, n° I (Pékin, 1945).

SUR UN AIR DE HARPE

La table est servie dans la haute salle ;
  Parents et amis font fête avec moi.
On prépare en cuisine un plantureux festin :
  Voilà les moutons cuits, les veaux gras dépecés.

Que les lyres du Ts'in ont de noblesse allègre !
  Les cithares du Ts'i, d'harmonie et de grâce[1] !
Admirez de Ngo-p'ang[2] les danses merveilleuses ;
  Ecoutez bien les airs fameux que l'on joue à Lo-yang[3].

A boire en belle humeur, on passe les trois coupes[4] ;
    Ceinture desserrée, on fait honneur aux mets.
L'hôte souhaite à tous mille ans de Longue Vie[5] ;
    Les invités le paient en vœux de dix mille ans.

Nul ne doit oublier notre vieille affection :
    Manquer à l'amitié, c'est faillir à l'honneur.
Vertu humble et modeste propre aux âmes bien nées,
    Incliné devant toi, je ne veux rien de plus.

Mais un noir tourbillon emporte les beaux jours ;
    Effrayés, nous voyons le temps fuir sans retour.
Les saisons de bonheur jamais ne se répètent ;
    Même après cent années, c'est soudain que l'on part.

Des vies ont beau passer dans les palais de pourpre :
    Leurs débris épars vont aux sépulcres des monts.
Qui, des Anciens, a pu ne pas mourir ? Sachons
    Notre destin : dès lors, de quoi nous mettre en peine ?

1. Ts'in et Ts'i, les provinces actuelles du Chen-si et du Chan-tong, sont les deux extrémités, ouest et est, de la Chine des Wei. C'est dans le Ts'in qu'aurait été inventé le *tcheng*, sorte de lyre à cordes de cuivre. Le *sō*, qui comprenait 26 cordes de soie, est de son côté associé au Ts'i. — 2. Palais, devenu fabuleux, du Premier Empereur de Chine, au IIIe siècle avant notre ère. — 3. Capitale des Han et des Wei, du Ier au IIIe siècle de notre ère. — 4. Dans les repas de cérémonie, chacun ne buvait que trois coupes de vin. — 5. Vœux de vie éternelle, restés traditionnels en Chine.

K'ong heou yin : Tche tsieou kao tien chang, ts'in yeou ts'ong wo yeou...

Tr. Ruhlmann.
Rv. Hervouet.

ADIEUX À SON FRÈRE PIAO,
PRINCE DE PAI-MA

Mon cœur est triste et mes esprits en moi s'agitent.
    Laissons cela, et ne pensons plus au passé !
Un homme digne de ce nom en ses desseins embrasse l'uni-
    Mille stades pour lui sont voisinage proche.   [vers.

Si notre amour fraternel ne diminue pas,
    Nos destins se rapprocheront de jour en jour, malgré
Est-il nécessaire de partager le même lit[1] [l'éloignement.
    Pour pouvoir se vouer et se dévouer l'un à l'autre ?

Un regret qui deviendrait maladie
    Serait sentimentalité de femme.
Pourtant — quel trouble en moi ! — ce lien du sang entre
                                         [nous,
    Puis-je l'empêcher de me causer cette amertume ?

*Les deux frères sont séparés par une décision de leur frère aîné l'Empereur
(Ts'ao P'ei), motivée par une soupçonneuse raison d'Etat.*

1. En frères.

Tseng pai ma wang piao : Sin pei tong wo chen, k'i tche mo fou tch'en...

                                      Tr. Ruhlmann.
                                      Rv. Hervouet.

Wang Ts'an

TRISTESSE

La grand-ville de l'Ouest[1] sombre dans le chaos.
  Tigres et loups[2], voici venus les ravageurs...
De nouveau c'est l'exil, il faut sortir de Chine,
  Et passer sous le joug, au pays des Barbares.

Mes parents sur mes yeux lèvent leurs yeux en larmes ;
  Les mains de mes amis se crispent sur mes mains...
Je quitte la maison. Il n'est âme qui vive ;
  Des ossements blanchis recouvrent seuls la plaine.

Sur la route, poussée par la faim, une femme
  Emporte un nouveau-né, qu'elle abandonne aux champs.
L'enfant pleure et crie ; aux aguets, la mère écoute
  Et pourtant se détourne en essuyant ses larmes.

« Je ne sais même pas où me prendra la mort :
  Comment réussirais-je à sauver nos deux vies ? »
Je fouette mon cheval, et je m'enfuis loin d'elle ;
  Je ne peux supporter d'écouter cette voix.

J'ai gravi droit au sud l'arête du Pa-ling.

Quand je tourne les yeux, en revoyant Tch'ang-ngan,
Je songe à tous mes morts, au bord des Sources jaunes[3] ;
  Et de profonds soupirs me déchirent le cœur.

*Wang Ts'an (Wang Tchong-siuan, 177-217) fit partie du groupe des
Sept Poètes de l'ère Kien-ngan (196-220), qui vécurent à la cour de Ts'ao
Ts'ao et de ses fils. Il assista à l'écroulement de la dynastie des Han, qu'il
évoque dans une suite de sept poèmes intitulée* Les sept tristesses. *Ce poème est
le premier de la série.*

1. Tch'ang-ngan, ancienne capitale des Han occidentaux (206 av.
J.-C. à 25 ap. J.-C.). — 2. Luttes de factions rivales, révoltes populaires,
brigandage, la dynastie s'écroule dans une anarchie tragique. Les tigres et
les loups, généralement associés, sont dans la poésie chinoise le symbole
des ennemis, spécialement des Barbares. — 3. Le séjour souterrain des
morts.

Ngai che : Si king louan wou siang, tch'ai hou fang keou houan...

Tr. Diény.
Rv. Hervouet.

Tch'en Lin

BALLADE DU SOLDAT
QUI CONDUIT SON CHEVAL À L'ABREUVOIR
SOUS LA GRANDE MURAILLE

J'abreuve mon cheval au creux de la Muraille,
    Et l'eau froide a blessé le coursier jusqu'aux os.
Je suis allé parler au prévôt du Long Mur :
    « Donnez l'ordre, à tout prix, de ne plus retenir l'ouvrier
                          [de T'ai-yuan[1] ! »

(Le prévôt)

« Les grands travaux d'État suivent les plans prévus.
    Allez donc ! au travail ! et chantez tous en chœur ! »

(Le soldat)

« Un homme aimerait mieux périr à la bataille, les armes à
                              [la main ;
Car comment supporter, dans le trouble et l'angoisse, de
                           [bâtir la Muraille[2] ? »

Longue, longue, la Grande Muraille sans fin
   S'allonge, tout au long de ses trois mille stades.
Aux portes du pays, que de garçons robustes !
   Mais au fond des maisons, combien de femmes veuves !

Alors j'ai rédigé cette lettre à ma femme :
   « Mieux vaut vous remarier, il ne faut plus attendre.
« Servez honnêtement vos nouveaux beaux-parents ;
   Et puis, de temps en temps, souvenez-vous de moi, votre
                                [premier époux. »
La réponse est venue jusqu'aux marches lointaines :
   « Comment vous, mon seigneur, pouvez-vous me tenir un
                                [langage aussi vil ? »

(Le soldat)

« Environné de maux, accablé de soucis,
   Ai-je le droit de vous garder ? Vous êtes fille d'autre
                                [lignée que moi[3].
« Si vous avez des fils, ne les élevez point[4].
   Mais les filles, nourrissez-les de bonne viande !
« Ma mie, êtes-vous seule à ne pas voir, au pied de la
                                [Grande Muraille,
   Les corps des trépassés ? Leurs os enchevêtrés se dressent
                                [tout debout ! »

(La femme)

« J'ai noué mes cheveux[5] pour servir mon seigneur ;
   Jamais cette pensée n'a pu quitter mon cœur.
« Des maux de ces frontières, j'ai claire connaissance ;
   Comment pourrais-je donc ne songer qu'au confort de
                                [votre humble servante ? »

147

Tch'en Lin (Tch'en K'ong-tchang, mort en 217), après avoir servi les adversaires malheureux de Ts'ao Ts'ao, se rallia au vainqueur qui le prit pour secrétaire. Il appartint comme Wang Ts'an au groupe des Sept Poètes de l'ère Kien-ngan.

Ce poème évoque les souffrances des bâtisseurs de la Grande Muraille. Le titre est celui d'un yue-fou *des Han, ci-dessus, p. 124.*

1. Le héros du récit se désigne lui-même. T'ai-yuan, dans le Chan-si actuel, était proche de la région où se construisait la Grande Muraille. — 2. L'immensité du travail est telle que nul n'en voit la fin. La Grande Muraille est le symbole à la fois de l'extraordinaire, du démesuré et d'un travail extrêmement ardu. — 3. En associant sa femme à son destin malheureux, l'ouvrier de T'ai-yuan croirait offenser sa belle-famille. — 4. Allusion à la cérémonie par laquelle le père élevait du sol le nouveau-né qui y avait été exposé, pour signifier qu'il le considérait comme son enfant. Cf. *La naissance de la race des Tcheou* (ci-dessus, p. 42), où cette exposition du nouveau-né et son abandon sont narrés sur le vif. Il faut souligner la force de l'expression quand on sait le désir des Chinois d'avoir des garçons. — 5. Rite du mariage.

Yin ma tch'ang tch'eng k'ou hing : Yin ma tch'ang tch'eng k'ou, chouei han chang ma kou...

Tr. Diény.
Rv. Hervouet.

Jouan Tsi

I

Au profond de la nuit, quand je ne puis dormir,
 Je vais m'asseoir et fais vibrer mon luth chanteur.
Sous le rideau léger la lune resplendit,
 Et le vent pur s'en vient soulever ma tunique.

L'oie sauvage, esseulée, crie au loin dans les champs[1] ;
 Un oiseau qui s'envole a chanté dans le bois.
Je vais, je viens sans fin... Que puis-je attendre encore ?
 Mon cœur est tout meurtri du tourment qui le hante.

III

A l'abri des beaux troncs se dessine un sentier ;
 Au jardin du levant sont pêchers et pruniers.
Mais les graines ailées volent au vent d'automne :
 Voici venu le temps des déclins et des chutes.

Comme les fleurs fanées le bonheur se flétrit ;
  Ronces et liserons se croisent au palais[2].
Je fouette mon cheval ; loin de tout je m'en vais,
  M'en vais chercher un gîte au pied des Monts de
Qui ne peut seulement se défendre soi-même,   [l'Ouest[3].
  Lui serait-il permis d'aimer femme et enfants ?
Vêtue de givre dur, l'herbe folle se fige.
  Voici le soir, l'année s'achève, tout est dit...

                              VII

Tout seul je suis assis dans ma chambre déserte.
  Près de qui le bonheur pourrait-il bien m'attendre ?
Je sors et suis des yeux la route illimitée :
  Il n'est sur le chemin ni char ni cavalier.

J'ai gravi les hauteurs, j'ai vu les Neuf Provinces[4],
  Et la fuite infinie des âpres solitudes...
Un oiseau égaré vole vers le Nord-Ouest ;
  Un fauve solitaire s'enfuit vers le Sud-Est.

Le soleil disparaît ; je songe à ceux que j'aime,
  Et, penché sur mon cœur, je lui ravis ces vers.

Jouan Tsi (Jouan Sseu-tsong, 210-263) : avec le philosophe et poète Hi
K'ang, le plus célèbre des Sept Sages de la Forêt de Bambous. Grand buveur,
musicien de talent, et l'un des tout premiers poètes chinois.

1. Le cri de l'oie sauvage est triste, puisque celle-ci est symbole de
séparation, d'exil. Cf. p. 139. — 2. L'automne, ses fleurs qui se fanent,
ses feuilles qui tombent, évoquent la ruine des dynasties et la fragilité du
bonheur. — 3. Allusion à deux sages anciens qui, pour ne pas reconnaître
une nouvelle dynastie, se retirèrent dans ces montagnes, plutôt que de se

nourrir du grain poussé sur le territoire du nouveau souverain. — 4. C'est-à-dire la Chine entière, où le poète a cherché le bonheur.

Yong houai : Ye tchong pou neng mei, k'i tso t'an ming k'in...

Tr. Diény.
Rv. Hervouet.

Poèmes des Tsin

(265-419)

Tso Sseu

SUR DES THÈMES HISTORIQUES

V

Le clair soleil a envahi le ciel d'été ;
  Ses rais augustes resplendissent sur toute la contrée.
Dans la longue enfilade des palais violets,
  Les toits s'envolent tels des nuages errants.

A l'intérieur des portes hautes comme montagnes,
  Foule nombreuse, vivent princes et seigneurs.
Mais moi je ne saurais m'agripper au dragon[1] ;
  A quoi bon aller vivre à la cour ?

En habit de pauvre, je quitte le palais ;
  A grands pas, je marche à la suite de Hui Yeou[2].
Sur les sommets altiers j'irai secouer la poussière de ma robe,
  Et laver mes pieds dans l'eau des fleuves immenses.

VI

Comme King K'o, je bois sur le marché de Yen[3] ;
  A moitié ivre, tout en moi s'exalte.

Mon chant de tristesse s'accorde aux mélodies de Tsien-li[3],
   Comme s'il n'y avait personne auprès de moi.

Bien que je n'aie pas la fermeté des héros,
   Je ne suis pas non plus comme les gens du monde.
Des sommets d'où je regarde au loin vers les quatre océans,
   Les tyrans ne méritent pas qu'on les mentionne.

Les nobles peuvent se vanter de leur noblesse ;
   Je les considère tous comme poussière.
Les pauvres gens ont beau se mépriser eux-mêmes :
   Je les estime autant que mille livres d'or.

Tso Sseu (Tso T'ai-tchong, mort en 306 environ) : un curieux personnage, bègue et laid, qui disposait partout dans sa maison du papier et des pinceaux pour noter les vers qui lui venaient à l'esprit ; il pouvait passer dix ans à corriger le même poème.

1. « S'agripper au dragon », ou plus exactement monter en rampant sur le dragon, est une expression consacrée qui veut dire : s'insinuer dans les bonnes grâces des puissants pour parvenir à des postes élevés. — 2. Hiu Yeou est un personnage légendaire qui aurait vécu dans la plus haute Antiquité. Il est le symbole du dégagement de toute ambition et de la pauvreté volontaire, puisqu'il refusa le poste de ministre qu'on lui offrait et n'accepta même pas une calebasse pour aller puiser l'eau au torrent. — 3. King K'o était ce chevalier au service du prince de Yen, qui essaya de tuer le prince de Ts'in, futur Premier Empereur, pour venger son maître, au IIIᵉ siècle avant notre ère. Il échoua et périt dans cette tentative. C'était en même temps qu'un homme courageux, resté le type du soldat prêt à sacrifier sa vie pour son prince (cf. plus loin le poème de T'ao Ts'ien), un poète capable de chanter des vers de sa composition pendant que l'accompagnait sur sa lyre son compagnon de beuverie, Kao Tsien-li. Leur poème fini, les deux amis fondirent en larmes, sans s'occuper de la foule qui les entourait. Le poète retient ici ce mépris du « qu'en-dira-t-on » qui est un des aspects de la vie de King K'o. Voir ci-dessous, p. 159, le poème de T'ao Ts'ien sur King K'o.

Yong che : Hao t'ien chou pai je, ling king yao chen tcheou...

Tr. Siao Che-kiun.
Rv. Hervouet.

Lou Ki

BALLADE DU TIGRE FÉROCE[1]

Même assoiffé, le sage ne boit pas à la « Source des
[bandits »[2] ;
    S'il a chaud, il ne se repose pas à l'ombre d'un mauvais
[arbre.
Serait-ce qu'un mauvais arbre n'a pas de branches ?
    L'homme indépendant a beaucoup à supporter...

J'ai sellé ma monture pour obéir au destin ;
    Le fouet en main, je pars pour une quête lointaine.
Quand j'ai faim, je me nourris près de l'antre des tigres
[féroces ;
    Quand j'ai froid, je vais nicher dans la forêt des oiseaux
[sauvages.
Le soleil est couché, mon œuvre n'est pas finie ;
    Le temps passe, l'année s'efface dans la nuit.
D'épaisses nuées s'élèvent près du rivage,
    Et la montagne Ming-t'iao au souffle du vent soupire[3].

Au fond des vallées sombres, je tiens d'habiles discours,
    Puis soupire longuement sur la cime des monts.

Qui pince les cordes avec frénésie ne peut faire douce
[musique ;
Mais avec un idéal élevé, comment serait-on bruyant ?

Vivre n'est vraiment pas chose facile ;
Pourquoi faut-il qu'ici je me sois épanché ?
Je voudrais garder au cœur une vertu éprouvée ;
Mais que ma tête soit droite ou bien courbée, j'ai honte
[devant les hommes.

*Lou Ki (Lou Che-heng, 261-303) était fils d'un fonctionnaire du royau-
me de Wou ; après la chute de l'Etat de Wou, il mena pendant dix ans une
vie recluse et studieuse. Repris ensuite par la vie publique, il eut une destinée
mouvementée. Général du prince Ying de Tch'eng-tou, il fut exécuté à la suite
d'une défaite dont on le rendit injustement responsable.*

1. Le tigre est le symbole de la cruauté, mais aussi du courage et de
l'indépendance de caractère. — 2. Allusion à Confucius qui ne buvait pas
à une source de ce nom, à cause du nom. — 3. C'est à Ming-t'iao que le
dernier empereur des Yin se serait réfugié, après avoir été battu par
T'ang, fondateur de la dynastie des Tcheou. Nous avons donc ici une
allusion à la chute des dynasties. Lou Ki pense à l'exil qu'il s'imposa après
la chute de son pays.

Mong hou hing : K'o pou yin t'ao ts'iuan chouei, jo pou si ngo mou hia...

Tr. Siao Che-kiun.
Rv. Hervouet.

T'ao Ts'ien

SUR KING K'O

Tan, le prince de Yen, n'épargnait rien pour ses clients :
    Son but était de se venger du roi de Ts'in...
Il avait réuni chez lui une centaine de braves,
    Quand, sur ses vieux jours, il s'adjoignit sire King.

L'homme au cœur noble sait mourir pour un ami :
    L'épée en main, King quitta la capitale de Yen.
Son cheval blanc hénnissait sur le grand chemin.
    Quand tous, émus, l'accompagnèrent à son départ.

Le bonnet dressé sur sa fière chevelure,
    Les longs cordons encadraient son visage martial.
L'on fit un banquet d'adieu aux bords de la Yi ;
    Des quatre côtés, que de braves étaient rangés !

Tsien-li frappait sa lyre mélancolique ;
    Song Yi chantait des mélodies aux sons aigus.
Mais la bise en passant sifflait lugubrement ;
    L'onde agitée dressait des vagues glaciales.

Les airs du mode de seconde faisaient couler des larmes[1] ;
    La quinte donnait le frisson aux plus braves.

Pressentant que son départ serait sans retour,
  Mais que la postérité garderait son nom,

Il monta sur son char, sans plus penser à soi ;
  Sa bâche volait dans le vent quand il entra dans le palais
                                          [de Ts'in.
Son ardeur furieuse avait franchi dix mille stades,
  Et fait bien des détours à travers mille cités[2].

Il déroula sa carte : il était temps d'agir[3] !
  Et le puissant monarque fut bien effrayé.
Hélas ! King K'o était maladroit escrimeur,
  Et ses rares mérites furent inutiles.

Bien que sa personne ait péri depuis longtemps,
  Après mille ans son souvenir me trouble encore.

T'ao Ts'ien (T'ao Yuan-ming, T'ao Yuan-leang, 365 ?-427) occupa à plusieurs reprises des fonctions officielles, mais ne put s'en accommoder : toujours il revint à la vie campagnarde, à la poésie, à la culture de ses chrysanthèmes. L'un des plus grands et des plus charmants poètes de cette époque et de tous les temps.

Ce poème raconte l'aventure dramatique de King K'o, depuis son départ de la cour de Yen jusqu'à sa mort dans le palais de Ts'in (voir plus haut Tso Sseu, Sur des thèmes historiques, p. 156, n. 3).

1. Les notes *chang* et *yu* sont respectivement la deuxième et la cinquième note de la gamme chinoise, qui était pentatonique. Il s'agit ici de modes musicaux qui prennent le nom de leur note fondamentale. — 2. La longueur du voyage, du nord-est de la Chine (région de Pékin) à l'ouest (région de Tch'ang-ngan), n'avait en rien affaibli son ardeur guerrière. — 3. Le stratagème employé par King K'o, pour approcher du roi de Ts'in avec un poignard, consista à introduire ce poignard dans une carte sur laquelle il devait expliquer au monarque la situation des villes que le prince de Yen lui offrait.

Yong king k'o : Yen tan chan yang che, tche tsai pao k'iang ying...

Tr. Siao Che-kiun.
Rv. Hervouet.

RETOUR À LA VIE CHAMPÊTRE

I

Jeune, sans penchant pour le train du monde,
   D'un goût naturel, j'aimais les montagnes.
Tombé par mégarde aux panneaux du siècle,
   D'une traite, il m'en coûta treize années !

L'oiseau captif songe à son ancien bois,
   Les poissons de vasque, à l'onde natale.
Défrichant ma glèbe aux landes du Sud,
   Rustre je demeure, et reviens aux champs.

Mon carré de sol n'a pas trois arpents ;
   La chaumière est de huit à neuf travées ;
Orme et saule ombrant le revers du toit,
   Pêchers et pruniers sont devant la salle.

S'estompant au loin, les hameaux des hommes ;
   Et, sur chaque bourg, ses lentes fumées.
Des chiens vont jappant au fond des venelles ;
   Un coq chante à la cime d'un mûrier.

Chez moi rien ne vient des grossiers tumultes ;
   Au gîte isolé, j'ai mon plein loisir.
J'ai pendant longtemps vécu comme en cage ;
   Me voici enfin rendu à moi-même.

Anthologie de la poésie chinoise classique.   6.

II

A la campagne, on n'a pas grand commerce ;
    L'humble venelle attend peu d'équipages.
En plein jour, clos mon portillon de ronces ;
    Au gîte net, foin des pensers mondains !

De temps à autre, entre gens du village,
    Ecartant l'herbe, ensemble nous vaguons,
Nous retrouvant sans parler d'autre chose
    Que des mûriers et du chanvre qui croissent.

Chanvre et mûriers, jour par jour, ont pu croître,
    Et, jour par jour, mon bien s'est élargi ;
Mais j'ai grand-peur, givre ou grésil venu,
    Que tout, ruiné, n'y soit plus que broussaille.

III

J'ai semé des pois aux versants du Sud ;
    L'herbe a foisonné, les semis sont maigres.
Dès l'aube debout pour débroussailler,
    Pioche à l'épaule, je rentre avec la lune.

Etroite est la piste, et les buissons, drus ;
    La rosée du soir mouille mes habits.
Mes habits mouillés, je n'en aurais cure,
    Pourvu qu'à mes yeux rien ne s'opposât.

IV

J'ai longtemps couru les monts et les rives ;
    Nos grands plans de lande et de bois m'enchantent.

Il m'advient, tenant la main d'un petit,
    De frayer ma route aux fourrés des ruines.

J'égare mes pas à travers les tombes,
    Et m'attarde aux lieux où l'homme a vécu.
Puits et foyers ont laissé des vestiges,
    Mûriers et bambous, des chicots pourris.

J'interroge un ramasseur de broutilles :
    « Tous ces humains, que sont-ils devenus ? »
Et lui, se tournant vers moi, de répondre :
    « Tous ont péri, rien n'en est demeuré. »

Trente ans changent tout, la Cour et la Ville :
    Ce dicton-là, certes, n'a pas menti.
La vie humaine est comme un vain phantasme :
    Tout doit finir par rentrer au néant.

V

Morne, seul, avec mon bâton, je rentre,
    Par sente ardue et lacets broussailleux.
L'eau des ravins est claire et peu profonde ;
    J'en puis user pour y baigner mes pieds.

De l'arak filtré du dernier cuvage,
    Un poulet, et j'appelle mes convives.
Le soleil descend, l'ombre emplit la chambre ;
    Le feu des sarments tient lieu de chandelles.

L'aise vient ; j'en veux à la nuit trop brève ;
    Voici de nouveau que le jour va poindre.

Mes semis sont sur les gradins de l'Est ;
 Le germe y pousse, à déborder les sentes !
Si las que je sois de porter la pioche,
 D'un arak épais, je sais m'éjouir.

Le soleil couché, bâche à la carriole,
 Par la route obscure où le jour décroît,
On s'en revient vers la fumée d'un âtre,
 D'un enfant guetté, sous le bord d'un toit.

Que si l'on demande à quoi je prétends,
 Jusqu'à nos cent ans il nous faut peiner !
Que chanvre et mûriers du moins viennent bien ;
 Au mois des magnans, qu'on puisse filer !

Tel est simplement le fond de mon cœur.
 Qu'un chemin s'ouvre aux amitiés fécondes !

---

1. Cette dernière pièce figure parmi les trente pastiches de Kiang Yen recueillis dans le *Tchao-ming wen-siuan* ; c'est-à-dire qu'elle fut à tort attribuée à T'ao Ts'ien.

Kouei t'ien yuan kiu : Chao nien che sou yun, sing pen ngai k'ieou chan...

Tr. *Etudes françaises*, 2e année, n° 2, décembre 1940 (cf. p. 102).

Poèmes des Dynasties
du Sud et du Nord

(420-589)

Lieou Tsiun

DEPUIS VOTRE DÉPART

Depuis votre départ, mon bien-aimé,
  L'or et la plume se ternissent, et perdent leur éclat[1].
Toujours je pense à vous : ainsi le soleil et la lune,
  Sans cesse de retour, matin et soir renaissent.

Lieou Tsiun est l'empereur Hiao-wou des Song, qui a régné de 454 à 464. Il avait fait tuer son propre frère pour monter sur le trône, puis, par crainte des complots, il mit à mort la plupart des princes du sang... Ces tueries ne l'empêchaient pas de cultiver la poésie. Il reste de cette époque une foule de petits poèmes semblables à celui-ci, élégies mélancoliques de l'épouse délaissée auxquelles les commentateurs anciens se plaisaient à prêter une signification politique : l'absent, par exemple, pouvait représenter le souverain éclairé ou le sage ministre, dont le peuple espère la venue.

1. En parlant de ses bijoux et de ses parures, la jeune femme pense en réalité à sa beauté, dont son chagrin hâte le déclin.

Tseu kiun tche tch'ou yi : Tseu kiun tche tch'ou yi, kin ts'ouei ngan wou tsing...

Tr. Wong T'ong-wen.
Rv. Diény.

Yen Yen-tche

HI K'ANG

Le chevalier est étranger à notre monde[1] ;
   Spontanément il se nourrit de nuées roses[2].
Son corps libre de liens révèle un dieu caché[3],
   Et sa parole atteste un génie recueilli[4].

Dans la foule, il combat les opinions communes ;
   Il cherche la montagne, ami des solitaires[5].
Les plumes du phénix se brisent quelquefois ;
   Mais qui pourrait dompter une âme de dragon[6] ?

*Yen Yen-tche (Yen Yen-nien, 384-456), dynastie Song (420-479) :
malgré son renom de poète et ses succès dans la carrière, Yen Yen-tche connut
des déboires ; il aimait trop le vin et la satire et fut exilé dans le Sud.*
   *Ce texte est le deuxième d'une série de cinq poèmes humoristiques qui
concernent cinq des « Sept Sages de la Forêt de Bambous ». Ce groupe de philo-
sophes qui vécurent au IIIe siècle après J.-C. a joui au cours des siècles d'une
immense renommée. C'est précisément dans la propriété de Hi K'ang, à Chan-
yang, non loin de Lo-yang, qu'avaient lieu leurs réunions philosophiques et
poétiques. Hi K'ang, lui-même grand poète, vécut de 223 à 262.*

   1. Le chevalier, littéralement *tchong-san* : abréviation de *tchong-san ta-
fou*, titre honorifique porté par Hi K'ang et par lequel on le désigne
souvent. — 2. « Se nourrir de nuées roses » : l'une des aptitudes des

Immortels. — 3. « Son corps libre de liens » : ce n'est qu'en s'affranchissant des liens du monde, c'est-à-dire des sentiments personnels ou des désirs égoïstes, que l'adepte du Tao peut espérer réaliser l'union de son corps avec l'absolu, et gagner l'immortalité. — 4. « Un génie recueilli » : le taoïste réalise son salut non seulement par des pratiques ascétiques, mais par le recueillement et la quête du Tao lui-même. Ce vers fait allusion au génie philosophique de Hi K'ang. — 5. Selon la légende, Hi K'ang avait pour ami un solitaire de deux cent trente-huit ans, avec lequel il se promenait en montagne et cueillait des simples. — 6. Allusion à la mort de Hi K'ang : impliqué dans une malheureuse affaire, il donna l'occasion à ses adversaires, les confucianistes orthodoxes de la cour impériale, d'obtenir sa condamnation à mort. Dans ses derniers instants, Hi K'ang montra une grandeur d'âme et une sérénité qui sont devenues proverbiales. Cf. ci-dessous, p. 386.

Wou kiun yong, Hi tchong san : Tchong san pou ngeou che, pen tseu ts'an hia jen...

Tr. Wong T'ong-wen.
Rv. Diény.

Sie Ling-yun

MONTÉE AU PAVILLON DE L'ÉTANG

Le dragon cornu des abîmes rayonne de beauté secrète ;
    L'oie sauvage, en son vol, emplit l'espace de ses cris.
Pour vivre au firmament, j'ai honte de n'avoir l'aisance des
                                          [nuages ;
    Pour gîter sous les eaux, je rougis de n'avoir la profon-
                                        [deur des gouffres[1].

Cultiver la vertu ? Je connais ma sottise...
    Retourner à la terre ? Je manque de vigueur...
Au fil de ma carrière, je touche aux mers du bout du
                                       [monde[2],
    Pour me coucher, malade, auprès des bois déserts.

Entre les draps et l'oreiller, j'embrouille les saisons ;
    Ouvrons donc le rideau, et jetons un coup d'œil[3].

Je prête l'oreille et perçois les vagues de la mer ;
    Je lève les yeux et discerne une chaîne escarpée.
Un nouveau paysage succède au souffle de l'hiver ;
    Le Yang en sa fraîcheur relève le Yin épuisé[4].

La berge de l'étang se couvre d'herbes printanières ;
   Les saules du jardin suscitent des oiseaux chanteurs.
Foisonnante foison, poignante comme un chant de Pin !
   Opulente opulence, touchante comme un air de Tch' ou[5] !

Vivre tout seul, c'est couler à jamais des jours faciles ;
   Mais, loin du monde, il est ardu de bien asseoir son âme.
Pourquoi réserver aux anciens la maîtrise de soi ?
   L'apaisement, j'en ai la preuve, est possible aujourd'hui.

Sie Ling-yun (385-433), dynastie Song : issu d'une brillante famille, son excentricité et sa mauvaise humeur valurent à Sie Ling-yun une carrière tragique, dont il chercha à s'évader dans la nature qu'il décrivit en d'admirables poèmes paysagistes.

Ce poème est une méditation sinueuse du solitaire, qui songe à sa destinée décourageante, et cherche à bien « asseoir son âme ».

1. Le poète voudrait ressembler au dragon des eaux et à l'oie sauvage qui, loin du vulgaire, et de ses préoccupations médiocres, s'ébattent dans une vie libre. Mais il avoue qu'il manque des vertus de ces créatures, et ne saurait les imiter. — 2. Le poète était alors préfet de Yong-kia (Tchökiang), au bord de la mer. — 3. L'anthologie *Wen-siuan* omet ces deux vers qui s'accordent mal avec le titre du poème et brisent sa structure strophique. — 4. Le Yang et le Yin : les deux principes, positif et négatif, masculin et féminin, sec et humide, dont l'action régit tous les êtres matériels. La force du Yin triomphe en hiver, celle du Yang en été. — 5. Foisonnante · foison, opulente opulence : ces deux expressions, qui évoquent la luxuriance de la nature printanière, sont empruntées à deux poèmes du *Canon des Poèmes*, l'un du pays de Pin, l'autre du pays de Tch'ou. Le renouveau de la nature, si encourageant soit-il, rappelle à l'homme que sa propre jeunesse ne peut revenir. C'est pourquoi ce tableau du printemps vigoureux se teinte de mélancolie.

Teng tch'e chang leou : Ts'ien k'ieou mei yeou tseu, fei hong hiang yuan yin...

                                        Tr. Wong T'ong-wen.
                                        Rv. Diény.

Je recueille au matin les orchis du jardin,
  De peur qu'à la gelée ils ne périssent.
Le soir, au sein des nuées, je retourne à ma couche,
  Où me distrait, sur ces rochers, le clair de lune.

Au babil des oiseaux, je sais qu'ils perchent pour la nuit ;
  A la chute des feuilles, je devine un souffle de vent.
C'est un concert de bruits divers, qu'on entend à merveille ;
  Une harmonie de sons variés, qui tintent haut et clair.

Mais ces jolis objets n'ont pas d'admirateurs :
  Avec qui partager cet alcool parfumé ?
Car enfin elle n'est pas venue, la Belle ;
  Et je suis seul à sécher mes cheveux au soleil de Yang-
                                              [ngo].

1. L'expression « sécher ses cheveux au soleil de Yang-ngo » vient
d'un Poème de Tch'ou diversement interprété. Le passage où elle figure
semble décrire l'aisance souveraine d'un personnage dont les évolutions
prennent l'univers pour champ. En particulier, pour faire sécher ses
cheveux, ce personnage va droit à la colline de Yang-ngo, la mieux expo-
sée, celle, selon la mythologie, que le soleil levant touche la première de
ses rayons. Sie Ling-yun compare la montagne qu'il a sous les yeux à la
colline prestigieuse de Yang-ngo, et regrette de ne pouvoir faire partager
son plaisir à l'âme sœur, l'ami qu'il a vainement attendu.

  *Che men yen chang sou : Tchao k'ien yuan tchong lan, wei pei chouang hia
hie...*

                                              Tr. Wong T'ong-wen.
                                              Rv. Diény.

DU TORRENT DE TONG-YANG, QUATRAIN EN RÉPONSE

Charmante, une femme inconnue
    Le long de l'eau baigne ses pieds tout blancs.
La lune brille au milieu des nuages —
    Si loin, si loin, que nul ne peut l'atteindre.

Tong yang k'i tchong tseng ta : K'o lien chouei kia niu, yuan lieou si sou tsou...

Tr. Wong T'ong-Wen.
Rv. Diény.

Pao Tchao

SUR LE THÈME « LES PEINES DU VOYAGE »

I

Voici pour vous un pichet doré de bon vin,
  Un luth gravé, au fourreau de jade et d'écaille,
Un baldaquin de plume, aux nymphéas de sept couleurs,
  Une housse de soie, neuf fois décorée de raisins.
Les clairs visages se flétrissent, l'année va s'achever ;
  Le jour glacial lutte et s'épuise, le temps va s'assombrir.
Pour diminuer votre chagrin, pour alléger votre souci,
  Oyez notre chant cadencé des « Peines du voyage ».
Ignorez-vous qu'au pavillon Po-leang, qu'au pavillon T'ong-
                                                    [k'iue,
  Nul n'entend plus les purs accords des flûtes de jadis ?

IV

Une eau versée en terrain plat
  S'écoule à l'Est, à l'Ouest, au Sud, au Nord.
La vie humaine suit son destin ;

174

Peut-on gémir à chaque pas, pleurer à chaque pause ?
Versons plutôt à boire, et mettons-nous le cœur à l'aise ;
  Levons la coupe, arrêtons notre chant des « Peines du
                                              [voyage ».
Mon cœur n'est ni de bois ni de pierre, comment resterais-je
                                              [insensible ?
  Pourtant je m'interromps, plein d'embarras, et je n'ose
                                              [achever.

VI

Je regarde mon bol, et ne peux rien manger ;
  Je dégaine l'épée, je frappe la colonne[1]... et pousse un
Que peut durer la vie d'un homme ?   [long soupir.
  Comment se résigner à trottiner, à replier ses ailes[2] ?
C'en est assez : je démissionne, je déloge ;
  Rentrons à la maison nous reposer.

Le matin, quand je sors, je prends congé de mes parents ;
  Et le soir, en rentrant, je me tiens auprès d'eux.
Je taquine mon fils qui joue devant le lit ;
  Je regarde ma femme qui tisse à son métier.
Si, de tout temps, sages et saints furent obscurs et pauvres,
  Pourquoi pas nous, les isolés et les candides ?

VII

De moroses pensées soudain m'assaillent ;
  J'enfourche mon cheval, et passe la porte du Nord.
Les yeux levés, de tous côtés, j'observe l'horizon :
  Je ne vois que les parcs, de pins et de cyprès,

Où foisonnent, touffus, les buissons épineux.
Il y vit un oiseau qu'on nomme le *tou-kiue* ;
  Il est l'âme, dit-on, d'un empereur de Chou du temps
D'une voix triste et gémissante, il crie sans cesse ; [jadis.
  Son plumage piteux semble un crâne rasé.
Il vole et court parmi les troncs, picore insectes et fourmis :
  Peut-il se rappeler les jours enfuis, et sa gloire impériale ?
Je songe à l'ordre insaisissable de la vie, de la mort, de leurs
                                              [vicissitudes :
  Les mots me font défaut, tant mon cœur a de peine.

                              VIII

La cour abrite cinq pêchers ;
  L'un d'eux fleurit avant les autres.
Son charme printanier embellit mars et avril ;
  Puis dans le vent il se dissipe, et s'évanouit à l'Ouest,
                                        [chez les voisins...
A l'Ouest, chez les voisins, sous les regards anxieux d'une
                                        [épouse éplorée :
  Ses larmes coulent, mouillent sa robe ; pressant son cœur,
                                        [elle soupire :
« Quand je t'accompagnai, au moment du départ,
  M'as-tu parlé d'une si longue absence, et de la ronde des
                                        [saisons ?
« Notre lit, nos tapis se couvrent de poussière ; le clair
                              [miroir s'est obscurci[1].
  Ma taille souple s'amaigrit, et mes cheveux ressemblent à
                              [l'herbe folle[2]. »
La vie, hélas, ne peut toujours combler nos vœux...
  Au désespoir, elle vague ou s'accoude, jusqu'à minuit.

J'ai découpé l'écorce et teint le fil en jaune ;
 Mais le fil jaune s'est embrouillé, plus ne saurais le
Jadis, quand je t'ai rencontré,   [démêler.
 J'ai cru d'abord que je pourrais te plaire.
Quand le mariage nous unit, je te dis :
 « Que la vie et la mort, le meilleur et le pire, jamais ne
                                        [nous séparent. »
Or aujourd'hui, voyant mes couleurs se faner,
 Pris de dégoût, ton cœur a bien changé.
Je te renvoie la broche d'or et l'épingle d'écaille[1] :
 La vue m'en est intolérable, elle accroît mon chagrin.

Pao Tchao (Pao Ming-yuan, env. 421-env. 463), fonctionnaire de la dynastie Song, périt de mort violente lors de la rébellion de son patron, l'un des princes impériaux.

Le thème ancien des « Peines du voyage » ne traite pas seulement de la difficulté des longs voyages, mais aussi des peines de la vie, en particulier de la séparation. Ce titre couvre ici une série de poèmes de sujets divers, mais tous empreints de mélancolie.

I. — Une offrande luxueuse, qu'accompagnent des maximes épicuriennes : le temps s'enfuit, égayons-nous. Le pavillon Po-leang fut construit à Tch'ang-ngan par l'empereur Wou des Han ; le pavillon T'ong-k'iue, dans le Ho-nan, par Ts'ao à la fin des Han. Ces édifices célèbres symbolisent les fêtes et les plaisirs d'autrefois. De même que leur splendeur s'est évanouie, nos joies sont éphémères.

IV. — Rien ne sert de gémir : buvons, égayons-nous ; c'est le seul remède (v. 1 à 6). Mais sommes-nous capables d'oublier tout à fait nos maux (v. 7) ? Si leur souvenir nous accable, la prudence nous commande de nous taire : le dernier vers fait allusion sans doute à des mésaventures politiques.

VI. — Pao Tchao était d'une famille pauvre. Il semble avoir éprouvé, en même temps que le sentiment de sa valeur, le regret de ne pouvoir donner sa mesure. Nombreux sont les poèmes, semblables à celui-ci, où de petits fonctionnaires sans avenir exhalent leur rancœur. — 1. Geste de dépit. — 2. Comment un homme ambitieux et sûr de son talent accepterait-il de végéter dans un poste subalterne ?

VII. — *Tou-kiue* est l'un des noms chinois du coucou ; la plainte de cet oiseau s'associe toujours avec des impressions mélancoliques : fuite du printemps, nostalgie du pays natal. En outre, selon la légende, l'âme d'un ancien souverain du pays de Chou (Sseu-tch'ouan), nommé Tou Yu, qui mourut loin de son pays natal, fut métamorphosée en coucou. Les poètes rappellent constamment sa triste déchéance, et utilisent souvent cette légende pour faire allusion aux catastrophes de la vie politique. Ainsi, selon certains commentateurs, Pao Tchao aurait pensé, en écrivant ce poème, au dernier empereur des Tsin, Kong-ti, qui fut détrôné en 419 par Lieou Yu, fondateur de la dynastie des Song, et réduit à une misère honteuse, avant d'être assassiné par l'usurpateur.

VIII. — Thème traditionnel de la chute des fleurs (cf. Lieou Hi-yi, « Complainte des cheveux blancs », p. 228). — 1. Cf. Lieou Tsiun, « Depuis votre départ », p. 167. — 2. Cf. « Chansons à lire », p. 206.

IX. — Cette pièce débute, comme plusieurs chansons du *Canon des Poèmes,* par une image concrète, dont le rapport avec le thème principal reste vague. Toutefois, l'image d'un fil qui s'embrouille symbolise souvent la confusion d'un esprit étourdi de chagrin. — 1. « La broche d'or et l'épingle d'écaille » : l'épouse délaissée renvoie à son mari les présents de mariage. Les poètes symbolisent par ce geste le désaccord et la rupture entre les époux.

Yi hing lou nan : Fong kiun kin tche tche wei tsieou, tou mao yu hia tche tiao k'in...

Tr. Wong T'ong-wen.
Rv. Diény.

Sie T'iao

COMPLAINTE DES DEGRÉS DE JADE

Vers le soir, au palais, j'abaisse le rideau de perles ;
  Les lucioles errantes volettent, puis se posent.
Tout au long de la nuit, cousant l'habit de soie,
  Je pense à vous, combien intensément !

*Sie T'iao (Sie Siuan-houei, 464-499), haut fonctionnaire de la dynastie
Ts'i, calligraphe, poète spécialisé dans le poème régulier pentasyllabique. Il périt
en prison, victime d'une accusation calomnieuse.*

Yu kiai yuan : Si tien hia tchou lien, lieou ying fei fou si...

Tr. Wong T'ong-wen.
Rv. Diény.

CELUI À QUI JE PENSE

C'est l'heure convenue... Il n'est pas revenu.
  Les yeux au loin, délaissant son métier criard,
Sur le sentier de l'Est, elle fait les cent pas.
  La lune s'est levée, et les passants sont rares.

Le titre est celui d'un poème à chanter des Han (cf. p. 120).

T'ong wang tchou po Yeou so sseu : Kia k'i k'i wei kouei, wang wang hia ming ki...

Tr. Wong T'ong-wen.
Rv. Diény.

JE GRAVIS LE SOIR LE MONT SAN-CHAN,
ET ME RETOURNE VERS LA CAPITALE

Des berges de la Pa, je contemple Tch'ang-ngan ;
    Du district de Ho-yang, je regarde la capitale[1]...
Un blanc soleil décore les toitures volantes ;
    Et l'on distingue bien leurs formes inégales.
Les derniers nuages roses dispersent leur satin ;
    Le Fleuve clair est pur comme une soie bouillie[2].
Des oiseaux, à grand bruit, couvrent les îles printanières ;
    Des fleurs multicolores parsèment la terre parfumée.
Il faut partir... Pourtant, longuement je m'attarde ;
    Mon trouble, hélas ! suspend notre joyeux banquet[3].
Jusqu'à l'heureux revoir, quelle inquiète attente !
    Mes larmes se répandent, comme neige fondante.
Inévitable nostalgie des cœurs sensibles...
    Quels sont les cheveux noirs qui ne changent jamais[4] ?

1. Ces deux vers sont tirés, le premier d'un poème de Wang Ts'an des Han, le deuxième d'un poème de Pan Yue des Tsin. L'auteur les cite en préambule parce qu'ils décrivent des situations analogues à la sienne. La rivière Pa coule à proximité de la capitale Tch'ang-ngan ; le district de Ho-yang avoisine, au nord du Fleuve Jaune, la capitale Lo-yang ; c'étaient là les capitales des Han et des Tsin. De même le mont San-chan que gravit le poète domine Nankin, capitale de la dynastie des Ts'i sous laquelle il vivait. Au lieu de prétendre à l'originalité le poète préfère chercher le patronage de ses prédécesseurs ; il leur emprunte un thème, des

idées et des images (« les toitures volantes », par exemple). Il veut qu'à son poème fassent écho d'anciens chefs-d'œuvre, et sait que le lecteur lettré lui saura gré de ces réminiscences. — 2. « Une soie bouillie » : on épure la soie grège en la faisant bouillir. « Le Fleuve » : le Fleuve Bleu. — 3. Il s'agit du banquet d'adieu du voyageur. — 4. Le sentiment de la fuite du temps et l'appréhension de la vieillesse accroissent le chagrin de l'exilé.

Wan teng san chan houan wang king yi : Pa sseu wang tch'ang ngan, ho yang che king hien...

Tr. Wong T'ong-wen.
Rv. Diény.

K'ong Tche-kouei

EXCURSION AU MONT T'AI-P'ING

Les rocs vertigineux écartèlent le ciel ;
  Les arbres enlacés échancrent le soleil.
Dans les ravins ombreux périt la gloire du printemps ;
  Sur les sommets glacés dure la neige de l'été.

K'ong Tche-kouei (K'ong Tö-tchang, 447-501), dynastie Ts'i : son talent le fit remarquer et lui valut de hautes fonctions. Mais il préférait aux honneurs la solitude et la boisson.

Ce poème se compose de deux couples de vers rigoureusement « parallèles », où chaque mot correspond à un mot de sens voisin ou opposé et de même fonction grammaticale. En poussant à l'extrême ce jeu subtil de rapprochements et de contrastes, le poète rehausse ses images l'une par l'autre et leur donne beaucoup d'éclat. Ce quatrain de K'ong Tche-kouei met en lumière les séductions du parallélisme, cet artifice de composition, si goûté des poètes chinois.

Yeou t'ai p'ing chan : Che hien t'ien mao fen, lin kiao je jong k'iue...

Tr. Wong T'ong-wen.
Rv. Diény.

L'empereur Wou des Leang

LE SOLITAIRE

Vois les arbres qui poussent sur la butte :
    Ils ont chacun leur cœur particulier.
Vois les oiseaux qui chantent dans le bois :
    Ils ont chacun leur propre mélodie.
Vois les poissons qui nagent dans le fleuve :
    Celui-ci flotte et l'autre plonge.
Vertigineuse est la hauteur des monts,
    Insondable la profondeur des eaux[1] !
L'apparence des choses est facile à voir ;
    Mais leur principe est d'une quête ardue.

Siao Yen (Siao Chou-ta, 464-549), fondateur de la dynastie des Leang (502-557), fut un bouddhiste pieux et un souverain cultivé, zélé, mais sans énergie. Son règne (502-549) s'achève par un désastre militaire.

1. Cette exclamation est une métaphore courante : s'extasier devant la hauteur des monts ou la profondeur des eaux, c'est une manière d'indiquer son étonnement devant un mystère qui confond l'entendement. Le poète se demande comment découvrir au sein des choses le principe qui explique la diversité des apparences.

Yi min : Jou long chong mou, mou yeou yi sin...

Tr. Wong T'ong-wen.
Rv. Diény.

183

Chen Yue

ADIEU
À FAN DE NGAN-TCH'ENG

Dans la vie, aux jours de la jeunesse,
   Quand on se quitte, on croit aisé de se revoir.
Mais aujourd'hui que, toi et moi, flétris, nous vieillissons,
   Nous ne retrouvons plus nos adieux d'autrefois.

Ne dis pas : « Ce n'est rien qu'une coupe de vin »,
   Car demain pourrons-nous la tenir à nouveau ?
Dans nos rêves, ignorant le chemin l'un de l'autre[1],
   Comment nous consoler de nos regrets ?

Chen Yue (Chen Hieou-wen, 441-513) poussa Siao Yen à fonder la dynastie des Leang, et partagea sa fortune. Très cultivé, il fut un historien et un philologue de premier plan.

Les poètes chinois ne se lassent pas de traiter le thème de la séparation, et le banquet d'adieu, qui précède le départ de l'ami, apparaît souvent comme le motif central de leurs élégies. La coupe du vin du v. 5 est celle que l'on boit sans entrain lors de ce dernier repas. Les vers 5 et 6 signifient donc : Ne feins pas l'insouciance ; cette coupe est la dernière que nous puissions boire ensemble.

1. Ce vers fait peut-être allusion à un récit du *Han-fei-tseu* : un ami rêve qu'il part à la recherche de son ami, mais qu'en cours de route, ayant oublié tout à coup le chemin, il doit revenir sur ses pas.

Pie fan ngan tch'eng : Cheng p'ing chao nien je, fen cheou yi ts'ien k'i...

Tr. Wong T'ong-wen.
Rv. Diény.

Fan Yun

SÉPARATION

A l'Est ou à l'Ouest des murs de Lo-yang,
  Souvent, pour longtemps, nous nous séparons.
Jadis, à mon départ, la neige était pareille aux fleurs ;
  Voici que je reviens, les fleurs ressemblent à la neige.

*Fan Yun (Fan Yen-long, 451-503), dynastie Leang : son souvenir s'asso-
cie à celui de Chen Yue. Comme lui, il servit l'empereur Wou des Leang, et fut
comme lui un grand érudit.*

Pie che : Lo yang tch'eng tong si, tch'ang tso king che pie...

Tr. Wong T'ong-wen.
Rv. Diény.

Ho Souen

ADIEUX

Le voyageur, au cœur lourd de soucis,
    S'en va tout seul sur des milliers de stades.
Le fleuve est sombre, et la pluie va tomber ;
    Sur la vague blanchie, le vent s'élève.

Ho Souen (Ho Tchong-yen, mort en 527), écrivain précoce, pour qui Chen Yue et Fan Yun, quoique plus âgés que lui, eurent beaucoup d'amitié et de considération.

Siang song : K'o sin yi pai nien, kou yeou tch'ong ts'ien li...

                                        Tr. Wong T'ong-wen.
                                        Rv. Diény.

T'ao Hong-king

RÉPONSE À L'EMPEREUR QUI VOULAIT SAVOIR
« CE QU'IL Y A DANS LA MONTAGNE »

Ce qu'il y a dans la montagne ?
Sur les cols des nuages blancs...
Je ne puis qu'en jouir tout seul,
Et ne saurais vous les donner.

T'ao Hong-king (T'ao T'ong-ming, 452-536), choisi par l'empereur Kao des Ts'i comme précepteur des princes impériaux, démissionna bientôt pour se retirer dans la montagne. Il vécut dès lors en ermite, s'adonnant à l'alchimie et aux sciences occultes ; l'empereur Wou des Leang le consultait volontiers. On lui doit de volumineux traités taoïstes.

Tchao wen chan tchong ho so yeou fou che yi ta : Chan tchong ho so yeou, ling chang to pai yun...

Tr. Wong T'ong-wen.
Rv. Diény.

La nuit se lèvent les nuages ;
    La nuit s'alarment les oies.
Leur cri désespéré met la nuit en émoi ;
Sur les monts désolés, couverts de givre, plane un épais
                                                    [brouillard.

Un teint poudré reluit dans la pénombre, sous le rideau bril-
                                        [lant et solitaire[1].

Froide est la lune pâle,
    Froid le vent véhément.
Cœur comblé de chagrin,
    Pleurs taris de chagrin,
Pour l'âme éprise, insupportable peine...
Qui pourrait endurer l'assaut de ces pensées ?

1. Cette périphrase désigne une jeune femme solitaire, qui pense à celui
qui l'a quittée.

Han ye yuan : Ye yun cheng, ye hong king...

                                        Tr. Wong T'ong-wen.
                                        Rv. Diény.

188

Tchang Chouai

SUR LE THÈME
« LONGUES PENSÉES D'AMOUR »

Longues pensées d'amour,
   Séparation qui dure,
L'absence de l'aimé ressemble à la pluie qui s'arrête.
   Seule on attend, debout ;
   On a le cœur serré.
On regarde un nuage, qui s'enfuit au loin ;
   On regarde un oiseau, qui vole et disparaît.
   Et c'est toujours la même attente vaine ;
   Les larmes perlent, intarissables.

Tchang Chouai (Tchang Che-kien, 475-527) mérita pour ses poèmes les louanges de l'empereur Won des Leang (cf. p. 183).
Thème emprunté au répertoire des yue-fou.

Yi yue fou tch'ang siang sseu : Tch'ang siang sseu, kieou pie li...

Tr. Wong T'ong-wen.
Rv. Diény.

Yin K'eng

LA TRAVERSÉE DU LAC TS'ING-TS'AO

L'eau des crues printanières emplit le lac Tong-t'ing[1] ;
   Les voiles de soie se déploient sur cette nappe unie.
Les eaux du Yuan ont la couleur de la fleur de pêcher ;
   Le cours du Siang a le parfum de la pollie des bois.
La grotte n'est pas loin de la montagne Mao ;
   Le fleuve se prolonge par la gorge Wou-hia[2].
En se mêlant au ciel, la houle glauque s'illumine ;
   Aux reflets du soleil, ondule une clarté mouvante.
Un navire en croisière se glisse au loin parmi les arbres ;
   Un oiseau qui voyage se pose à la pointe du mât.
La masse énorme de ces eaux est insondable ;
   Comment peut-on voguer sur ce simple fétu ?

Yin K'eng (Yin Tseu-kien, mort vers 565) : poète précoce et brillant, qui sut gagner l'admiration et la faveur de l'empereur Wen des Tch'en.

Le fleuve mentionné au v. 6 est le Fleuve Bleu, qui coule tout près du lac Tong-t'ing et en reçoit les eaux. La gorge Wou-hia ou « Défilé des Chamanes » est le plus long des célèbres défilés par lesquels le Fleuve Bleu passe du Sseu-tch'ouan dans le Hou-pei.

En réalité, la montagne Mao se trouve à 700 ou 800 km au nord-est du lac Tong-t'ing, la gorge Wou-hia à 300 ou 400 km au nord-ouest ! Par l'imagination, le poète élargit démesurément les dimensions du paysage vers l'aval et vers l'amont du Fleuve Bleu, qui unit entre eux ces sites éloignés.

1. Le lac Tong-t'ing, situé en Chine centrale, jouit d'une grande célébrité pour la beauté de son site. On peut considérer le lac Ts'ing-ts'ao comme l'une de ses ramifications méridionales. Les deux fleuves Yuan et Siang se jettent dans le T'sing-ts'ao après avoir traversé la province du Hou-nan. — 2. La montagne Mao est située dans le Kiang-sou, au sud de Kiu-jong. Elle doit son nom aux trois frères Mao qui s'y retirèrent pour conquérir le Tao. Selon la légende, c'est dans une grotte de cette montagne qu'ils obtinrent l'immortalité. Le poète aperçoit sans doute sur l'une des rives du lac une grotte qui lui rappelle ce lieu célèbre.

Tou ts'ing ts'ao hou : Tong t'ing tch'ouen lieou man, p'ing hou kin fan tchang...

Tr. Wong T'ong-wen.
Rv. Diény.

Kiang Tsong

DE RETOUR DANS LE SUD,
À LA RECHERCHE DE MA MAISON
DE TS'AO-CHE

Un frais visage a quitté Kong et Lo ;
    Une tête blanchie repasse le Houan-yuan[1].
Profitant du printemps, j'erre au pays natal,
    Et je cueille à pas lents les orchis odorants.
La sente a disparu, je pleure sur K'ieou-tchong[2] ;
    Les bois sont dévastés, et je songe à Kiu-yuan[3].
Voyant le paulownia, je me souviens du puits ;
    Apercevant le saule, je retrouve la porte.
Le vide est tel, que la chute des fleurs l'emplit malaisément ;
    Le calme est tel, que le chant des loriots y résonne
Personne à visiter, pour causer ou se taire ;   [aisément[4].
    Chez qui parler du froid et du beau temps ?
Les voilà donc, nos cent années de vie !
    Les mots me font défaut, tant mon cœur a de peine.

Kiang Tsong (Kiang Tsong-tch'e), 519-594 : sa carrière mouvementée reflète les troubles de cette époque. Il servit les trois dynasties des Leang, des Tch'en et des Souei.

Promenade mélancolique parmi les ruines d'une ancienne demeure.

1. Les villes de Kong et Lo (Lo-yang), ainsi que le mont et la passe de Houan-yuan, se trouvent dans la partie septentrionale du Ho-nan. Il existe en Chine de nombreuses localités nommées Ts'ao-che, mais aucune, semble-t-il, dans cette région. Il faut donc isoler les deux premiers vers et les considérer comme une sorte d'exergue, qui évoque une situation semblable au thème traité. Sie T'iao utilise un procédé semblable pour introduire le poème intitulé « Je gravis le soir le mont San-chan » (ci-dessus, p. 180). — 2. K'ieou-tchong : un fonctionnaire de l'époque des Han nommé Tsiang Hiu avait tracé dans son jardin trois sentiers, où il se promenait avec ses amis, deux frères nommés K'ieou-tchong et Yang-tchong. Le poète pleure les amis que, tel Tsiang Hiu, il recevait autrefois dans son jardin. — 3. Kiu-yuan, *alias* Chan T'ao, était l'un des amis que le philosophe Hi K'ang recevait dans sa propriété de Chang-yang (cf. Yen Yen-tche, « Hi K'ang », p. 168). Le parc dévasté rappelle à Kiang Tsong la ruine de la célèbre Forêt de Bambous et la dispersion des Sept Sages. — 4. Impression de solitude (« le vide », « le calme »), et de déclin (la chute des fleurs et le chant des loriots annoncent la fin du printemps).

Houan nan siun ts'ao che tchö : Hong yen ts'eu kong lo, pai cheou jou houan yuan...

Tr. Wong T'ong-wen.
Rv. Diény.

COMPLAINTE DE GYNÉCÉE

Dans le silence, au bord de la grand-route, un pavillon
[d'azur ;
A profusion, sous la fenêtre de satin, la neige blanche.
Sur l'étang, les sarcelles ne se quittent jamais[1] ;
Sous les rideaux, les sachets de parfum sont restés vides[2].
Le paravent s'applique à contenir le clair de lune ;
La lampe sans pudeur éclaire un sommeil solitaire[3].
A l'ouest du Leao, l'eau gèle et le printemps doit manquer
[de vigueur[4] ;
Du nord du Ki, l'oie parcourt jusqu'ici plusieurs milliers
[de stades[5].

« Ah ! puissiez-vous bientôt, franchissant monts et passes,
Vous remémorer les pêchers et les pruniers en fleurs de
[ma brève beauté[6] ! »

Le mari fait la guerre dans le Nord, sa femme se consume de chagrin. Sur un thème si commun, la clarté du récit est superflue ; les allusions et les symboles suffisent. Ils sont compris de tous.

1. Les couples de sarcelles ou canards mandarins, qui symbolisent la fidélité conjugale, rappellent à la jeune femme sa solitude. — 2. Lorsqu'elle est seule, les parfums sont inutiles. Ce vers indique le découragement de l'épouse ; il existe toute une gamme de métaphores analogues : le miroir se ternit, les parures se flétrissent, etc. — 3. Le paravent bienveillant semble la comprendre ; mais la lampe l'éclaire sans pudeur. — 4. Le Leao coule au nord-est de la Chine, dans les pays froids où le mari guerroie. — 5. Le Ki est une ancienne principauté septentrionale, située dans le Jehol. Le mot « oie » symbolise ici, comme souvent, les lettres de l'absent. Le soldat est parti si loin que ses messages ne parviennent que rarement à la maison. — 6. « Les pêchers, les pruniers en fleurs » : cette expression désigne couramment la beauté des femmes ; elle équivaut à notre expression médiévale : les roses et les lis.

Kouei yuan p'ien : Tsi tsi ts'ing leou ta tao pien, fen fen pai siue k'i tch'ouang ts'ien...

Tr. Wong T'ong-wen.
Rv. Diény.

194

Wen Tseu-cheng

LES LAVANDIÈRES

Dans les murs de Tch'ang-ngan, longue est la nuit d'au-
[tomne.
Les belles filles, sur les pierres marbrées, frappent la soie
[dorée.
Sur les dalles veinées les battoirs odorants indiquent la
[distance ;
Le son voyage et l'écho se propage : qu'ils sont mélan-
[coliques[1] !

Le septième jour du septième mois brille la Voie Lactée ;
Au milieu de l'automne luit le Clair de Lune[2].
« Aux confins de Yi-wong[3], il voit passer les oies sauvages ;
Et moi, sur la Tour aux Sarcelles, je contemple le Loup
[céleste[4]. »

*Wen Tseu-cheng (Wen P'ong-kiu, mort en 547), haut fonctionnaire de la
dynastie des Wei du Nord. Accusé de trahison par le fondateur des Ts'i du
Nord, il mourut en prison. L'un des meilleurs écrivains de son temps.*

1. Les maris de ces lavandières sont partis à la guerre ; c'est pourquoi le
son de leurs battoirs paraît si triste. — 2. « Le septième jour... » : cette
nuit-là les étoiles du Bouvier et de la Tisserande sont autorisées à traver-

ser la Voie Lactée pour se rejoindre (cf. Ts'in Kouan, « Les Immortels du Pont des Pies », p. 410). « Au milieu de l'automne » (le quinzième jour du huitième mois) a lieu la fête d'automne. Les noms de ces deux fêtes résument à eux deux les réjouissances de l'automne dont sont privés les époux séparés. — 3. « Les confins de Yi-wong » : cette région frontalière se trouve à la limite du Ho-pei et du Tchakhar, au nord-ouest de Pékin. — 4. « La Tour aux Sarcelles » : les sarcelles de Chine ou canards mandarins symbolisent la fidélité conjugale. — « Le Loup céleste » : Sirius, la plus brillante des étoiles. Le soldat aux frontières, l'épouse sur sa tour, scrutent au même instant le ciel automnal.

Tao yi : Tch'ang ngan tch'eng tchong ts'ieou ye tch'ang, kia jen kin che tao lieou houang...

Tr. Wong T'ong-wen.
Rv. Diény.

Lou K'ai

Cueillant des fleurs, j'aperçois le courrier ;
    Je lui confie, pour l'ami du Long-t'eou[1]
— On n'est pas riche au Sud du Fleuve Bleu —,
    Ce simple don : un rameau de printemps.

Lou K'ai (Lou Tche-kiun, mort vers 504), haut fonctionnaire de la dynastie des Wei du Nord. Son frère aîné, accusé de trahison, périt en prison. Lou K'ai lui-même fut arrêté, puis amnistié ; mais il pleura tant la mort de son frère qu'il en perdit la vue.

1. Long-t'eou ou Long-chan, chaîne de montagnes du Nord-Ouest, aux confins des déserts, et dont le nom souvent cité par les poètes évoque les voyages lointains. — Le dédicataire de cette pièce, Fan Ye (398-446), est l'illustre historien qui compila le *Livre des Han postérieurs*.

Tseng fan ye che : Tchō houa p'ong yi che, ki yu long t'eou jen...

                                              Tr. Wong T'ong-wen.
                                              Rv. Diény.

197

Hing Chao

À MON JEUNE SEIGNEUR

De mes robes de soie, de jour en jour, la taille s'amincit[1] ;
　Fleurs de pêcher, fleurs de prunier, ont perdu leur
　　　　　　　　　　　　　　　　　　　　　　　　[couleur[2].
Je songe à mon seigneur, mais il ne revient pas ;
　Et quand il reviendra, me reconnaîtra-t-il ?

Hing Chao (Hing Tseu-ts'ai) a vécu au VIe siècle sous les dynasties des Wei et des Ts'i du Nord. Avec Wen Tseu-cheng, c'est le plus célèbre lettré des dynasties du Nord.

1. Cette image fréquente suggère que la jeune femme se consume de chagrin et maigrit. — 2. « Fleurs de pêcher... » : la fraîcheur et la beauté du teint (cf. Kiang Tsong, « Complainte de gynécée », p. 193).

Sseu kong tseu : Ki lo je kien tai, t'ao li wou yen sŏ...

Tr. Wong T'ong-wen.
Rv. Diény.

Hou-liu Kin

CHANSON DES TCH'E-LO

Au bord du Tch'e-lö[1],
 Au pied des monts Yin,
Le ciel, telle une yourte,
Couvre la plaine aux quatre coins.
 Le ciel est bleu, bleu,
 La plaine immense, immense.
Quand le vent souffle et que l'herbe se courbe, on aperçoit
 [bœufs et moutons.

Hou-liu Kin : un cavalier et un archer hors pair, qui connaissait toutes les ruses de guerre des Hiong-nou (généralement identifiés aux Huns). Il servit la dynastie des Ts'i du Nord (550-577).

Ce poème fut composé à la demande de l'empereur Chen-wou qui pleura d'émotion en l'entendant. Selon la tradition, il aurait d'abord été composé en langue barbare. Les Chinois ont été frappés par son caractère exotique : il évoque l'immensité des steppes semi-désertiques de la Mongolie.

1. Tche-lö : le fleuve qui arrose le pays des Tche-lö. Ce peuple barbare, ancêtre des Turcs, nomadisait au nord de l'immense chaîne des Monts Yin, les « Monts Sombres » qui, à travers le Souei-yuan, le Tchakhar et le Jehol, bordent la Mongolie et servent de rempart au pays chinois.

Tch'e lö ko : Tch'e lö tch'ouan , yin chan hia...

 Tr. Wong T'ong-wen.
 Rv. Diény.

Yu Sin

CHANSON DU BUVEUR

Près des eaux printanières, j'admire les fleurs de pêcher ;
   Sur l'îlot printanier, je foule l'herbe parfumée.
Ma cithare, je l'emprunte à Lou Tchou[1] ;
   Mon vin, je le prends chez Wen-kiun[2].
Je conduis mon cheval jusqu'au pont de la Wei[3] ;
   Les rayons du soleil déclinent sur les monts.
Chan Kien met à l'envers son blanc bonnet de plume[4] ;
   Et Wang Jong se trémousse, avec son sceptre[5].
Au jardin de Kin-kou les harpes retentissent[6] ;
   Dans les murs de P'ing-yang les flûtes se répondent[7].
La vie d'un homme atteint cent ans ;
   Mais les ris et les jeux en ont la moindre part.
Où donc chercher l'argent comptant ?
   Je voudrais être un marchand de Lo-yang.

Yu Sin (Yu Tseu-chan), officier de cavalerie et poète admiré de Tou Fou, a vécu au VIe siècle (513-581), notamment sous les Tcheou du Nord.

Cette chanson d'un buveur fort lettré est un tissu d'allusions à des anecdotes anciennes. Au lieu d'exprimer directement sa pensée, l'auteur la suggère par des voies détournées, en se référant au patrimoine historique et légendaire des Chinois, suffisamment riche pour illustrer n'importe quelle situation, pour suggérer n'importe quelle idée. Ce texte fournit un bon exemple de la poésie érudite si goûtée de tout temps par les lettrés.

1. Lou Tchou : femme renommée pour sa beauté et son talent de joueuse de cithare. Convoitée par un puissant personnage, elle causa sans le vouloir l'arrestation de son mari, le riche et fantasque Che Ts'ong, qui refusa de la céder et se jeta du haut d'un pavillon (époque des Tsin de l'Ouest). — 2. Wen-kiun : séduite par la cithare du célèbre poète Sseu-ma Siang-jou, au cours d'un festin que donnait son père, elle s'enfuit avec le jeune homme ; pour vivre ils durent ouvrir ensemble un bar, jusqu'à ce que le père de Wen-kiun eût consenti à leur mariage (époque des Han, IIᵉ siècle av. J.-C.). Cf. ci-dessus, p. 121. — 3. Le pont de la Wei : allusion probable à l'histoire de Hiang Tchong-chan, un richard qui payait la Wei d'une pièce de monnaie, chaque fois qu'il y abreuvait son cheval. Le poète voudrait pouvoir suivre cet exemple. — 4. Chan Kien : fils de Chan T'ao qui était l'un des Sept Sages de la Forêt de Bambous (cf. Yen Yen-tche. « Hi K'ang », p. 168). On a conservé une chanson enfantine qui décrit avec humour les bizarreries de ce personnage : souvent ivre, il mettait à l'envers son bonnet de plume. — 5. Wang Jong : le plus jeune des Sept Sages de la Forêt de Bambous, riche et avare. On a traduit par « sceptre » le mot *jou-yi* qui désigne peut-être la main artificielle dont les Chinois se servaient anciennement pour se gratter le dos, ou un objet décoratif de forme allongée rappelant les champignons de la longévité, ou encore un emblème bouddhique. Une anecdote ancienne représente Wang Jong, ce *jou-yi* à la main, en train d'interpeller cavalièrement un personnage important. Il semble que Yu Sin ait voulu montrer Wang Jong en état d'ivresse comme Chan Kien. — 6. Le jardin de Kin-kou : propriété de Che Ts'ong, proche de Lo-yang dans le Ho-nan. C'est là que la belle Lou Tchou jouait de la cithare (cf. v. 3). — 7. P'ing-yang : Ma Jong, grand érudit et professeur réputé des Han orientaux, se retirait parfois dans les murs de P'ing-yang, pour y jouer à loisir de la cithare et de la flûte. P'ing-yang est une localité du Chen-si. Pourvu de la meilleure cithare (celle de Lou Tchou) et du meilleur vin (celui de Wen-kiun), le poète imite les frasques des ivrognes du temps jadis et rêve des concerts de Lou Tchou et de Ma Jong. La vie fastueuse qui le séduit demande beaucoup d'argent. Que n'est-il un marchand de Lo-yang, aussi habile à s'enrichir que Che Ts'ong, Hiang Tchong-chan ou Wang Jong ?

Touei tsieou ko : Tch'ouen chouei wang t'ao houa, tch'ouen tcheou tsie fang tou...

Tr. Wong T'ong-wen.
Rv. Diény.

Poèmes à chanter (yue-fou)
des Dynasties du Sud et du Nord

(420-589)

Anonymes

UNE DES CHANSONS DES QUATRE SAISONS
SUR L'AIR DE TSEU-YE

Au bois du Nord, sous le soleil de l'aube,
La fleur nouvelle a l'éclat du brocart.
Comment pourrais-je, oubliant mon ami,
Sur le métier rester seule à l'ouvrage ?

Ce poème à chanter ainsi que les suivants sont anonymes. La chanteuse Tseu-ye, des Tsin de l'Est (région de Nankin), inventa un air triste auquel elle donna son nom, et sur lequel furent écrits de nombreux poèmes. En particulier il existe toute une série de « Chansons des quatre saisons sur l'air de Tseu-ye » ; celle-ci se rapporte au printemps.

Tseu ye sseu che ko : Tchao je tchao pei lin, tch'ou houa kin sieou sŏ...

Tr. Wong T'ong-wen.
Rv. Diény.

I

Mes cheveux embrouillés défient le démêloir ;
  Je me consume, et qui s'en aperçoit ?
Veux-tu savoir combien je pense à toi ?
  Vois un peu ma ceinture, comme elle est lâche[1] !

II

Frappez le coq, à mort ce chanteur éternel !
  Tirez sur cet oiseau, chassez-le, le corbeau[2] !
Je veux que la nuit dure, sans retour du matin,
  Que de toute l'année ne se lève qu'une aube !

En 440, à la suite de la mort d'une impératrice des Song, certains poèmes faits pour être chantés furent lus à voix basse par les courtisans. Ainsi passe pour être né le genre des « chansons à lire ».

Dans le second poème éclate le ressentiment d'un amant ou d'une amante, à l'approche de l'aube et de la séparation, thème qui se retrouve dans l'alba de nos troubadours.

1. La ceinture relâchée, signe de consomption (cf. Hing Chao, « A mon jeune seigneur », p. 198). — 2. « Le corbeau » : une espèce de petit corbeau qui chante très tôt. — « Tirez »... : sous-entendu à coups de fronde.

Tou k'iu ko : T'ou fa pou k'o leao, ts'iao tsa wei chouei tou...

Tr. Wong T'ong-wen.
Rv. Diény.

LE DIEU DE PIERRE BLANCHE

Les degrés de pierre ont l'air d'être en jade ;
    Les pins en ligne ont le vert d'un plumage.
Dans sa beauté, unique et sans égale,
    Le dieu n'a pas au monde de rival.

Hommage à une divinité, dont le poète loue le sanctuaire et la statue.

Pai che lang k'iu : Tsi che jou yu, lie song jou ts'ouei...

Tr. Wong T'ong-wen.
Rv. Diény.

LA DEMOISELLE DU RUISSEAU VERT

A sa porte, une eau claire ;
    À quelques pas, le pont :
La demoiselle, ici,
    Vit seule et sans époux.

Il s'agit de la sœur d'un héros des Han, comme lui divinisée, et qui avait son temple dans les environs de Tch'ang-ngan.

Ts'ing k'i siao kou k'iu : K'ai men pai chouei, ts'ŏ kin k'iao leang...

Tr. Wong T'ong-wen.
Rv. Diény.

Faible et fragile est la cuscute :
   Elle a pris pour appui la surface du pin.
Se plaindrait-elle de mourir, vêtue de givre ?
   Ce qu'il lui faut, c'est le serrer, c'est l'enlacer.

L'« air de Siang-yang » : nom d'une mélodie inventée sous les Song (420-477), par un fonctionnaire de la préfecture de Siang-yang (dans le Hou-pei), qui avait entendu chanter dans la nuit un groupe de femmes.

Siang yang yue : Niu mong tseu wei po, ki t'o tch'ang song piao...

Tr. Wong T'ong-wen.
Rv. Diény.

AIR DE TCH'ANG-KAN

La vague rebelle exprès me défie ;
   Ma coque de noix ne craint pas la houle.
La maison de votre servante est au bac de Yang-tseu[1] :
   La marée de Kouang-ling[2] n'est donc qu'un jeu pour moi.

Tch'ang-kan, nom d'une localité proche de Nankin ; cf. Li Po, « La ballade de Tch'ang-kan », p. 247.

1. Sur le Fleuve Bleu en aval de Nankin, près de Koua-tcheou (Kiangsou). — 2. Ancien nom de Yang-tcheou (Kiang-sou), en amont de Koua-tcheou.

Tch'ang kan k'iu : Yi lang kou siang yao, ling tcheou pou p'a yao...

Tr. Wong T'ong-wen.
Rv. Diény.

Anonymes

CHANSON SUR L'AIR
DU PRINCE DE LANG-YE

La lame de cinq pieds que je viens d'acheter
  Est suspendue au pilier du milieu.
Trois fois le jour je la caresse,
  Bien plus que fille de quinze ans.

L'« air du prince de Lang-ye » : un air de l'époque des Leang (502-556),
originaire de la préfecture de Lang-ye (Chan-tong), chanté avec accompagne-
ment de flûtes traversières et de cornets.

Lang ye wang ko : Sin mai wou tch'e tao, hiuan tchao tchong leang tchou...

Tr. Wong T'ong-wen.
Rv. Diény.

CHANSONS SUR L'AIR
« LE RAMEAU DE SAULE BRISÉ »

I

Il monte à cheval sans prendre son fouet ;
Il cueille à la place un rameau de saule.
En route ou au repos, sa longue flûte aux lèvres,
Le voyageur errant meurt de chagrin.

II

Mon cœur en deuil a perdu sa gaieté ;
Que ne suis-je le fouet de mon amant !
En route, à la maison, serrée contre son bras,
A cheval, au repos, tout près de ses genoux !

III

Vois au loin le fleuve à Mong-tsin ;
Les saules luxuriants ondulent.
Je suis un gars de sang barbare ;
Je n'entends rien aux chants des Han.

IV

Au gars robuste, un prompt cheval !
Au prompt cheval, un gars robuste !
Pi-pa, vite, au galop, dans la poussière jaune,
Et l'on verra quels sont les preux et les mauviettes !

*Ces poèmes, écrits pour une mélodie du temps des Han, rappellent l'établisse-
ment en Chine, à l'époque des Six Dynasties, des peuples barbares venus du
nord. Peut-être même ces textes ne sont-ils que des traductions chinoises de
poèmes populaires barbares. Ils séduisent par leur naïveté et leur vigueur, qui
reflètent la vie simple et dure des cavaliers de la steppe.*

1re chanson : Selon une ancienne coutume, on offrait au voyageur à
son départ un rameau de saule ; ce geste représentait un ultime effort pour
le retenir. Dans ce poème, c'est le voyageur lui-même qui, au lieu de
fouetter son cheval, cueille un rameau de saule pour montrer qu'il
s'éloigne à contrecœur.

Le son de la flûte, surtout de la flûte barbare, s'associe avec les images
mélancoliques de la solitude, de la mauvaise saison et du dépaysement.

3e chanson : Mong-tsin : sur la rive du Fleuve Jaune, dans le Ho-nan.

*Tchō yang lieou ko ts'eu : Chang ma pou tchouo pien, fan tchō yang lieou
tche...*

Tr. Wong T'ong-wen.
Rv. Diény.

POÈME D'ADIEUX

Les saules verdoyants s'inclinent jusqu'à terre ;
   Les fleurs à profusion s'envolent en plein ciel.
Lorsque tous les rameaux auront été coupés, et que toutes
          [les fleurs se seront envolées,
   Puis-je savoir, ô voyageur, si tu seras rentré ?

*Song pie che : Yang lieou ts'ing ts'ing tchao ti tch'ouei, yang houa man
man kiue t'ien fei...*

Tr. Wong T'ong-wen.
Rv. Diény.

CHANSON SUR L'AIR
« LES EAUX TRANQUILLES DU LONG-T'EOU »

Je grimpe à l'Ouest, sur le Long-chan,
  Neuf lacets, en boyaux de chèvre :
Sommets altiers, vallées profondes,
  Où tout à coup le pied se lasse,
La main s'accroche aux branches molles ;
  Le pas s'enfonce en terre molle.

Le Long-t'eou, ou Long-chan, est une chaîne de montagnes du Nord-Ouest (cf. p. 197, 572) ; c'est aussi le nom d'un air des Han, que l'on chantait avec accompagnement de musique. Le sujet de ce poème est inspiré par le titre de la mélodie qui devait l'accompagner.

Long t'eou heou chouei ko ts'eu : Si chang long pan, yang tch'ang kieou houei...

Tr. Wong T'ong-wen.
Rv. Diény.

CHANSON SUR L'AIR « K'I-YU »

I

Un brave gars veut montrer sa valeur ;
  Point n'a besoin de nombreux compagnons.
Quand le faucon vole à travers le ciel,
  L'essaim des moineaux s'enfuit çà et là.

Ces braves gars, quels pauvres vermisseaux !
    Passé le seuil, la peur de la mort les obsède :
Leur corps va dévaler dans un profond ravin ;
    Nul ne recueillera leurs ossements blanchis.

L'air K'i-yu : un air de l'époque des Leang (502-556), d'origine barbare.

K'i yu ko : Nan eul yu tso kien, kie pan pou siu to...

Tr. Wong T'ong-wen.
Rv. Diény.

LA BALLADE DE MOU-LAN

Tsi-tsi et puis *tsi-tsi*[1] :
    Mou-lan tisse à sa porte.
Ce qu'on entend n'est plus le bruit de la navette ;
    On entend seulement les soupirs de la fille.

La fille, qu'y a-t-il ? Est-ce pensée d'amour ?
    La fille, qu'y a-t-il ? Quel souvenir d'amour ?
« Non, je n'ai rien, nulle pensée d'amour ;
    Non, je n'ai rien, nul souvenir d'amour. »

Hier au soir, elle a vu la liste d'appel aux armes :
    Le Khan fait grand recrutement de troupes[2].
Le texte de l'armée couvre douze rouleaux,
    Et chacun des rouleaux porte le nom du père[3].

213

« Père n'a point de fils adulte,
  Et je n'ai point de frère aîné.
Qu'on m'achète cheval et selle,
  Et je pars en campagne à la place du père ! »

Elle achète au marché de l'Est un beau cheval ;
  Elle achète au marché de l'Ouest selle feutrée.
Elle achète au marché du Sud rênes et mors ;
  Elle achète au marché du Nord longue cravache.

Au matin prend congé du père et de la mère ;
  Le soir s'en va camper au bord du Fleuve Jaune.
La fille n'entend plus l'appel de ses parents ;
  Elle n'entend qu'un bruit : les eaux du Fleuve Jaune qui
                                         [roulent et mugissent.

Au matin prend congé des eaux du Fleuve Jaune ;
  Le soir parvient au pied de la Montagne Noire[4].
La fille n'entend plus l'appel de ses parents ;
  Elle n'entend qu'un bruit : le cri sur les Monts Yen des
                                         [escadrons barbares[5].

Elle a franchi dix mille stades, au gré des armes ;
  Elle semble voler, par-delà monts et passes.
Le vent du Nord transmet le son des gongs d'airain ;
  Un jour glacé reluit sur les cottes de fer.
Au bout de cent combats, le général est mort ;
  Après dix ans, le preux soldat rentre chez lui[a].

A son retour, il se présente au Fils du Ciel.
  Le Fils du Ciel, assis dans le Palais Sacré[6],
Consigne les hauts faits, élève aux douze grades,
  Et distribue ses dons, par cent et mille et plus.

Le Khan parle à Mou-lan : quels sont ses vœux ?
    Mou-lan n'a pas envie d'être ministre.
« Je voudrais un fameux coursier, courant mille stades d'une
    Et qui me reconduise à mon pays natal. »   [traite,

Père et mère ont appris le retour de leur fille ;
    Ils sortent des remparts, et vont lui faire escorte.
La fille aînée apprend le retour de sa sœur,
    Et refait sur le seuil son maquillage rouge.
Le jeune frère apprend le retour de sa sœur ;
    Aiguisant son couteau, il va quérir en hâte un porc et un
                                            [mouton.

Mou-lan ouvre sa porte, au pavillon de l'Est,
    Et s'assied sur son lit, au pavillon de l'Ouest.
Elle enlève son long manteau du temps de guerre,
    Et revêt ses habits du temps jadis ;
A sa fenêtre, ajuste un nuage de boucles,
    Et devant son miroir se colle au front une mouche jaune.

Mou-lan franchit le seuil, revoit ses compagnons,
    Et tous ses compagnons sont frappés de stupeur :
Pendant douze ans, ils ont fait route ensemble[b] ;
    Nul ne savait que Mou-lan était fille.

Lapin mâle sautille,
    Et lapine voit trouble.
Lorsque les deux lapins courent à ras de terre,
    Bien fin qui reconnaît le mâle et la femelle !

On ne sait pas exactement à quelle date fut composé ce poème anonyme.
D'après les indices que l'on peut tirer du texte lui-même, il semble avoir été
écrit à l'époque où les Barbares envahirent la Chine et établirent leur domina-
tion sur sa moitié septentrionale, du début du IVe à la fin du VIe siècle.
    Le titre du poème apparaît pour la première fois dans un catalogue de chan-
sons de la dynastie Tch'en (557-589).
    Il est probable que le texte a subi des retouches au cours des siècles. On observe

des contradictions dans le récit (entre a et b par exemple). Par ailleurs, si l'en-
semble du texte est écrit dans la langue simple et directe des chansons populaires,
certains passages semblent des interpolations dues à la main des lettrés, par
exemple la strophe notée a.

L'héroïne jouit en Chine d'une immense popularité. Pourtant on ne sait ni
quand elle a vécu, ni quel était son nom de famille : Wei, Tchou ou Houa, à
moins que Mou-lan n'ait été un nom de famille ; mais ces deux syllabes signi-
fient « Magnolia », et les filles portaient souvent des noms personnels de fleurs.
La même incertitude plane sur son lieu d'origine. L'aventure de Mou-lan a été
souvent transposée au théâtre et récemment au cinéma.

1. Cette onomatopée autrefois prononcée *tsiek-tsiek* traduit ordinaire-
ment un bruit de soupirs. Le son est ici choisi pour son ambiguïté : est-ce
une voix qui soupire, est-ce le métier qui crisse ? — 2. « Le Khan », titre
des souverains barbares. Si Mou-lan n'est elle-même une jeune fille
mongole, du moins sa famille est-elle assujettie à un prince barbare. — 3.
« Chacun des rouleaux », peut-être s'agit-il de copies différentes de la
même liste, « affichées » ici et là. — 4. « La Montagne Noire » ou Cha-
hou chan, à la frontière du Souei-yuan et du Chen-si. — 5. « Les Monts
Yen », ou Yen-jan chan, diversement localisés par les commentateurs :
soit dans le Tchakhar, à l'est de Siuan-houa, soit dans le Ho-pei, à l'est de
Pékin, soit en Mongolie extérieure où ces montagnes s'appellent aujour-
d'hui Hang-ngai chan. C'est le premier de ces sites qui est le plus proche de
la Montagne Noire, soit à 300 km. — 6. Le Khan barbare s'est donné le
titre chinois de Fils du Ciel. — Le Ming-t'ang est un édifice sacré,
construit à l'image du monde, sur une base carrée et sous une voûte
ronde. L'empereur de Chine y accomplissait au cours de l'année les rites
qui doivent assurer la bonne marche de l'univers. Il y recevait aussi ses
vassaux.

Mou lan che : Tsi tsi fou tsi tsi, mou lan tang hou tche...

Tr. Wong T'ong-wen.
Rv. Diény.

Poèmes des Souei

(581-617)

Yang Sou

Entre monts et vallons, s'épure un paysage clair ;
  Et la clarté du paysage sculpte les monts et les vallons.
Le vol des nuages blancs se teinte au crépuscule ;
  La ruée des eaux vertes élève sa voix claire.

Devant la porte, la gorge diffuse un reste de couleur ;
  Sous la fenêtre, la montagne épaissit l'ombre de la nuit.
Les herbes et les fleurs assemblent leurs contrastes ;
  Les arbres et les rocs font assaut de hauteur.

Assis tout seul devant le lit dressé,
  Je n'ai pas d'hôte, mais j'ai mon luth chanteur.
Dans le silence et la paix des montagnes,
  Qui peut savoir le repos de mon cœur ?

Yang Sou (Yang Tch'ou-tao, mort en 606) servit d'abord l'empereur Wou des Tcheou du Nord, qui l'avait remarqué pour son style. Il aida plus tard Yang Kien à monter sur le trône, et mena plusieurs campagnes pour le compte de cet empereur, fondateur de la dynastie des Souei.

Chan tchai tou tso tseng siue nei che : Yen ho tch'eng ts'ing king, king ts'ing yen ho chen...

Tr. Wong T'ong-wen.
Rv. Diény.

Siue Tao-heng

Sur la digue dorée, le tapis des saules pleureurs ;
   En bon ordre, à côté, des feuilles de *mi-wou*.
L'étang des nénuphars aux eaux surabondantes ;
   Dans un essaim de fleurs, la sente avec les pêchers, les
                   [pruniers[1].

Cette fille de Ts'in, qui cueillait le mûrier,
   Cette femme de T'eou, qui tissait le brocart[2],
Par les monts et les passes, sont séparées d'un époux vaga-
                   [bond ;
   Sous le vent et la lune, elles gardent le logis vide[3].

Toujours se cache leur sourire, aussi précieux que l'or ;
   Sans cesse, en deux traînées, coulent leurs pleurs de jade.
Sur le miroir gît à l'écart le dragon replié ;
   Sur le rideau se laisse choir le phénix colorié[4].

Leur âme s'envole avec les pies de la nuit ;
   Sur leur lit de fatigue, elles guettent le coq de l'aube.
Dans l'embrasure obscure pendent les toiles d'araignée ;
   Des poutres négligées glisse la boue des hirondelles.

Ils ont franchi, l'avant-dernière année, le Nord du Tai ;
   Ils s'en vont cette année à l'Ouest du Leao[5].

Mais, depuis leur départ, point de nouvelles :
Comment s'apitoyer sur les sabots de leurs chevaux[6] ?

Siue Tao-heng (Siue Hiuan-k'ing, 540-609) servit les Ts'i, les Tcheou et les Souei. Il dut se suicider sur l'ordre de Yang-ti, le deuxième empereur des Souei. Dès son jeune âge il avait joui d'une réputation de grand lettré.

« Si-si-yen » : ce titre sans signification claire est sans doute le nom d'un air ancien. Ce poème est une nouvelle variation sur le thème de la séparation des époux (cf. Kiang Tsong, « Complainte de gynécée », p. 193).

1. Ce tableau riant du printemps fait contraste avec la tristesse des épouses solitaires. C'est à l'époque du renouveau que la séparation paraît le plus cruelle. Les saules symbolisent le printemps (cf. Wang Tchang-ling, « Complainte de gynécée », p. 244). Leurs longs rameaux pendants traînent au sol. Le *mi-wou* est une plante qui pousse près des eaux et dont on cueille les feuilles pour parfumer le thé ou les vêtements. —2. « Cette fille de Ts'in »... : allusion à la célèbre Lo-fou de la famille Ts'in, qui repoussa vertueusement les avances d'un grand seigneur, tandis qu'elle cueillait les feuilles de mûrier (cf. « Le mûrier sur la diguette », p. 122). — « Cette femme de T'eou »... : allusion à Soû Houei, l'habile tisserande, dont le mari T'eou T'ao occupait un poste lointain. Elle lui écrivait des lettres tissées dans la soie, sous forme de poèmes lisibles en tous sens. Ces deux expressions jouent le rôle de périphrases et désignent des femmes quelconques, que le poète veut honorer en leur appliquant deux des plus célèbres noms de l'Antiquité. — 3. « Sous le vent et la lune... » : cette expression concise se rapporte au vent du printemps, dont l'haleine ouvre les fleurs et symbolise les plaisirs de la saison nouvelle, et à la lune de l'automne qui brille dans un ciel clair. Le vent et la lune font songer non seulement aux gracieux paysages qu'ils animent, mais aussi aux fêtes et aux réjouissances dont ils sont les témoins, et à l'amour. Pour les épouses délaissées, point de tels plaisirs. — 4. « Le dragon replié..., le phénix colorié » : ces deux motifs ornent les miroirs et les rideaux et partagent leur abandon (cf. Pao Tchao, « Les peines du voyage », p. 174). — 5. « Tai » : un ancien Etat situé au nord du Chan-si et du Ho-pei. — « Leao » : le fleuve Leao qui coule dans la province du Leao-si, en Mandchourie, est plus éloigné encore de la Chine centrale que le pays de Tai. — 6. Le sens est le suivant : comment, sans nouvelles, pouvons-nous imaginer les chevauchées de nos soldats, et nous apitoyer sur leurs fatigues ?

Si si yen : Tch'ouei lieou fou kin t'i, mi wou ye fou ts'i...

Tr. Wong T'ong-wen.
Rv. Diény.

K'ong Chao-ngan

LES FEUILLES QUI TOMBENT

Au début de l'automne, que la chute des feuilles est émou-
    Errant à la dérive, comme le cœur de l'exilé, [vante !
Elles volent, tournoient, refusant de tomber,
    D'un air de regretter leur patrie, la forêt.

*K'ong Chao-ngan (577-622 env.), écrivain réputé dès sa jeunesse, servit
sous les ordres de Li Yuan, le fondateur de la dynastie des T'ang (T'ang-
Kao-tsou).*

Lo ye : Tsao ts'ieou king lo ye, p'iao ling sseu k'o sin...

Tr. Wong T'ong-wen.
Rv. Diény.

Poèmes des T'ang

(618-907)

Wang Tsi

L'ŒILLET

Touffes touffues, s'entrelacent les branches vertes ;
   Éclairs éclatants, penchent les fleurs vermeilles.
Toujours j'ai peur que la rosée ne tombe en pluie,
   Et que les fleurs ne puissent vivre leur destin.

Et, soupirant, c'est à moi-même que je pense :
   Cette existence, l'ai-je donc par ma volonté ?
Autrefois, quand je n'étais pas encore né,
   Celui qui m'a fait m'ouvrir à la vie, qui est-ce ?

Mais laissons cela, n'en parlons pas davantage.
   Si j'obéis à la nature, qu'aurai-je à craindre ?

*Wang Tsi (Wang Wou-kong, mort en 644) : d'humeur indépendante,
ennemi des conventions et grand buveur, il ne garda pas longtemps ses fonctions,
ni à la Bibliothèque impériale sous les Souei, ni à l'Académie Han-lin sous
les T'ang. Il préférait vivre à la campagne.*

Che tchou yong : Ts'i ts'i kie lu tche, houa houa tch'ouei tchou ying...

Tr. Tchang Fou-jouei.
Rv. Hervouet.

Anthologie de la poésie chinoise classique.   8.

Wang Po

LE VENT

La brise susurre : il s'élève une fraîcheur,
   Qui purifie pour moi les bois et les vallées.
Le vent balaie la brume et m'ouvre la porte de la gorge ;
   Il enroule le brouillard, et fait paraître des maisons sur les
                [monts.

Il va et vient, mais sans laisser de trace,
   Se lève et s'apaise, comme s'il avait des sentiments.
Le soleil tombe : la montagne et les eaux se calment...
   Il fait naître pour vous une voix dans les pins.

Wang Po (Wang Tseu-ngan, 647-675) : son talent précoce le fit remar-
quer de l'empereur Kao-tsong des T'ang ; mais une satire trop audacieuse des
mœurs de la cour ruina son crédit. Il vécut alors au Sseu-tch'ouan, s'adonnant
au vin et à la poésie. Le meurtre d'un esclave faillit lui coûter la vie, mais il
profita d'une amnistie générale.

Yong fong : Sou sou leang fong cheng, kia wo lin ho ts'ing...

                             Tr. Tchang Fou-jouei.
                             Rv. Hervouet.

Le haut pavillon du prince de T'eng se dresse près de l'îlot
[du fleuve[1] ;
Les jades de ceinture[2] et les grelots de char se sont tus.
Autour des piliers peints volent, à l'aube, les vapeurs des
[rives du Sud ;
Le store de perles roule en ses plis, le soir, la pluie des
[monts de l'Ouest.

Les nuages oisifs, au fond de l'eau, se reflètent comme autre-
[fois.
Tout change, les astres mêmes évoluent ; combien d'au-
[tomnes ont passé ?
Le fils de l'Empereur, hôte de ce pavillon, où est-il aujour-
[d'hui ?
Et le Grand Fleuve coule tout seul, en vain, de l'autre côté
[des clôtures...

1. Le prince de T'eng était le plus jeune fils du fondateur de la dynastie
des T'ang, Kao-tsou. Nommé haut fonctionnaire à l'actuel Nan-tch'ang
du Kiang-si, il se construisit un palais sur les bords du Kan-kiang en 659.
Peu de temps après, il était dégradé et c'est moins de quinze ans après sa
construction que le pavillon, abandonné, était chanté par le poète. — 2. A
la ceinture des nobles pendaient des bijoux de jade.

*T'eng wang ko : T'eng wang kao ko lin kiang tchou, p'ei yu ming louan pa
ko wou...*

Tr. Tchang Fou-jouei.
Rv. Hervouet.

Lieou Hi-yi

COMPLAINTE DES CHEVEUX BLANCS

Sous les murs de Lo-yang, à l'Est, fleurs de pêcher, fleurs de
[prunier
    Voltigent çà et là... et vont tomber chez qui ?
Il est à Lo-yang une fille au beau visage ;
    Oisive, elle voit les fleurs tombées, et pousse un long
[soupir.
Cette année les fleurs tombent, les beaux visages changent ;
    L'an prochain, qui vivra, quand les fleurs s'ouvriront ?
Elle a vu des pins, des cyprès, réduits en bois de chauffage ;
    Elle a ouï dire aussi que des champs de mûriers se sont
[changés en mers.
A l'Est de la cité, nos anciens ne sont plus ;
    Et nous, à notre tour, nous affrontons le vent qui fait
[tomber les fleurs.
Tous les ans, d'année en année, semblables sont les fleurs ;
    D'année en année, tous les ans, différents sont les
[hommes.
C'est aux visages roses, en leur suprême éclat, que je
[m'adresse :
    Pitié pour le vieillard aux cheveux blancs, à demi mort !
Les cheveux blancs de ce vieillard méritent bien votre
[pitié ;

228

Il fut jadis un beau jeune homme au teint vermeil.
Quand, sous les arbres embaumés, les fils des ducs et les
[enfants princiers,
Gracieux danseurs à la voix pure, passaient devant les
[fleurs tombées,
Terrasses et bassins des riches mandarins se tendaient de
[brocart et de soieries,
Pavillons et salons des puissants généraux s'ornaient de
[dieux et de génies.
Un beau matin, malade, il s'est couché : les amis dispa-
[rurent...
Où sont donc les plaisirs des trois mois du printemps ?
Sourcils arqués, tels de souples antennes, durerez-vous long-
[temps ?
En un moment, les cheveux gris s'embrouillent comme
[fils de soie...
Voyez donc ce parterre où l'on chantait, où l'on dansait
[jadis :
On n'y entend au crépuscule que la tristesse des oiseaux.

*Lieou Hi-yi (Lieou T'ing-tche, 651 ?-678 ?), charmant poète, mort à la
fleur de l'âge, surtout célèbre par cette « Complainte des cheveux blancs ».*

*D'innombrables poèmes prennent pour sujet la chute des fleurs, qui symbolise
l'évanouissement de la beauté et de la jeunesse. La première moitié du poème
développe ce thème en faisant appel aux motifs traditionnels : la jeune fille
oisive et mélancolique, la mort des arbres, la succession des générations, le
renouveau de la nature et le vieillissement des hommes, avec le motif de la chute
des fleurs reparaissant de place en place comme le thème majeur. La méditation
s'enrichit ensuite d'un tableau en diptyque où le vieillard fait face au jouven-
ceau. L'auteur a intitulé son poème « Complainte des cheveux blancs » : depuis
l'époque des Han, bien des « poèmes à chanter » ont porté le même titre. Le
plus ancien est d'ailleurs un poème d'amour, sans rapport avec le thème de la
fuite du temps dont traite Lieou Hi-yi (voir ci-dessus, p. 121).*

*Pai fa yin : Lo yang tch'eng tong t'ao li houa, fei lai fei k'iu lo chouei
kia...*

Tr. Tch'en Yen-hia.
Rv. Diény.

Ho Tche-tchang

RETOUR AU PAYS : IMPROVISATION

Tout jeune on quitte son pays, vieillard on y revient ;
  On a gardé l'accent du cru, mais la tempe a blanchi.
Les enfants lorgnent le passant, nul ne le reconnaît ;
  On l'interroge en riant : « D'où venez-vous, Mon-
                                    [sieur ? »

*Ho Tche-tchang (Ho Ki-tchen, 659-744) : une longue carrière de fonc-
tionnaire n'ôta rien à son excentricité, ni à son goût pour le vin. Beau parleur
et joyeux compagnon, il fut l'ami de Li Po.*

*Houei hiang ngeou chou : Chao siao li kia lao ta houei, hiang yin wou kai
pin mao t'ouei...*

Tr. Tch'eng Ki-hien.
Rv. Diény.

Tch'en Tseu-ngang

CHANSON DE LA MONTÉE
À LA TERRASSE DE YEOU-TCHEOU

Ignorant, avant moi, les hommes d'autrefois,
    Ignorant, après moi, ceux qui viendront demain,
Je songe à l'infini de l'univers immense,
    Et tout seul je répands des larmes d'amertume.

*Tch'en Tseu-ngang (Tch'en Po-yu, 661-702 ou 656-698), conseiller
intime de l'impératrice Wou, passe pour le meilleur poète des T'ang avant Li
Po.*

Teng yeou tcheou t'ai ko : Ts'ien pou kien kou jen, heou pou kien lai tchō...

Tr. Tch'en Yen-hia.
Rv. Diény.

Tchang Kieou-ling

PENSÉES LOINTAINES
EN REGARDANT LA LUNE

Au-dessus de la mer, surgit le clair de lune ;
    D'un bord du ciel à l'autre, nous partageons cette heure.
Quand on aime, on se plaint de la longueur des nuits ;
    Jusqu'au matin s'envolent les pensées d'amour.

Inondé de lumière, ému, l'on éteint la chandelle ;
    Humide de rosée, transi, l'on revêt un habit.
Puisqu'on ne peut à pleines mains offrir un tel cadeau[1],
    Mieux vaut dormir encore et rêver d'un heureux rendez-
[vous.

Tchang Kieou-ling (Tcheng Tseu-cheou, 673-740), d'origine cantonaise, fut un des conseillers les plus sévères de l'empereur Hiuan-tsong (713-756), qu'il tenta vainement de mettre en garde contre les intrigants et les rebelles qui ourdissaient sa ruine.

1. « Un tel cadeau » : le spectacle du clair de lune.

Wang yue houai yuan : Hai chang cheng ming yue, t'ien yai kong ts'eu che...

Tr. Tch'en Yen-hia.
Rv. Diény.

SUR LE THÈME
« DEPUIS VOTRE DÉPART »

Depuis votre départ, mon bien-aimé,
  J'oublie le soin du métier délaissé.
Je pense à vous, telle la pleine lune
  Dont chaque nuit décroît le pur éclat[1].

Variation sur un thème ancien : le premier vers reprend mot pour mot le début traditionnel, et les trois derniers suivent de près leurs modèles (cf. Lieou Tsiun, « Depuis votre départ », p. 167).

1. Construction elliptique : Je pense à vous, et ma beauté s'évanouit comme l'éclat de la lune qui décroît.

Fou tô tseu kiun tche tch'ou yi : Tseu kiun tche tch'ou yi, pou fou li ts'an ki...

Tr. Tch'eng Ki-hien.
Rv. Diény.

233

Tchang Jo-hiu

NUIT DE LUNE ET DE FLEURS
SUR LE FLEUVE AU PRINTEMPS

A la marée du printemps, le fleuve ne fait plus qu'un avec la
[mer ;
Au-dessus des flots, la lune brillante apparaît avec le flux.
Sur l'eau agitée, elle accompagne les vagues jusqu'à l'infini ;
Aucun repli du fleuve printanier n'échappe au clair de
[lune.

Le fleuve coule, et de mille détours entoure les champs
[odorants ;
La lune resplendit sur la forêt fleurie, et l'on dirait du
[givre.
C'est dans le ciel comme une grêle qui tombe sans qu'on la
[voie passer ;
Le sable blanc des îlots devient invisible à qui le cherche.

Fleuve et ciel ont même couleur, sans le moindre grain de
[poussière[1] ;
Resplendissant d'éclat, le disque de la lune est seul au
[firmament.

Sur la rive du fleuve, quel fut le premier homme qui vit la
[lune ?
Lune du fleuve, quand as-tu commencé de briller pour les
[hommes ?

L'une après l'autre, les générations se suivent sans fin ;
D'année en année, lune du fleuve, tu es toujours la même.
Je ne sais pas, lune du fleuve, sur quels hommes tu as res-
[plendi ;
Je ne vois que le fleuve dont les eaux se suivent sans
[trêve.

Un nuage blanc, seul dans le ciel, se perd dans le lointain ;
Sur la rive aux sombres sycomores, quel chagrin pesant
[m'envahit ?
A qui donc appartient la petite barque qui vogue en cette
[nuit² ?
Où donc retrouver la maison dans le clair de lune où l'on
[songe à l'absente ?

Hélas ! au-dessus du pavillon, la lune fait les cent pas,
Éclairant la toilette et le miroir de l'épouse lointaine.
Le store des portes de jade s'enroule sans que parte la lune ;
Pour qui essuie la pierre à battre les habits, elle est encore
[là³.

En ce moment leurs yeux se cherchent, mais ils ne peuvent
[s'entendre :
« Je voudrais suivre un rayon de lune », dit-elle, « et
[resplendir pour vous ;
« Mais même l'oie sauvage, en son long vol, ne peut trans-
[porter la lumière ;
Et poissons et dragons, en leurs ébats, ne font que rides
[sur l'eau.

« La nuit dernière, oisive en mon logis, j'ai rêvé que les
[fleurs tombaient[4] ;
Le printemps, hélas ! est à moitié passé ; et Il ne rentre
[pas. »
Le fleuve entraîne en son cours le printemps, qui va bientôt
[se terminer.
Au bord du fleuve, la lune tombe et vers l'Ouest à
[nouveau s'incline.

Toute penchée, elle s'enfonce dans les brumes de la mer ;
Entre le « Grand Rocher » et la « Rivière claire[5] »,
[infinie est la route.
Qui pourrait chevaucher la lune pour revenir à la maison ?
Sa chute comble de mélancolie et le fleuve et les arbres.

*La vie de Tchang Jo-hiu (fin du VIIe, début du VIIIe siècle) est mal
connue. Il ne reste de lui que deux poèmes ; celui-ci est très célèbre.*

1. Ce sont les nuages qui seraient poussière dans le ciel. — 2. La
barque, en Chine, où les voyages se font souvent sur les cours d'eau,
symbolise parfois une idée d'éloignement, d'absence. C'est ici la femme
qui songe à son mari au loin, et, dans la phrase suivante, le mari qui rêve
de sa maison. — 3. Dans ces deux phrases, le poète montre par les objets
évoqués que le sort des épouses des nobles et des femmes du peuple est le
même. Aux unes comme aux autres, la lune par sa présence obsédante
rappelle la cruauté de l'absence. — 4. Les fleurs tombent, la jeunesse se
flétrit sans connaître le bonheur. — 5. Montagne du nord-est de la Chine,
dans la Mandchourie actuelle, et rivière du sud-ouest, au Hou-nan.

*Tch'ouen kiang houa yue ye : Tch'ouen kiang tch'ao chouei kien hai p'ing,
hai chang ming yue kong tch'ao cheng...*

Tr. Tchang Fou-jouei.
Rv. Hervouet.

236

Wang Han

CHANSON DE LEANG-TCHEOU[1]

Le beau vin de raisin dans la coupe phosphorescente !
  J'allais boire, mais le cistre des cavaliers me presse.
Si je tombe, ivre, sur le sable, ne riez pas !
  Combien, depuis les temps anciens, sont revenus de la
                                                    [guerre ?

Wang Han (Wang Tseu-yu) a vécu au début du VIIIᵉ siècle.

1. Poste de frontière à l'extrémité nord-ouest de la Chine, dans le Kan-
sou. Le sable y fut souvent champ de bataille.

Leang tcheou ts'eu : P'ou t'ao mei tsieou ye kouang pei, yu yin sŏ sŏ ma
chang ts'ouei...

Tr. Tchang Fou-jouei.
Rv. Hervouet.

Mong Hao-jan

RETOUR DE NUIT À LOU-MEN

La cloche qui sonne au couvent de la montagne annonce la
[venue du soir ;
Au bac du Pont des Pêcheurs, on se bat à grands cris
[pour passer.
Des gens suivent la rive de sable vers le village au bord du
[fleuve ;
Moi aussi, je prends un bateau pour retourner au mont
[Lou-men.

Sur le mont Lou-men, la lune brille à travers le brouillard et
[les arbres ;
Soudain me voici arrivé devant l'ermitage du Seigneur
[P'ang[1].
Écran de rochers, sentier de pins, là tout n'est que calme
[éternel[2] ;
Il n'y a là qu'un solitaire qui va et vient tout seul.

---

*Mong Hao-jan (689-740) échoua aux examens officiels et vécut en soli-
taire à la campagne. Un jour qu'à la capitale il rendait visite à son ami
Wang Wei, l'empereur Hiuan-tsong survint à l'improviste. Mong Hao-jan,*

effrayé, se cache sous le lit ; Wang Wei trahit sa présence et l'Empereur, en souriant, prie le poète de réciter quelques vers. Mais ce vers : « Je n'ai pas de talent, l'Empereur m'abandonne ! » n'eut pas l'heur de plaire au souverain qui, dit-il au poète, ne l'avait jamais abandonné puisque celui-ci ne lui avait jamais rien demandé. Mong Hao-jan s'en retourna à sa retraite du mont Lou-men, dans le Hou-pei.

1. Le Seigneur P'ang était un fonctionnaire des Han postérieurs qui se retira, avec sa femme et ses enfants, sur la montagne évoquée dans le poème, près de Siang-yang, au Hou-pei. — 2. Les rochers évoquent le calme des régions inaccessibles, et les pins la longévité, l'éternité.

Ye kouei lou men : Chan sseu ming tchong tcheou yi houen, yu leang tou t'eou tcheng tou siuan...

Tr. Tchang Fou-jouei.
Rv. Hervouet.

UNE NUIT SUR LA RIVIÈRE À KIEN-TO

Près de l'îlot brumeux, on met à l'ancre le bateau ;
   Au coucher du soleil, se renouvelle l'émoi du voyageur.
Immense est la campagne : le ciel s'abaisse vers les arbres ;
   Limpide est la rivière : la lune s'approche des hommes.

Kien-tŏ est une sous-préfecture de la province du Tchŏ-kiang, arrosée par la rivière Sin-ngan.

Sou kien tŏ kiang : Si tcheou po yen tchou, je mou k'o tch'eou sin...

Tr. Tch'eng Ki-hien.
Rv. Diény.

Au printemps le dormeur, surpris par l'aube,
Entend partout gazouiller les oiseaux.
Toute la nuit, bruit de vent et de pluie :
Qui sait combien de fleurs ont dû tomber !

Tch'ouen hiao : Tch'ouen mien pou kiue hiao, tch'ou tch'ou wen ti niao...

Tr. Tch'en Yen-hia.
Rv. Diény.

Li K'i

DANS L'ESPRIT ANTIQUE

C'est aux garçons de partir pour les expéditions lointaines.
  Lorsque j'étais, jeune encore, en exil à Yeou et à Yen[1],
J'avais parié de passer sous les sabots d'un cheval,
  Car déjà je méprisais ce corps de sept pieds.

Pour ce qui est de tuer, personne n'ose me défier ;
  Ma barbe est comme les piquants du hérisson.
Au pied de la chaîne des Nuées jaunes[2], volent de blancs
[nuages ;
  Tant que la tâche n'est pas finie, nous ne pouvons rentrer
[chez nous.

Une jeune fille de quinze ans, du pays de Leao-tong[3],
  Habile à jouer de la guitare[4], à chanter et danser,
Sur la flûte barbare nous joue la chanson des frontières ;
  Et voici que, dans nos trois armées, les larmes coulent
[comme pluie.

Li K'i a vécu dans la première moitié du VIIIe siècle. Il excelle dans les
poèmes traitant de guerre et de musique.

241

1. Deux préfectures du nord-est de la Chine des T'ang. — 2. Cette montagne se trouvait, semble-t-il, très loin à l'ouest, dans le Sin-kiang, près de la grand-route du Turkestan, au sud de Hami. — 3. Commanderie constituée au début des T'ang sur le territoire d'un des anciens royaumes de Corée. Nombreux furent les Coréens réduits en esclavage et amenés en Chine à la suite des troupes impériales, donc exilés eux aussi loin de leur pays. — 4. Le *p'i-p'a* ou guitare évoque la tristesse de l'exil, depuis l'histoire de cette princesse des Han mariée à un prince barbare qui, sur le cheval qui l'emmenait hors de Chine, composa un air sur cet instrument.

Kou yi : Nan eul che tch'ang tcheng, chao siao yeou yen k'o...

Tr. Tchang Fou-jouei.
Rv. Hervouet.

BALLADE MILITAIRE À L'ANTIQUE

De jour, nous montons sur les hauteurs pour guetter les
[fumées d'alarme[1] ;
Au crépuscule, nous abreuvons nos chevaux au bord du
[Kiao-ho[2].
Quand passe la marmite des veilleurs[3], dans le vent, le sable
[et les ténèbres,
On entend la cithare de la princesse et ses sanglots
[lugubres[4].

À nos postes frontières, sur mille stades il n'est pas un
[rempart ;
Pluie et neige mêlées emplissent le vaste désert.
Les oies sauvages et leurs appels plaintifs traversent toutes
[nos nuits ;
Et des yeux de nos jeunes mercenaires barbares les pleurs
[tombent goutte à goutte.

242

Lorsqu'on vient nous dire que la Porte de Jade est encore
[assiégée[5],
Il faut risquer nos vies à la course des chariots légers.
Tous les ans, que d'os de guerriers sont enterrés dans le
[désert !
A quoi bon voir entrer en Chine les grappes de raisin[6] ?

1. L'irruption des ennemis aux frontières était signalée de proche en
proche, la nuit par des feux, le jour par des fumées. — 2. Rivière et garni-
son lointaine aux confins chinois du temps des T'ang, à l'ouest de Tour-
fan dans le Turkestan actuel. — 3. Les veilles de la nuit dans les camps
militaires étaient annoncées par des coups frappés sur les mêmes vases de
cuivre qui servaient à faire la cuisine. — 4. Cf. pièce précédente, note 4. —
5. La porte de Jade, ou Yu-men, est un poste qui se trouvait aux portes
de Turkestan, dans le Kan-sou. — 6. Un des résultats de la conquête du
Turkestan sous les Han fut l'entrée en Chine de la vigne.

*Kou ts'ong kiun hing : Pai je teng chan wang fong houo, houang houen yin
ma p'ang kiao ho...*

Tr. Tchang Fou-jouei.
Rv. Hervouet.

Wang Tch'ang-ling

COMPLAINTE DE GYNÉCÉE

La jeune femme en son boudoir ignore les chagrins.
  Or, un jour de printemps, dans ses plus beaux atours, elle
            la gravi l'étage peint en bleu.
Elle aperçoit soudain, près du chemin, le coloris des saules,
Et se repent d'avoir voulu que son mari partît chercher
                              [un titre[1].

*Wang Tch'ang ling (Wang Chao-po, mort vers 756), bien que docteur
(tsin-che), était trop négligent pour occuper longtemps un poste de fonctionnaire.
Il vécut dans le Hou-nan, avant de périr de mort violente pendant la révolte de
Ngan Lou-chan.*

*Le saule symbolise couramment le printemps. Cet arbre pousse partout en
Chine. Il verdit le premier, et ses branches souples et gracieuses rappellent les
séductions et les plaisirs de la jeunesse. Le mot de « saule » entre dans diverses
périphrases qui désignent les choses de l'amour.*

1. Un titre de noblesse conféré pour mérites publics.

*Kouei yuan : Kouei tchong chao fou pou tche tch'eou, tch'ouen je ning
tchouang chang t'souei leou...*

                              Tr. Tch'en Yen-hia.
                              Rv. Diény.

AUX PASSES

I

Les cigales crient au bois des mûriers creux,
    Au huitième mois, sur le chemin de la passe de Siao[1].
Quand notre expédition repassera les passes,
    Partout auront jauni les roseaux et les herbes.

Depuis toujours, soldats de Yeou et de Ping[2],
    Ensemble vous avez vieilli dans la poussière et dans le
Mais vous n'imitez pas les chevaliers errants,   [sable.
    Et ne vous vantez pas de votre cheval bai.

1. Au Kan-sou. — 2. Au Ho-pei et au Chan-si. Deux préfectures réputées dans la tradition chinoise pour la vaillance de leurs soldats.

II

Pour abreuver mon cheval j'entre dans l'eau d'automne ;
    L'eau est froide, et le vent coupe comme un couteau.
Sur la plaine de sable s'attarde le soleil ;
    Dans le soir qui s'estompe, on aperçoit Lin-t'ao[1].

Lorsque naguère on guerroyait à la Grande Muraille,
    Il n'était question que de moral élevé.
Mais la poussière jaune a recouvert les siècles ;
    Et les blancs ossements parsèment la savane.

1. Au Kan-sou.

Sai hia k'iu : Tch'an ming k'ong sang lin, pa yue siao kowan tao...

                      Tr. Tchang Fou-jouei.
                      Rv. Hervouet.

Li Po

DONNÉ À MONG HAO-JAN

J'aime le maître Mong,
    Connu du monde entier pour son charmant génie.
Dès sa tendre jeunesse, il renonçait aux chars et chapeaux
                                                [officiels[1] ;
    Vieillard aux cheveux blancs, il se repose auprès des pins
                                                [et des nuages[2].

Quand, sous la lune, il boit, souvent le dieu le grise[2].
    Il adore les fleurs, et ne sert pas son prince[3].
Comment lever les yeux vers ce sommet sublime ?
    Nous saluons d'en bas son parfum délicat.

Li Po (Li T'ai-po, 701-762), le poète chinois le plus célèbre en Occident. Merveilleusement doué, il mérita le surnom d'« Immortel banni sur terre » (l'expression est de Ho Tche-tchang, cf. p. 230). Il mena longtemps une vie de bohème. Présenté à la cour, il jouit pendant quelques mois d'une faveur inouïe ; mais ses audaces ou la jalousie de ses rivaux minèrent bientôt son crédit. Compromis lors de la rébellion de Ngan Lou-chan (755-756), il fut exilé dans le Yun-nan, puis gracié. Selon la légende, il serait mort, une nuit d'ivresse, en essayant de saisir le reflet de la lune dans les eaux du Fleuve Bleu. — On trouvera plus loin plusieurs poèmes consacrés à Li Po (pp. 282, 516, 576).

Si l'on en croit les anecdotes qui le dépeignent comme un homme libre et insouciant, le poète Mong Hao-jan (cf. p. 238) ressemblait au portrait que Li Po a

tracé de lui. Il est vrai que bien des poètes chinois, et peut-être Li Po lui-même,
pourraient se reconnaître dans ce personnage, évoqué avec délicatesse et ferveur.

1. En réalité, Mong Hao-jan renonça aux chars et chapeaux officiels,
c'est-à-dire aux insignes de mandarin, parce qu'il échoua aux examens. —
2. Deux attitudes favorites du sage et du poète. — 3. Tout Li Po est dans
ce vers, avec son amour de la nature et son indépendance incoercible.

Tseng mong hao jan : Wou ngai mong fou tseu, fong lieou t'ien hia wen...

Tr. Leang P'ei-tchen.
Rv. Diény.

LA BALLADE DE TCH'ANG-KAN

Mes cheveux commençaient à me voiler le front ;
   Cueillant des fleurs, je m'amusais devant la porte.
Tu montais un cheval de bambou, et venais,
   Autour du puits, jouer avec des prunes vertes.
Nous habitions tous deux le village de Tch'ang-kan[1] ;
   Enfants, nous n'éveillions ni doute ni soupçon[2].
Lorsque j'eus quatorze ans, je devins ton épouse.
   Sans jamais te sourire, honteuse et rougissante,
Les yeux baissés, je cherchais l'ombre près du mur ;
   Cent fois tu m'appelais, mais je ne bougeais pas.
A quinze ans seulement je me suis déridée.
   Je nous voulais unis comme poussière et cendre,
Fidèles à jamais, comme « l'Homme au pilier ».
   Que m'importait alors la « Terrasse du guet[3] » ?
Mais lorsque j'eus seize ans, tu es parti au loin,
   Vers la gorge K'iu-t'ang, où le Yen-yu se dresse[4].
Pendant le mois de mai, nul ne peut l'affronter,
   Le cri des singes se lamente en plein ciel,
Les traces, sur le seuil, de tes pas attardés,
   Une à une, se sont vêtues de mousse verte,

Une mousse si drue que je ne peux l'ôter.
    Dans le vent automnal déjà tombent les feuilles.
En ce huitième mois, les papillons par couples
    Dans le jardin de l'Ouest voltigent d'herbe en herbe.
Ce spectacle m'émeut, mon cœur en est meurtri ;
    Seule avec mon chagrin, je perds mon teint de rose[5].
Un jour tu descendras du pays des San-pa[6] ;
    A l'avance écris-nous cette bonne nouvelle.
Pour aller jusqu'à toi, sans craindre la distance,
    J'atteindrai d'une traite aux Sables du Grand Vent[7].

Ce poème est une variation sur le thème de la séparation des époux. Ecrit en vers réguliers de cinq syllabes, c'est abusivement qu'il a été baptisé du nom de poème à chanter (yue-fou), bien qu'il s'apparente par la fraîcheur et la naïveté du récit aux antiques ballades populaires qui portent ce nom.

1. Tch'ang-kan : petite localité du Kiang-sou, proche de Nankin. Cf. ci-dessus, p. 208. — 2. On peut aussi comprendre : « Nous étions deux enfants sans soupçon ni malice. » — 3. Un proverbe (« unis comme cendre et poussière ») et deux allusions à la légende permettent au poète d'éclairer les sentiments de son personnage. « La Terrasse du guet » : plusieurs montagnes de Chine portent ce nom (littéralement : la Terrasse d'où l'on guette son époux), en souvenir d'une femme abandonnée qui tous les jours gravissait la montagne pour y guetter le retour de son mari. « L'Homme au pilier » : ce personnage légendaire attendit en vain sa bien-aimée sous un pont, et préféra périr dans les eaux montantes, cramponné à l'un des piliers, plutôt que d'abandonner son poste. — 4. « La gorge K'iu-t'ang » : l'une des trois gorges célèbres du Fleuve Bleu. Le Yen-yu est un récif escarpé qui se dresse au milieu de la gorge. — 5. La chute des feuilles, le vent d'automne, le jardin de l'Ouest, les papillons du huitième mois, autant de signes naturels qui correspondent, dans le registre des sentiments, à la tristesse de la séparation, à l'appréhension de la vieillesse et de la fuite du temps. — 6. « Les San-pa » : approximativement la province actuelle du Sseu-tch'ouan. — 7. « Les Sables du Grand Vent » : cette crique, située au bord du Fleuve Bleu, se trouve à plusieurs jours de voyage de Tch'ang-kan.

Tch'ang kan hing : Tsie fa tch'ou fou ngo, tchō houa men ts'ien kiu...

                    Tr. Tch'en Yen-hia.
                    Rv. Diény.

Yi-hiu, hou ! oh, que de dangers ! ah, quelle hauteur !
Plus dure est la route de Chou, que la montée jusqu'au ciel
   Ts'an Ts'ong et Yu Fou[1]   [azuré !
   Ont fondé ce royaume en des temps très anciens.
Depuis lors ont passé quarante et huit mille ans,
Sans qu'on communiquât par les passes de Ts'in.
À l'Ouest, au mont T'ai-po, par un sentier d'oiseau,
On franchissait de front la chaîne de l'O-mei.
Mais la terre croula et les monts s'effondrèrent, écrasant les
                                      [héros[2] ;
Alors on relia bout à bout d'aériennes échelles et des passe-
                                     [relles de roc.
En haut pointe la borne où le soleil, tiré par six dragons, fait
                                   [demi-tour[3] ;
En bas vire un torrent, dont les violents remous rebroussent
                                   [et culbutent.
   Si haut que volent les grues jaunes, la voie leur est
                                   [barrée ;
   Les singes qui voudraient passer, redoutent de grimper.
     Que de tours, de détours, au flanc du col de la Boue
Neuf lacets, sur cent pas, s'enroulent aux parois. [verte !
Du doigt l'on touche Orion, le Puits... Les yeux au ciel,
                         [souffle coupé,
On s'assied, la main sur son sein ; on halète longtemps.
O voyageur vers l'Ouest, à quand votre retour ?
Ces chemins périlleux, ces parois escarpées ne se peuvent
                                 [gravir !
On n'aperçoit que des oiseaux lugubres, qui crient d'un
                                  [arbre antique ;
Le mâle prend son vol, sa femelle le suit, ils tournoient dans
                                  [le bois.

On entend aussi le coucou, dont le chant, par les nuits de
    Afflige ces monts désertiques.   [lune[4],
Plus dure est la route de Chou, que la montée jusqu'au ciel
A en écouter le récit, se fanent les visages roses. [azuré !
Frôlant le ciel à moins d'un pied, les pics se suivent ;
Des pins décharnés se renversent, pendus au flanc des préci-
                                  [pices.

Torrents ailés et ruisseaux cascadants luttent dans le fracas ;
Rochers battus par l'eau, galets tourbillonnants, c'est
        au fond des ravins comme mille tonnerres.
    Devant de tels périls,
Hélas, ô voyageur ! pourquoi donc, de si loin, t'en venir en
                                [ces lieux ?

    La passe de l'Épée est haute et fière, raide et vertigi-
        Qu'un seul homme barre le défilé,   [neuse :
        Dix mille hommes ne le pourraient forcer.
Et si le défenseur est soldat déloyal,
On le voit se changer en loup et en chacal.
        Fuyez, le matin, les tigres féroces !
        Fuyez, le soir, les énormes serpents !
        Ils aiguisent leurs dents, pour sucer votre sang ;
        Comme on fauche le chanvre, ils massacrent les
La Cité du Brocart est joyeuse, dit-on[5] :   [hommes.
Mieux vaut pourtant, sans s'attarder, rentrer chez soi.
Plus dure est la route de Chou, que la montée jusqu'au ciel
                               [azuré !

Je me tourne à demi : les yeux fixés à l'Ouest, longue-
                             [ment je soupire[6].

*Peut-être le sens exact de ce chef-d'œuvre, un « poème à chanter » (yue-fou)
en vers irréguliers, nous échappe-t-il aujourd'hui. Les commentateurs considè-
rent parfois que Li Po l'aurait écrit pour déconseiller à l'empereur Hiuan-
tsong, en fuite devant les troupes de Ngan Lou-chan qui avaient occupé
Tch'ang-ngan, de se réfugier au pays de Chou (le Sseu-tch'ouan actuel). A.
Waley a montré l'inanité de cette interprétation : la révolte de Ngan Lou-
chan date de 756, alors que le poème figure déjà dans une anthologie de 753.*

Li Po, né, semble-t-il, d'une famille chinoise établie dans l'actuel Turkestan russe, avait passé sa jeunesse dans le pays de Chou, et il a plusieurs fois dépeint la grandeur sauvage de ses montagnes. La description prend dans ce texte une ampleur assez rare : elle joint à l'exactitude géographique (v. 7) des allusions à la mythologie (v. 11) ; elle ajoute l'auréole de la légende (v. 3-4, v. 9) à des tableaux réalistes (v. 28, v. 29-30) ; elle combine le merveilleux de la fable (v. 17) à l'objectivité du récit de voyage (v. 10, v. 15). Ce mélange des genres donne un charme ambigu au paysage : ces montagnes se trouvent aux frontières de la réalité et du rêve ; l'auteur sait à la fois nous persuader de leur existence et nous transporter dans un monde fantastique. Sa langue est riche et souple ; il a recours à toutes les ressources de la rhétorique : apostrophe, parallélisme, refrain, métaphore. La traduction affaiblit l'éclat du vocabulaire : les mots de « chaîne, borne, paroi, vertigineux, pic, ravin... » n'ont pas la couleur des mots chinois qui évoquent les aspects du relief ; on compte dans le poème une douzaine de caractères différents dans la composition desquels entre le signe de la montagne. — « La route de Chou » : la route décrite est celle qui permet de passer du pays de Ts'in (le Chen-si actuel) dans le pays de Chou (le Sseu-tch'ouan). Le mont T'ai-po, le mont de Ts'ing-ni et la passe du Poignard se trouvent aux confins des deux pays, le mont O-mei plus au sud.

1. « Ts'an Ts'ong et Yu Fou » : deux rois mythiques du pays de Chou. — 2. Selon la légende, cinq vaillants soldats de Chou luttèrent contre un serpent gigantesque. La montagne, ébranlée, s'écroula, ensevelissant les combattants. Ce cataclysme ouvrit des passages qui facilitèrent les communications. — 3. Six dragons tirent le char où prend place, chaque jour, le dieu du soleil. Les montagnes de Chou sont si hautes qu'elles constituent le terme de sa course vers l'ouest. — 4. Selon la légende, un ancien roi de Chou aurait été métamorphosé en coucou (*tou-kiue*). Son cri plaintif hante les poètes chinois (cf. Pao Tchao, « Les peines du voyage », p. 174.) — 5. « La Cité du Brocart » : Kin-tch'eng, aujourd'hui Tch'eng-tou, le chef-lieu du Sseu-tch'ouan. — 6. « Je me tourne à demi... » : ce léger mouvement des épaules, accompagné d'un profond soupir, est une attitude conventionnelle, qui symbolise la nostalgie du pays natal, ou le regret du passé.

Chou tao nan : Yi hiu hou wei hou kao tsai, chou tao tche nan nan yu chang ts'ing t'ien...

Tr. Tchang Fou-jouei.
Rv. Diény.

LIBATION SOLITAIRE
AU CLAIR DE LUNE

Parmi les fleurs un pot de vin :
   Je bois tout seul sans un ami.
Levant ma coupe, je convie le clair de lune ;
   Voici mon ombre devant moi : nous sommes trois.
La lune, hélas, ne sait pas boire ;
   Et l'ombre en vain me suit.
Compagnes d'un instant, ô vous, la lune et l'ombre !
   Par de joyeux ébats, faisons fête au printemps !
Quand je chante, la lune indolente musarde ;
   Quand je danse, mon ombre égarée se déforme.
Tant que nous veillerons, ensemble égayons-nous ;
   Et, l'ivresse venue, que chacun s'en retourne.
Que dure à tout jamais notre liaison sans âme :
   Retrouvons-nous sur la lointaine Voie Lactée !

*Libations solitaires ou collectives au clair de lune : c'est un thème tradition-
nel que Li Po renouvelle avec esprit dans ce « poème à chanter » (yue-fou). Le
buveur découvre à ses côtés deux compagnons « sans âme » (littéralement « pri-
vés de sentiment », une expression que les poètes emploient souvent, avec tristesse,
à propos de la nature). On reconnaît la marque de Li Po dans l'ambiguïté du
ton, à la fois gai, exubérant et mélancolique.*

Yue hia tou tchou : Houa kien yi hou tsieou, tou tchouo wou siang ts'in…

                                 Tr. Tch'en Yen-hia.
                                 Rv. Diény.

POÈME À L'ANTIQUE

Le matin, je joue en la Mer de Vase pourpre ;
   Le soir, je revêts un manteau de vapeurs rouges.

Agitant la main, je cueille un brin d'arbre Jo[1],
   Pour en arrêter l'éclat du soleil couchant.
Je monte un nuage et je vais m'ébattre aux huits pôles[2] ;
   Ma face de jade en est mille fois gelée.
Puis, tourbillonnant, je pénètre en l'Infini ;
   J'incline le front, priant le Seigneur suprême[3].
Il me fait entrer dans l'Extrême Pureté[4],
   En un bol de jade m'octroie un vin magique.
Puisqu'un seul festin dure ici dix mille années,
   Pourquoi retourner à mon village natal ?
Je veux à jamais, suivant la brise infinie,
   Par-delà le ciel tourbillonner à mon gré !

1. Arbre merveilleux qui pousse sur les monts K'ouen-louen, dans l'Occident légendaire. — 2. Nord, Sud, Est, Ouest, et les quatre pôles intercalaires. — 3. Divinité suprême du taoïsme. — 4. Une des régions éthérées du taoïsme auxquelles les « immortels » ont seuls accès.

Kou che : *Tch'ao nong tseu pi hai, si p'i tan hia chang...*

Tr. Royère, *Études françaises*, 4ᵉ année, nº 4
(Pékin, juillet 1943).

BALLADE D'UN JOUR DE PRINTEMPS

Les hauts étages du grand palais pénètrent dans l'azur ;
   Des dragons d'or serpentent sur les colonnes sculptées.
À la fenêtre une beauté se grise de soleil,
   Tandis que sa main fait chanter les cordes de sa cithare.
Le vent printanier fait tomber en l'oreille du Prince.
   Les sons de l'air intitulé « Le Chant d'Apothéose[1] ».
Lors, voguant sur le Lac Royal vers les îles magiques[2],
   La nef au château élevé fend les vagues craintives.
Trois mille Dames du Palais chantent en souriant :
   Cloches et tambours font un bruit à renverser les murs.

Le peuple réuni danse aux cris de « longue paix » :
    « Je n'ai point gouverné, et mon peuple est soumis.
Les trente-six Seigneurs du Ciel viennent à ma rencontre[3] ;
    Les Immortels descendent en planant sur des chars de
        — « Sire, ne partez point,   [nuage ! »
        Mais demeurez à Hao !
« Pensez-vous donc être l'Empereur Jaune[4]
    Et partir seul vers les Grandes Ténèbres[5] ?
Vos sujets vous font le souhait d'une vie éternelle.
    Qu'à jamais Votre Majesté laisse un nom mémorable ! »

1. Nom d'un ancien chant. — 2. Sous la dynastie Han, le lac K'ouen-
ming fut creusé à peu près sur l'emplacement de l'ancienne Hao, capitale
des Tcheou. Il contenait trois îles appelées, comme les îles magiques de la
mer d'Orient : P'ong-lai, Ying-tcheou et Fang-tchang. — 3. Divinités du
taoïsme. — 4. Empereur mythique cher aux taoïstes, qui monta au ciel sur
un dragon, accompagné de toute sa maison. — 5. Une des régions du ciel
taoïste.

*Tch'ouen je hing : Chen kong kao leou jou tseu ts'ing, kin tso kiao long
nong pai je...*

Tr. Royère, *loc. cit.*

DEVANT LE VIN

Ami, croyez-moi, n'écartez point cette coupe !
    Le vent printanier arrive tout souriant.
Pêchers et pruniers, telles de vieilles connaissances,
    Inclinent leurs fleurs et vers nous les entrouvrent.
Les gais loriots chantent dans les arbres verts ;
    La lune brillante observe nos coupes d'or.
Nous étions hier des jeunes gens au teint rose ;
    Voici qu'aujourd'hui les cheveux blancs nous vieillissent.

La ronce envahit le palais du roi de Tchao ;
    Les cerfs vont paissant la terrasse de Kou-sou[1].
Dans ces vieux palais des empereurs et des princes,
    Les portes à étages n'enferment plus que poussière !
Pourquoi refuser de boire cette liqueur ?
    Où sont maintenant les hommes du temps passé ?

1. Palais construits dans l'Antiquité par des tyrans de Tchao et de Wou, et qui tombèrent bientôt en ruine.

Touei tsieou : K'iuan kiun mo kiu pei, tch'ouen fong siao jen lai...

Tr. Royère, *loc. cit.*

Tr. Royère, *loc. cit.*

DÉBUT DE PRINTEMPS :
ENVOYÉ À WANG DE HAN-YANG

On dit que voilà le printemps, je l'ignorais encore ;
    Je vais près des pruniers d'hiver en chercher la rumeur.
Hier soir le vent d'Orient est entré à Wou-tch'ang[1] ;
    Les saules au bord des chemins ont la couleur de l'or.

Les flots sont verts à l'infini, les nuages s'étendent ;
    Ma belle ne vient pas, c'est en vain que je me tourmente.
J'essuie à l'avance un rocher de la verte montagne :
    Je veux avec vous, chaque jour, m'y griser d'abondance.

1. Ville située sur le Fleuve Bleu, près de Han-k'eou. Wang Tsai, à qui est dédié ce poème, résidait alors à Han-yang, en face de Wou-tch'ang.

Tsao tch'ouen ki wang han yang : Wen tao tch'ouen houan wei siang tche, tseou p'ang han mei fang ts'ing si...

Tr. Royère, *loc. cit.*

LES NOIX BLANCHES

Sur des manches de tulle rouge, on les voit clairement ;
    Mais sur un plat de jade blanc, elles sont comme inexis-
                                   [tantes.
Et l'on dirait qu'un vieux moine, en cessant de prier,
    Devant ses poignets a posé des perles de cristal.

Les noix pelées se voient bien sur la manche rouge d'une belle ; mais, posées sur un plat blanc, avec lequel elles se confondent, elles deviennent invisibles et évoquent la doctrine bouddhique de l'inexistence du monde phénoménal, d'où leur assimilation aux perles d'un chapelet de cristal tel qu'en utilisaient les moines.

Pai hou t'ao : Hong lo sieou li fen ming kien, pai yu p'an tchong k'an k'iue wou...

Tr. Royère, *loc. cit.*

EN OFFRANT LE VIN

Ne voyez-vous pas que les eaux du Fleuve Jaune, qui
                                 [descendent du ciel,
    Se hâtent vers la mer et jamais n'en reviennent ?
Ne voyez-vous pas que les miroirs brillants de la salle haute
                            [s'attristent sur vos cheveux blancs ?
    À l'aube, c'était une sombre soie ; au crépuscule, ils sont
                                [de neige.
L'homme n'est satisfait que s'il épuise tous les plaisirs de
                                  [l'heure ;
    Ne laissez donc pas vide le gobelet doré en face de la
                                  [lune !
Le ciel m'a comblé de dons, il faut les employer ;
    Si je jette au vent mille onces d'or, il m'en reviendra
                                  [d'autres[1] !

Cuisons le mouton, découpons le bœuf, pour y trouver
[notre plaisir ;
   Mais surtout d'une seule traite sachons vider nos trois
Eh ! Maître Chen, ami Tan-k'ieou[2],   [cents coupes !
   Voici du vin, que la coupe ne chôme point !
Et si pour vous je chante une chanson,
   Je vous en prie, tendez l'oreille, écoutez-moi !
Cloches, tambours, plats recherchés, ne représentent rien
[pour moi :
   Je ne veux qu'une longue ivresse, et ne plus jamais être
[sobre.
Les saints, les sages du passé sont bien tranquilles mainte-
   Seuls ont laissé un nom les grands buveurs.   [nant ;
Quand jadis le prince de Tch'en[3] tenait festin au palais de
[P'ing-lo,
   Avec dix mille boisseaux de vin on pouvait s'ébaudir à
[l'aise.
Pourquoi notre hôte dirait-il qu'il manque d'argent ?
   Allons ! qu'on aille tout de suite acheter de quoi verser à
Votre cheval pommelé, votre fourrure de prix,   [boire.
Appelez le garçon ! qu'il aille les échanger contre du vin de
[qualité !
Noyons ensemble la tristesse de dix mille générations !

   1. De même que les eaux du fleuve descendent du ciel pour se perdre
dans la mer, de même la vie de l'homme est brève : il ne faut pas perdre
de temps pour jouir des dons du ciel, avant qu'il soit trop tard. Tout ce
poème — un *yue-fou* en vers irréguliers, à cellule heptasyllabique — est
une invite à ne pas reculer devant le prix du vin. — 2. Deux amis du
poète. Le second était un taoïste. — 3. Il s'agit de Ts'ao Tche, célèbre
poète de la fin des Han et du début des Wei. Cf. p. 140.

   *Tsiang tsin tsieou : Kiun pou kien houang ho tche chouei t'ien chang lai,
pen lieou tao hai pou fou houei...*

Tr. Tchang Fou-jouei.
Rv. Hervouet.

Anthologie de la poésie chinoise classique.   9.

AU PAVILLON DE SIE T'IAO,
DANS LA PRÉFECTURE DE SIUAN,
BANQUET D'ADIEUX POUR LE RÉVISEUR YUN,
MON ONCLE[1]

Le jour d'hier qui m'abandonne, je ne saurais le retenir ;
  Le jour d'aujourd'hui qui me trouble, combien d'amer-
                                        [tume il me cause !
Le vent interminable, sur dix mille stades, escorte l'oie
                                        [d'automne[2] ;
  Face à ce spectacle, enivrons-nous sur le haut belvédère !

Vos écrits rappellent ceux des Han, de l'ère Kien-ngan[3] ils
                                        [ont la force ;
  Vous ajoutez à tout cela l'élégance de Sie T'iao.
Partout vous montrez une libre inspiration, des élans de
                                        [pensée vigoureuse ;
  Vous voulez monter au ciel bleu pour contempler le soleil
                                        [et la lune.

Si je tire mon épée pour couper l'eau, l'eau continuera à
                                        [couler ;
  Si je lève ma coupe pour noyer mon chagrin, je n'en aurai
                                        [qu'un peu plus de chagrin.
Car la vie, en ce monde, n'est pas ce qu'on voudrait ;
  À l'aube claire, cheveux au vent, je m'en irai sur ma
                                        [barque légère.

1. Le poète Sie T'iao (Ve siècle, cf. p. 179) avait construit ce pavillon
lorsqu'il était gouverneur de Siuan-tcheou, au Ngan-houei. — Li Yun,
oncle de Li Po, portait le titre de secrétaire réviseur dans l'un des collèges
impériaux. — 2. Symbole de l'éloignement, de la séparation, donc du

départ du réviseur Li Yun. — 3. L'ère Kien-ngan (196-219) est, à la fin des Han, une des grandes époques de la poésie chinoise.

Siuan tcheou sie t'iao leou tsien pie kiao chou yun : K'i wo k'iu tchö tso je tche je pou k'o lieou, louan wo sin tchö kin je tche je to fan yeou...

Tr. Tchang Fou-jouei.
Rv. Hervouet.

ADIEU
AU MONT DE LA MÈRE CÉLESTE
APRÈS UNE EXCURSION EN RÊVE[1]

Les voyageurs revenus de la mer parlent de l'île de Ying[2],
    Perdue dans la brume et les flots, dont l'abord est si diffi-
                      [cile...
Les gens de Yue s'entretiennent du mont de la Mère céleste,
    Qui, sous ses nuées de lumière ou d'ombre, est rarement
                      [visible.
Ce mont, qui monte droit au ciel, vers la constellation de
                      [T'ien-heng[3],
    Dépasse les Cinq Pics sacrés[4] et écrase le Rempart rouge.
Le mont de la Terrasse céleste, qui se dresse à quatre cent
                [quarante-huit mille pieds,
    Mis en face de celui de la Mère céleste, chancelle et
                  [s'incline vers le Sud-Est.
Tout cela me faisant rêver des pays de Wou et de Yue,
    D'un coup d'aile, une nuit de lune, j'ai traversé le Lac du
La lune sur le lac, attachée à mon ombre,   [Miroir[5].
    M'accompagna jusqu'au torrent de Chan,
Où se trouve aujourd'hui encore la demeure de Sire Sie[6].
    Les eaux vertes bouillonnent, on entend hurler les singes.

Les pieds dans les sabots de Sie,
     Je gravis l'échelle des nuages d'azur[7].
A mi-chemin de la falaise, je vois le soleil surgir de la mer ;
     Dans l'éther retentit le chant du Coq céleste[8].
Mille escarpements, dix mille détours : indécise est ma
                                                        [route...
     Égaré par les fleurs, je m'appuie aux rochers, quand
                                          [soudain la nuit tombe.
Un ours grogne, des dragons grondent ; les cascades
                                          [tonnent sur les rocs.
     Je tremble dans les bois profonds ; je m'alarme des pics
                                                        [accumulés.
Sombres, sombres sont les nuages : il va pleuvoir ;
     Et la pluie tombe en trombe, le brouillard se répand.
Dans les éclairs et le tonnerre, les collines et les pics s'écrou-
                                                        [lent ;
     Le battant de roc qui clôt l'antre des cieux avec fracas se
                                                        [fend en deux.
Grotte obscure et immense, dont on ne voit pas le fond[9] !
     Le soleil et la lune brillent sur des terrasses d'or et
Vêtues de l'arc-en-ciel et chevauchant le vent, [d'argent.
     Les déesses des nuages descendent en désordre.
Les tigres jouent de la cithare, les phénix traînent des chars ;
     Les Immortels en rangs serrés sont comme chanvre dans
                                                        [la plaine.
Mais soudain mon esprit s'agite, et mon âme s'émeut ;
     Effrayé, je sursaute et longuement soupire.
Au réveil, il n'y a que l'oreiller et la natte ;
     Les brumes et les nuées de tout à l'heure ont disparu...
Ainsi en va-t-il des plaisirs de ce monde :
     Toutes choses, depuis toujours, vers l'Orient s'écoulent[10].
Je vous quitte et m'en vais, et quand donc reviendrai-je ?
     Je fais paître mon cerf blanc[11] parmi les précipices bleus ;
Et, si je veux partir, je monterai sur son dos pour visiter les
                                                        [montagnes célèbres.

Comment pourrais-je baisser les sourcils, fléchir les reins
[pour servir les puissants,
S'il faut ainsi empêcher mon cœur et mon visage de s'épa-
[nouir ?

1. Le T'ien-mou chan, ou mont de la Mère céleste, au Tchö-kiang,
était un des lieux saints du taoïsme ; on y entendait les chants de la Mère
céleste. Le Tch'e-tch'ang, ou Rempart rouge, et le T'ien-t'ai, ou Terrasse
céleste, sont deux montagnes voisines, au Tchö-kiang, elles aussi lieux de
séjour des Immortels taoïstes. Aussi tout le poème s'inspire-t-il des tradi-
tions du taoïsme populaire. Wou et Yue sont les noms de deux royaumes
anciens situés dans cette région. — 2. L'île Ying-tcheou est dans la
mythologie chinoise une des îles mystérieuses de la mer Orientale. — 3.
T'ien-heng ou l'Etang céleste, constellation qui traverse la Voie Lactée,
appelée en Occident le Cocher. — 4. Les Chinois révèrent cinq monta-
gnes sacrées : une au centre de la Chine, les quatre autres à chaque point
cardinal. Toutes sont très éloignées des montagnes du Tchö-kiang dont il
s'agit ici. — 5. Le King-hou, ou lac du Miroir, était un lac artificiel du
Tchö-kiang, aujourd'hui disparu. — 6. Sie Ling-yun, célèbre poète des
Six Dynasties ; cf. p. 170. Hôte des montagnes de ces régions, Sie Ling-
yun s'était fabriqué des sabots de bois, qui comportaient des crampons
pour la montée et d'autres pour la descente. — 7. Les sommets qui se
perdent dans les nuages. — 8. Le Coq céleste perche sur les branches d'un
arbre immense au sommet d'une montagne. Le soleil, à son lever, éclaire
d'abord cet arbre et aussitôt le Coq céleste chante. A son chant répondent
tous les coqs de la terre. — 9. C'est dans des grottes immenses qu'habi-
tent les divinités de la mythologie taoïste. La description qu'en fait le
poète à la suite des taoïstes s'inspire de la poésie ancienne de Tch'ou. Cf.
p. 57 et suiv. — 10. Tout passe avec rapidité, comme l'eau des grands
fleuves de la Chine coule vers l'est. — 11. Le cerf blanc est, déjà dans les
poèmes de Tch'ou, la monture des Immortels.

*Mong yeou t'ien mou yin lieou pie : Hai k'o t'an ying tcheou, yen tao wei
mang sin nan k'ieou...*

Tr. Tchang Fou-jouei.
Rv. Hervouet.

261

AU PAVILLON DE LA GRUE JAUNE :
ADIEU À MONG HAO-JAN
PARTANT POUR KOUANG-LING

Vieil ami, me laissant à l'Ouest, au Pavillon de la Grue
[jaune,
Dans les fleurs vaporeuses d'avril, vous descendez à
[Yang-tcheou.
La voile solitaire, lointaine silhouette, se perd dans l'espace
[azuré ;
Je ne vois plus que le Grand Fleuve qui coule à la
[rencontre du ciel.

Mong Hao-jan (689-740) est un poète célèbre (cf. p. 238), ami de Li Po. Le Pavillon de la Grue jaune dominait le Fleuve Bleu à Wou-tch'ang (Hou pei) ; il devait ce nom à une tradition selon laquelle un Immortel chevauchant une grue jaune s'était arrêté là (voir ci-dessous, p. 280). Mong Hao-jan s'en allait de là vers l'est, à Yang-tcheou au Kiang-sou, appelé également Kouang-ling. — Voir l'adaptation de Paul Claudel citée dans l'Introduction, ci-dessus, p. 17.

Houang ho leou song mong hao jan tche kouang ling : Kou jen si ts'eu houang ho leou, yen houa san yue hia yang tcheou...

Tr. Tchang Fou-jouei.
Rv. Hervouet.

COMPLAINTE DES DEGRÉS DE JADE

Les degrés de jade se sont couverts de rosée blanche.
Leur froid pénètre mes bas de soie fine. La nuit s'achève.
Je déroule alors mon store de perles de cristal.
A travers l'écran diaphane, je contemple la lune d'automne.

Une poésie de Sie T'iao (Ve siècle) portait le même titre (ci-dessus, p. 179).
Le froid de la rosée, la lune d'automne, tout évoque une tristesse qui n'est
expresse que dans le titre.

Yu kiai yuan : Yu kiai cheng pai lou, ye kieou ts'in lo wa...

Tr. Ruhlmann.
Rv. Hervouet.

DÉPART MATINAL
DU REMPART DE PAI-TI

Je quitte à l'aube Pai-ti dans ses nuées multicolores,
    Pour regagner Kiang-ling : mille stades en un jour.
Sur les deux rives, les singes s'appellent sans cesse ;
    Déjà mon esquif glisse entre dix mille étages de mon-
                            [tagne.

Pai-ti tch'eng, le rempart de l'Empereur blanc, était un poste clef sur le
Fleuve Bleu à l'entrée des gorges du Sseu-tch'ouan. La ville de Kiang-ling se
trouvait à trois ou quatre cents kilomètres en aval ; la force du courant permet-
tait à une barque de faire ce trajet dans la journée.

Tsao fa pai ti tch'eng : Tch'ao ts'eu pai ti ts'ai yun kien, ts'ien li kiang
ling yi je houan...

Tr. Ruhlmann.
Rv. Hervouet.

UNE NUIT ENTRE AMIS

Pour chasser la tristesse éternelle du monde,
    Attardons-nous à boire, par centaines de pots !
La belle nuit nous invite à causer ;

La lune est si claire qu'on ne peut dormir.
L'ivresse venue, nous coucherons sur la montagne nue,
   Avec le ciel pour couverture, et la terre pour oreiller.

Yeou jen houei sou : Ti t'ang ts'ien kou tch'eou, lieou lien pai hou yin...

Tr. Ruhlmann.
Rv. Hervouet.

DONNÉ À UNE BELLE
RENCONTRÉE SUR LE SENTIER

Mon beau coursier, au pas altier, foule un tapis de fleurs
                                            [tombées.
   Ma cravache qui pend va droit frôler la voiture irisée[1]
D'une belle qui, souriant, soulève son rideau de perles,
   Et montre au loin un manoir rouge, en disant : « C'est là
                                            [ma demeure. »

1. « Voiture aux cinq nuages » : peinte de cinq couleurs. Mais ce
terme évoque aussi les chars de nuages qui, dans la mythologie chinoise
antique, portent les Immortels à travers les cieux.

*Mo chang tseng mei jen : Ts'iun ma kiao hing ta lo houa, tch'ouei pien tche
fou wou yun tch'ŏ...*

Tr. Ruhlmann.
Rv. Hervouet.

Le vieux Ki, chez les ombres,
    Distille encor son vin.
Mais là, point de Li Po !
    Son vin, à qui le vendre ?

K'ou siuan tch'eng chan niang ki seou : Ki seou houang ts'iuan li, houan ying niang lao tch'ouen...

Tr. Ruhlmann.
Rv. Hervouet.

À LA MONTAGNE

Au soir, nous descendons les pentes verdoyantes ;
    Et nous rentrons, suivis par la lune des monts.
Je me retourne : sur le sentier d'où nous venons
    S'étend, tout bleu, un horizon confus.

Nous parvenons, la main dans la main, à la ferme,
    Où des enfants nous ouvrent la porte rustique :
Bambous verts qui envahissent l'obscure sente ;
    Sombre lierre qui frôle en passant nos habits...

Nous goûtons le repos de causer entre amis ;
    Les coupes de bon vin sont levées sans arrêt.
Longuement nous chantons « Le Vent dans les Sapins[1] ».
    L'air est fini : voici pâlir le Fleuve[2] et les étoiles.

J'ai bu tout mon content ; tu es joyeux aussi.
    Gais, ensemble oublions les embarras du monde !

265

Le titre exact de ce poème est le suivant : « En descendant du Tchong-nan chan, nous passons chez le montagnard Hou-sseu, qui nous héberge et nous sert du vin. » Le Tchong-nan chan, ou mont du Bout du Sud, était la villégiature favorite des habitants de Tch'ang-ngan, comme leur Tibur.

1. Titre de poésie chantée. — 2. La Voie Lactée. Les étoiles se font rares, c'est l'aube : le poète et ses amis ont bu et chanté toute la nuit.

Hia tchong nan chan kouo hou sseu chan jen sou tche tsieou : Mou ts'ong pi chan hia, chan yue souei jen kouei...

Tr. Ruhlmann.
Rv. Hervouet.

RÉVEIL DE L'IVRESSE
UN JOUR DE PRINTEMPS

Si la vie en ce monde est un grand songe,
    A quoi bon la gâcher en se donnant du mal ?
Aussi pour moi tout le jour je suis ivre,
    Et me couche effondré au pilier de la porte.

Au réveil, je regarde au-delà du perron ;
    Un oiseau chante parmi les fleurs.
« Dis-moi, quelle est donc la saison ? »
    « C'est le vent du printemps qui fait parler le loriot
             [vagabond[1]. »

J'en suis ému, et je vais soupirer ;
    Mais, face au vin, je m'en verse à nouveau.
A voix haute je chante en attendant le clair de lune.
    Ma chanson finie, tout est oublié...

1. Le vent du printemps évoque l'amour. Cf. p. 221, note 3.

Tch'ouen je tsouei k'i yen tche : Tch'ou che jo ta mong, hou wei lao k'i tcheng...

Tr. Tchang Fou-jouei.
Rv. Hervouet.

EN CHERCHANT MAÎTRE YONG-TSOUEN
À SON ERMITAGE[1]

Parmi les pics dont l'émeraude touche au ciel,
  Vous vivez librement, oubliant les années.
J'écarte les nuées pour chercher la route ancienne ;
  Je m'appuie aux arbres pour écouter les sources.

Dans la tiédeur des fleurs, les bœufs noirs sont couchés ;
  Sur les pins élevés, les grues blanches s'endorment[2].
Tandis que nous parlons, le crépuscule est tombé sur le
                                                    [fleuve ;
  Et seul je redescends dans le froid et la brume.

1. Yong-tsouen était un moine taoïste, vivant en ermite dans la monta-
gne. — 2. Tous les éléments de cette description sont empruntés aux
thèmes taoïstes : les bœufs noirs et les grues blanches sont les montures de
Lao-tseu et des Immortels ; les pins et les grues sont de plus les symboles
de la longévité recherchée par les ermites.

*Siun yong tsouen che yin kiu : K'iun ts'iao pi mo t'ien, siao yao pou ki
nien...*

Tr. Tchang Fou-jouei.
Rv. Hervouet.

VAINE VISITE AU MOINE TAOÏSTE
DU TAI-T'IEN CHAN

Un aboi de chien dans le bruit de l'eau...
  Après la pluie, la fleur du pêcher est plus rouge.
Au plus profond de la forêt, on voit parfois un cerf ;
  Près du torrent, à midi, pas de cloche...

Les bambous sauvages percent l'épais brouillard ;
    La cascade s'accroche au sommet d'émeraude.
Nul n'a pu me dire où l'ermite s'en est allé :
    Je me suis appuyé, triste, à deux ou trois pins...

Le Tai-t'ien chan, ou « Mont coiffé du Ciel », est situé dans le nord du Sseu-tch'ouan.

Fang tai t'ien chan tao che pou yu : K'iuan fei chouei chang tchong, t'ao houa tai yu nong....

Tr. Tchang Fou-jouei.
Rv. Hervouet.

Wang Wei

ADIEU

Vous êtes descendu de cheval, je vous ai versé de mon vin ;
   Je vous ai demandé où vous vous en alliez.
Vous m'avez dit votre désillusion,
   Que vous alliez vous retirer sur les pentes des Monts du
Allez, je n'ai plus de questions à vous poser ;   [Sud.
   Sans fin là-bas s'étirent les nuages blancs...

Wang Wei (Wang Mo-kie, 701-761), l'un des plus grands artistes de la dynastie, aussi réputé comme peintre que comme poète. D'inclination bouddhique, c'est un méditatif raffiné. Il fut nommé secrétaire d'État par l'empereur Hiuan-tsong. Ngan Lou-chan le força à entrer dans les rangs de la rébellion, ce qui lui valut, au retour de la paix, un bref séjour en prison. Il consacra sa vieillesse aux beaux-arts, dans sa célèbre villa de Wang-tch'ouan, le Val de la Jante, à une cinquantaine de kilomètres au sud-est de Tch'ang-ngan (cf. p. 273).

Ce poème exprime la tristesse d'un adieu pour celui qui reste au milieu des tracas de la ville. Les Monts du Sud (Nan-chan) sont le Tchong-nan chan, dont il est question ci-dessus, p. 266, au sud de Tch'ang-ngan. Les nuages blancs chargés de lumière s'opposent aux sombres nuées des soucis et des peines ; ils sont surtout le symbole de la liberté errante.

Song pie : Hia ma yin kiun tsieou, wen kiun ho so tche...

Tr. Tchang Fou-jouei.
Rv. Diény.

CRÉPUSCULE D'AUTOMNE
DANS LA MONTAGNE

Sur la montagne vide, après la pluie nouvelle,
  La fraîcheur du soir dit la venue de l'automne.
La lune claire brille entre les pins ;
  La source limpide coule sur les cailloux.

Les bambous bruitent au retour des laveuses ;
  Les lotus dansent après un bateau de pêcheur.
Les parfums printaniers en leur temps ont cessé ;
  Mais les nobles sauront toujours les conserver.

Le deuxième distique est porté aux nues par les critiques et les esthéticiens.

Chan kiu ts'ieou ming : K'ong chan sin yu heou, t'ien k'i wan lai ts'ieou...

Tr. Tchang Fou-jouei.
Rv. Diény.

BALLADE DE LA BELLE DE LO-YANG

Le belle de Lo-yang[1] a sa demeure en face ;
  On voit à son minois qu'elle a quinze ans tout juste.
Le mari tient un frein de jade, et monte un cheval pie[2] ;
  La servante, dans un plat d'or, hache menu les carpes.

Bâtiments peints, pavillons rouges, se contemplent l'un
                                                [l'autre ;
  Pêchers roses, saules verts, s'inclinent près des toits.
L'écran de soie lui fait escorte, vers sa toiture aux sept
                                                [parfums[3] ;
  Les éventails précieux l'accueillent, à son retour dans ses
                                                [rideaux neuf fois fleuris.

Son époux, fier de son nom, de sa fortune et de son vert
[printemps,
    Prend de grands airs, et dépasse Tsi-louen pour l'orgueil
[et le faste[4].
Plein d'amour pour sa Verte-Pierre-de-Jade[5], il lui apprend
[la danse ;
    Et sans regrets, il fait des cadeaux de corail à tout venant[6].

Sous la fenêtre printanière, à l'aurore, on éteint les neuf
[flammes légères[7] ;
    Et de toutes les neuf, en flocons floconneux, s'envolent
[des lambeaux de fleurs.
Après les jeux, il n'est plus temps de travailler le chant ;
    La toilette achevée, on ne fait que s'asseoir près des
[fumées d'encens.

En ville, elle a pour société la plus brillante élite,
    Qui de jour et de nuit circule en sa maison, comme chez
[Tchao et Li[8].
Mais qui donc se soucie de la fille de Yue, au teint de jade[9],
    Qui, pauvre et sans renom, lave son linge au bord du
[fleuve ?

Il est rare qu'un poème descriptif s'étende avec autant d'ampleur que ce portrait. Mais la longueur du texte ne fait pas tort à sa densité : chaque vers apporte au tableau de cette existence fastueuse un nouveau trait de luxe ou de beauté.

1. Lo-yang, capitale orientale des T'ang, était une cité prestigieuse dont maints poètes ont dépeint la splendeur. — 2. Pour suggérer la prestance d'un jeune seigneur, les poètes chinois décrivent volontiers sa monture. — 3. « L'écran de soie » dissimule la jeune dame aux regards, lorsqu'elle part en promenade. « La voiture aux sept parfums » : cette expression ancienne désigne une voiture d'apparat construite en bois odoriférants. Le chiffre « sept », comme le chiffre « neuf » au vers suivant, évoque l'abondance et le luxe (cf. Pao Tchao, « Les peines du voyage »,

p. 174). — 4. « Tsi-louen », autre nom de Che Ts'ong, un millionnaire extravagant qui vivait sous les Tsin occidentaux (265-317) (cf. Yu Sin, « La Chanson du buveur », p. 200). — 5. « Verte-Pierre-de-Jade » : surnom d'une jeune beauté d'humble origine. — 6. « Il fait cadeau de son corail » : allusion à la prodigalité légendaire de Tsi-louen. — 7. « Les neufs flammes légères » : allusion au candélabre à neuf branches, qui servait dans certaines cérémonies sous l'empereur Wou des Han (179-157 av. J.-C.). — 8. « Tchao et Li » : Tchao Fei-yen et Li P'ing furent l'une impératrice, l'autre concubine impériale, au temps des Han. Elles étaient issues d'humbles familles. On peut comprendre ce vers différemment : « Et de jour et de nuit, elle fréquente la maison des Tchao et des Li. » Les deux noms propres, dans ce cas, désigneraient deux familles alors puissantes. — 9. « La fille de Yue » : allusion à la belle Si-che. Avant que le roi de Yue ne l'eût envoyée à la cour du roi de Wou pour que son charme y fît oublier le soin des affaires, elle n'était qu'une pauvre lavandière (époque des Royaumes Combattants). — Les deux derniers vers rompent brusquement l'enchantement. S'agit-il, devant ce déploiement insolent de richesse, d'un hommage apitoyé au naturel et à la simplicité ? Est-ce une promesse de revanche faite à l'humble lavandière aujourd'hui méconnue, et demain peut-être triomphante ? Ou enfin, à supposer que l'héroïne de ce texte ait été d'humble extraction, comme le laissent supposer les allusions à la Verte-Pierre-de-Jade, à Tchao, à Li et à Si-che, cette conclusion n'est-elle pas un trait de satire dirigé contre une société frivole, à qui la prospérité fait oublier ses origines ?

Lo yang niu eul hing : Lo yang niu eul touei men kiu, ts'ai k'o yen jong che wou yu...

Tr. Tch'en Yen-hia.
Rv. Diény.

LES PAYSANS DU VAL DE WEI

Quand le soleil oblique éclaire le village,
   Encombrant les ruelles, rentrent bœufs et moutons.
Le vieil homme des champs guette son petit pâtre :
   Sur sa canne il attend, à la porte d'épine[1].
Le blé monte en épis, et les faisans caquettent ;
   Le mûrier s'éclaircit, les vers à soie s'endorment[2].

Voici les laboureurs, une houe sur l'épaule ;
    On s'aborde, on se parle, on ne peut se quitter.
J'envie en cet instant leur calme insouciance ;
    Amer, je récite à mi-voix l'ode « Che-wei[3] ».

La Wei est le fleuve qui coule au nord de Tch'ang-ngan.

1. Une porte rustique faite de branches épineuses. — 2. Il ne reste
guère de feuilles au mûrier et les vers à soie s'endorment, repus, avant de
sécréter leur soie. — 3. « L'ode Che-wei » : une ode du Che-king, de sens
obscur, concise et nostalgique.

Wei tch'ouan t'ien kia : Sie kouang tchao hiu lo, k'iong hiang nieou yang
kouei...

                                        Tr. Tch'eng Ki-hien.
                                        Rv. Diény.

LA GLORIETTE AUX BAMBOUS

Assis seul à l'écart au milieu des bambous,
    Je joue de la cithare et chante à pleine voix ;
Dans la forêt profonde, où les hommes m'oublient,
    Seul un rayon de lune est venu m'éclairer.

Cette gloriette se trouve près du Val de la Jante, Wang-tch'ouan, la célèbre
villégiature où Wang Wei se retira à la fin de sa vie pour écrire et peindre.

Tchou li kouan : Tou tso yeou houang li, t'an k'in fou tch'ang siao...

                                        Tr. Tch'eng Ki-hien.
                                        Rv. Diény.

Les hommes reposent, les fleurs du cassier tombent :
  Nuit calme de printemps, sur la montagne vide.
La lune, à son lever, trouble l'oiseau des monts ;
  De temps en temps son cri répond aux torrents printa-
  [niers.

Un calme paysage de printemps où passe une ombre d'inquiétude : la montagne vide, la chute des fleurs, l'effroi des oiseaux sont des signes qui traduisent l'angoisse et la mélancolie.

Niao ming kien : Jen hien kouei lin lo, ye tsing tch'ouen chan k'ong...

Tr. Tch'eng Ki-hien.
Rv. Diény.

EN MONTAGNE

Du vallon broussailleux, des rochers blancs émergent ;
  Épars dans le ciel froid, quelques feuillages rouges...
Sur le sentier de la montagne, il n'a pas plu ;
  Mais l'azur de l'espace inonde mes habits[1].

1. La luminosité et la pureté du ciel montagnard inspirent souvent aux poètes des images hardies (cf. Kia Tao, « Pour l'hermitage de Li Ning », p. 332 ; Yang Sou, « Au président Siue », p. 219).

Chan tchong : King k'i pai che tch'ou, t'ien han hong ye hi...

Tr. Tch'eng Ki-hien.
Rv. Diény.

Wang Tche-houan

MONTÉE AU PAVILLON DES CIGOGNES

Le soleil blanc vers les monts penche et disparaît ;
  Le Fleuve Jaune à l'océan court se jeter.
Si tu veux d'un coup d'œil embrasser mille stades,
  Monte encore un étage.

*Wang Tche-houan a vécu au milieu du VIIIe siècle. Il faisait partie d'un
célèbre groupe de poètes, qui comprenait notamment Wang Tch'ang-ling.*

*Le Pavillon des Cigognes (Houan-ts'iue leou), situé dans le sud-est du
Chan-si, au coude du Fleuve Jaune, a été souvent célébré par les poètes des
T'ang pour la beauté de son panorama.*

Teng kouan ts'iue leou : Pai je yi chan tsin, houang ho jou hai lieou...

Tr. Tch'eng Ki-hien.
Rv. Diény.

Lieou Tch'ang-k'ing

Au coucher du soleil, les sommets bleuâtres s'éloignent ;
Sous le ciel hivernal, la maison blanche s'appauvrit.
Près de la porte en bois, j'entends les aboiements du chien ;
Dans la neige et le vent, quelqu'un rentre chez soi de nuit.

Lieou Tch'ang k'ing (Lieou Wen-fang), docteur en 733, originaire du Ho-pei, a occupé plusieurs postes importants, civils et militaires. Il était de caractère dur et intraitable ; un calomniateur le fit jeter en prison, mais ses amis obtinrent sa réhabilitation. Poète réputé pour sa simplicité.
Le Mont aux Nénuphars, Fou-jong chan, se trouve dans le Fou-kien.

P'ong siue sou fou jong chan tchou jen : Je mou ts'ang chan yuan, t'ien han pai wou p'in...

Tr. Tch'eng Ki-hien.
Rv. Diény.

Kao Che

BALLADE DE YEN

Au pays chinois, fumées et poussières[1] remplissent tout le
[Nord-Est ;
Les généraux chinois ont quitté leurs maisons pour
[chasser les bandits malfaisants.
Il est dans la nature des hommes d'aimer les aventures
[violentes ;
Et l'Empereur les comblera de faveurs exceptionnelles.

On frappe les gongs, on bat le tambour dans la descente
[vers la Passe des Ormes ;
Et les bannières serpentent à travers le Mont de la Pierre
[dressée[2].
Les messages ailés[3] des commandants volent au-dessus de
[l'Océan des Sables,
Tandis que les feux de chasse du Grand Khan brillent sur
[le Mont des Loups.

Montagnes et rivières s'étendent désolées jusques à la fron-
[tière ;
Et les cavaliers barbares, audacieux, s'avancent dans la
[tempête.

La moitié de notre armée périt au cœur de la mêlée :
    Mais, sous la tente, les femmes continuent à chanter et à
                                                   [danser[4].

Dans le grand désert, l'automne s'avance et l'herbe des
                                      [frontières meurt ;
    Au soleil couchant, sur les remparts esseulés, les soldats se
                                        [font rares.
Grande est la faveur impériale, et grand leur mépris de
                                      [l'ennemi ;
    Mais leurs forces s'épuisent, et le défilé est encore assié-
                                        [gié.

Sous l'armure de fer, aux lointaines garnisons, que de
                                    [fatigues ils endurent !
    Leurs larmes répondent aux sanglots qu'ils ont laissés à
                                    [leur départ.
Les jeunes épouses, au Sud de la Muraille, sentent leur cœur
                                    [se briser ;
    Les combattants, au Nord de Ki[5], en vain tournent la
                                    [tête.

Le vent de la frontière souffle en tourbillons : comment s'y
                                    [hasarder ?
    Dans l'immensité de ce pays perdu, que leur reste-t-il
                                    [encore ?
Trois fois par jour, les souffles de mort montent jusqu'aux
                                    [nuages ;
    Et la nuit porte au loin la musique glaciale des vases
                                    [d'airain.

Tout soldat voit, trempée de sang, l'épée de son com-
                                    [pagnon ;
    La mort est leur devoir : comment songeraient-ils à leurs
                                    [mérites ?

N'avez-vous jamais vu ce que sont les combats dans le
[désert de sable,
Que jusqu'à ce jour vous n'ayez de pensée que pour le
[général Li[6] ?

Kao Che (Kao Ta-fou, mort en 765) était originaire du Ho-pei. Après
une enfance misérable, il suivit dans ses voyages une actrice dont il était épris. Il
fut aussi secrétaire d'ambassade au Tibet, soldat, et ne s'adonna à la poésie
que dans sa vieillesse, à plus de cinquante ans.

Cette ballade a été composée, selon le poète lui-même, d'après le récit fait en
738, par un soldat, d'une expédition au-delà des frontières. Yen est un nom de
la région du Nord-Est. Les « ballades de Yen » sont un vieux thème de yue-
fou.

1. Fumées et poussières des destructions faites par les incursions des
ennemis. « Au pays chinois » : mot à mot « chez les Han ». — 2. Yu-
kouan ou la Passe des Ormes, Kie-che chan ou le Mont de la Pierre dres-
sée, sont situés à la limite actuelle du Ho-pei et de la Mandchourie, près
de la côte. — 3. Les porteurs de dépêches urgentes portaient une plume
pour montrer la rapidité avec laquelle on devait les transmettre. — Han-
hai, l'Océan immense, est un nom ancien du désert de Gobi au centre de
la Mongolie ; Lang-chan ou le Mont des Loups se trouvait, semble-t-il,
au nord du Souei-yuan, dans la Mongolie. Les noms géographiques de
cette poésie sont choisis pour leur valeur d'évocation poétique plutôt que
pour déterminer des lieux précis. — 4. Il s'agit des femmes des chefs de
l'armée. — 5. Au nord du Ho-pei. — 6. Le général Li est probablement
Li Mou, du royaume de Tchao, qui, sous la dynastie des Tcheou, repous-
sa les Barbares et s'acquit ainsi une renommée durable. La poésie s'adresse
donc aux généraux qui font fi des souffrances du peuple.

Yen ko hing : Han kia yen tch'en tsai tong pei, han tsiang ts'eu kia p'o
ts'an tsö...

Tr. Tchang Fou-jouei.
Rv. Hervouet.

Ts'ouei Hao

LE PAVILLON DE LA GRUE JAUNE

Monté sur une grue jaune, jadis, un homme s'en alla pour
[toujours ;
  Et il ne resta ici que le Pavillon de la Grue jaune[1].
La grue jaune, une fois partie, n'est jamais revenue ;
  Depuis mille ans les nuages blancs flottent au ciel, à perte
[de vue.

Par temps clair, sur le Fleuve, on distingue les arbres de
[Han-yang[2] ;
  Sur l'Ile des Perroquets, les herbes parfumées forment
[d'épais massifs.
Voici le soir qui tombe. Où donc est mon pays natal ?
  Que la brume et les vagues sont tristes sur le Fleuve !

*Ts'ouei Hao, un contemporain de Li Po, docteur en 726, joueur et buveur.
Selon la tradition, ce poème laissa Li Po muet d'admiration (cf. p. 556).*

1. Cf. p. 262. — 2. En face de Wou-tch'ang, sur l'autre rive du Fleuve
Bleu. L'île des Perroquets, Ying-wou tcheou, était autrefois au milieu du
fleuve entre les deux villes. Elle est maintenant rattachée à la rive de
Han-yang.

*Houang ho leou : Si jen yi tch'eng houang ho k'iu, ts'eu ti k'ong yu houang
ho leou...*

Tr. Tchang Fou-jouei.
Rv. Hervouet.

Tou Fou

EN APPRENANT QUE L'ARMÉE IMPÉRIALE
A REPRIS LE HO-NAN ET LE HO-PEI

Nouvelle soudaine à Kien-nan : Ki-tcheou[1] repris !
   Des larmes de joie inondent mes habits.
Je me tourne vers ma femme et mes enfants : où es-tu, tris-
                            [tesse ?
   Tant bien que mal j'enroule mes livres, fou de joie.

Au clair soleil, je chante à pleine voix ; il me faut du vin à
                           [ma guise.
   Le vert printemps sera le compagnon de notre bon retour
                         [à la maison.
Après les gorges de Pa, nous enfilerons le Défilé aux
                         [Chamanes ;
   Puis nous descendrons vers Siang-yang, en direction de
                         [Lo-yang[2].

*Tou Fou (Tou Tseu-mei, Tou Chao-ling, 712-770) dispute à Li Po la
réputation d'être le plus grand poète chinois. La misère, la vie errante, les échecs
officiels, la disgrâce, le deuil : ces malheurs personnels l'ont rendu compatissant
aux maux de ses contemporains, qu'il évoque avec un sens puissant de la vie
nationale et sociale. Vis-à-vis du fougueux Li Po, épris de liberté taoïste, Tou
Fou représente l'engagement confucianiste. Son style n'est pas génialement
impulsif comme celui de Li Po ; il est concerté, mais d'une prégnance sans*

pareille, et témoigne d'un art consommé dans le choix et dans la disposition des mots, dont chacun porte.

1. Au printemps de 763, Tou Fou, alors au centre du Sseu-tch'ouan (district appelé Kien-nan sous les T'ang), apprend que les provinces du centre et du nord-est de l'empire ont été reprises par les troupes impériales. C'était la fin de la rébellion de Ngan Lou-chan, commencée près de huit ans plus tôt. — Ki-tcheou était le district correspondant au nord de la province actuelle de Ho-pei (Ki-pei dans le texte). — 2. Allusion probable à une propriété que Tou Fou possédait à l'est de Lo-yang. Dans le voyage qu'il envisage, Tou Fou suivra la rivière P'ei jusqu'à la région de Pa (l'actuel Tch'ong-k'ing), puis descendra le Fleuve Bleu par les gorges de Wou-hia, le Défilé aux Chamanes, à la sortie du Sseu-tch'ouan ; de ces régions montagneuses, il gagnera ensuite, par voie de terre, Siang-yang au nord du Hou-pei et n'aura plus qu'à traverser la plaine du Ho-nan pour retrouver la région de Lo-yang, centre de l'empire restauré des T'ang. Voyage de quelque deux mille kilomètres qu'il fait ici en deux vers, mais qu'en réalité il ne put mettre à exécution.

Wen kouan kiun cheou ho nan ho pei : Kien wai hou tch'ouan cheou ki pei, tch'ou wen t'i k'i man yi chang...

Tr. Tchang Fou-jouei.
Rv. Hervouet.

EN RÊVANT DE LI PO

I

La mort m'ôte-t-elle un ami, j'avale mes gémissements ;
   Si c'est la vie qui m'en sépare, je le pleure indéfiniment.
Du Kiang-nan, ce pays que ravage la fièvre,
   Le lointain exilé n'envoie point de nouvelles[1].

Or cet ami fidèle a paru dans mes rêves :
   Signe qu'il sait combien je pense à lui toujours.
Toi que voilà comme un oiseau pris au filet,
   Comment donc as-tu fait pour libérer tes ailes ?

Je crains que ce ne soit qu'une ombre inanimée ;
  Le voyage est si long... Comment sortir de doute ?
L'ombre surgit d'un bois d'érables verdissants,
  Puis repartit vers les passes obscures.

La lune à son couchant inondait les poutres de ma cham-
                                                    [bre ;
  Je devinais dans ses rayons comme un visage.
Profondes sont les eaux, et leurs vagues puissantes ;
  Prends garde aux crocodiles, qu'ils ne t'attrapent[2] !

II

Les nuages flottants tout le jour se promènent ;
  Le voyageur errant ne revient toujours pas.
Voici trois nuits déjà que tu hantes mes rêves :
  Quelle chaude affection me témoigne ton cœur !

Au moment des adieux, maintes fois tu te troubles :
  La route est dure, dis-tu, la marche malaisée.
Les fleuves et les lacs ne sont que vents et vagues ;
  Et si l'on perd la rame, la barque se renverse.

Hors de la porte, je t'ai vu grattant ta tête blanche ;
  Tu semblais accablé par le poids de la vie.
Toques et baldaquins[3] emplissent la capitale ;
  Mais te voici, toi seul, plongé dans la détresse !

Qui donc ose évoquer la justice du Ciel ?
  Au seuil de la vieillesse, on te tient en disgrâce !
Que ton nom vive mille ou dix mille ans, c'est peu,
  S'il te faut le payer d'une vie misérable !

1. Compromis dans la révolte de Ngan Lou-chan. Li Po avait été
condamné en 755 à un exil lointain, dans les montagnes malsaines du

Kouei-tcheou ou du Yun-nan. Kiang-nan (« le Sud du Fleuve ») désigne tout le sud du Fleuve Bleu. — 2. Les crocodiles abondaient dans les fleuves du sud de la Chine. — 3. Insignes des mandarins.

Mong li po : Sseu pie yi touen cheng, cheng pie tch'ang ts'ö ts'ö...

Tr. Diény.
Rv. Hervouet.

L'ASCENSION

Dans le vent violent, sous les cieux élevés, les singes hurlent
[leur tristesse ;
Au-dessus de l'îlot limpide aux sables clairs, un oiseau
[vole en tournoyant.
A perte de vue, les arbres laissent tomber leurs feuilles qui
[sifflent au vent ;
Le Grand Fleuve[1], sans trêve, roule vers moi ses flots.

A mille stades des miens, je pleure sur l'automne, et l'exil me
[semble éternel ;
Toute ma vie, je fus souvent malade ; c'est seul encore
[que je monte à cette terrasse.
J'ai plus de soucis et de tourments que de cheveux sur mes
[tempes blanchies ;
Ecrasé, bon à rien, j'ai renoncé aux coupes de vin trouble.

Cette pièce date des dernières années du poète.

1. Le Fleuve Bleu.

Teng kao : Fong ki t'ien kao yuan siao ngai, tchou ts'ing che pai niao fei houei...

Tr. Tchang Fou-jouei.
Rv. Hervouet.

CHANSON DU TOIT DE CHAUME
ABÎMÉ PAR LE VENT D'AUTOMNE

Au huitième mois, au fort de l'automne, un vent hurlant de
[colère
A roulé les trois couches de chaume de ma toiture.
Le chaume s'est envolé de l'autre côté du fleuve, et s'est
[répandu sur la rive,
Ou bien, emporté plus haut, reste accroché à la cime des
[arbres,
Ou encore, plus bas, s'en est allé rouler dans des bas-fonds !

Les enfants du village du Sud insultent ma vieillesse impuis-
[sante ;
Ils poussent l'effronterie jusqu'à me voler sous mes yeux.
Sans se cacher, à pleines brassées, ils emportent mon chaume
[dans les bambous ;
En vain je crie, les lèvres brûlées, la bouche sèche : rien
[n'y fait.
Je m'en reviens et, appuyé sur mon bâton, je soupire longue-
[ment.

Bientôt le vent s'apaise, mais les nuages restent noirs comme
[l'encre ;
Et le ciel d'automne, sans bruit, peu à peu, sombre dans
[l'obscurité.
Ma couverture de toile, usée par les années, est froide
[comme fer ;
Mes enfants gâtés, dormant mal, à coups de pied l'ont
[déchirée.
Au-dessus du lit le toit coule ; pas un endroit de sec ;
Et la pluie tombe comme fils de chanvre jamais coupés.
Depuis la rébellion[1], le sommeil me fuit ;
Quand cette longue nuit, toute trempée, finira-t-elle
[enfin ?

285

Comment construire un immense édifice, de mille et dix
[mille travées,
Qui abriterait les pauvres lettrés du monde entier, où tous
[vivraient joyeux,
Et que ni pluie ni vent n'ébranleraient, solide comme roc ?
Ah ! quand verrai-je devant mes yeux surgir cette demeure ?
Que ma chaumière soit détruite alors, que le froid me tue :
[je mourrai content.

La métrique est celle d'une « chanson » (ko) en longs vers irréguliers.

1. La rébellion du Ngan Lou-chan commença en décembre 755. Cette
pièce date au plus tôt de l'automne de 760. Le poète vit alors réfugié au
Sseu-tch'ouan, où il cherche à gagner sa vie en cultivant une petite terre
dans la banlieue de Tch'eng-tou, dont on montre encore le site. Les
derniers vers sont connus de tous les Chinois.

*Mao wou wei ts'ieou fong so p'o ko : Pa yue ts'ieou kao fong nou hao,
kiuan wo wou chang san tch'ong mao...*

Tr. Tchang Fou-jouei.
Rv. Hervouet.

LA RIVIÈRE SINUEUSE[1]

I

Un pétale de fleur s'envole : un peu de printemps dispa-
[raît...
Le vent l'emporte en mille brins, quelle tristesse !
Mes yeux ne voient que fleurs qui vont mourir.
Que le vin passe donc mes lèvres, bien que trop boire me
[soit funeste !

Dans les maisonnettes du bord de la rivière, les martins-
[pêcheurs font leur nid ;
Le long du parc, près du haut tertre funéraire, la licorne[2]
[est couchée
Si l'on pense bien au train des choses, il n'y a qu'à prendre
[son plaisir ;
Pourquoi me laisser entraver par de superficiels hon-
[neurs ?

II

En rentrant de la cour, chaque jour, j'engage mes habits de
[printemps ;
Chaque soir, du bord de la rivière, ivre je m'en reviens ;
Et où que j'aille, je laisse partout des dettes de vin.
Rares après tout sont, dans l'histoire, les gens qui vivent
[septuagénaires !

Les papillons s'enfouissent au plus profond des fleurs ;
Les libellules effleurent l'eau de leur vol indécis[3].
On dit que toutes choses dans la nature passent au même
[rythme :
En cette courte vie, goûtons donc de tous les plaisirs, ne
[nous refusons rien !

I. La Rivière Sinueuse, K'iu-kiang, était le nom d'une pièce d'eau au
sud-est de Tch'ang-ngan. Tou Fou se promenait sur ses bords, probable-
ment au printemps de 758, au milieu des ruines causées par la révolte de
Ngan Lou-chan. — 2. Les maisons ne sont plus habitées par des humains,
mais par des oiseaux. Les licornes de pierre qui devraient veiller sur les
tombes sont tombées à terre et personne ne les répare. — 3. Papillons et
libellules sont des insectes dont la vie est brève ; leur vol semble indiquer
qu'ils veulent échapper au sort qui les attend.

*K'iu kiang : Yi p'ien houa fei kien k'iue tch'ouen, fong p'iao wan tien
tcheng tch'eou jen...*

Tr. Tchang Fou-jouei.
Rv. Diény.

Herbe légère et douce brise, au bord de l'eau :
   Seul, dans la nuit, le mât dressé d'une chaloupe.
La plaine se déploie, escortée des étoiles ;
   Le Grand Fleuve s'écoule, aux remous de la lune.

Comment par mes écrits rendre illustre mon nom ?
   Malade et vieux, le mandarin doit s'effacer.
Tournoyant tourbillon, à qui donc ressemblé-je ?
   Pris entre ciel et terre, à la mouette des sables.

Tou Fou écrivit ce poème lors d'un voyage sur le haut Fleuve Bleu, selon certains commentateurs en 765, selon d'autres en 768, de toute façon à la fin de sa carrière, après bien des épreuves et des déceptions.

Lu ye chou houai : Si ts'ao wei fong ngan, wei k'iang tou ye tcheou...

Tr. Tch'eng Ki-hien.
Rv. Diény.

EN ALLANT DE LA CAPITALE À FONG-SIEN
MÉDITATION POÉTIQUE EN CINQ CENTS MOTS

De Tou-ling il nous vient un homme bien quelconque[1]...
   Et qui, plus il vieillit, plus il devient stupide.
Il fut assez sot pour passer sa vie
   A imiter les grands ministres Sie et Tsi[2].
Finalement tout cela n'aboutit à rien :
   A sa vieillesse échoit encore un dur labeur.
Jusqu'à ce qu'il soit enfermé dans le cercueil,
   Son but et ses espoirs seront toujours les mêmes.

Toute l'année il plaint le peuple aux cheveux noirs ;
    Il soupire, et son cœur est brûlant de pitié.
Il fait rire ses vieux camarades,
    Quand il entonne à pleine voix des chants passionnés.
Toujours il rêve de flâner par mers et fleuves,
    Et de passer en paix les journées et les mois ;
Mais il vit sous un prince tel que Yao et Chouen[5]
    Qu'il ne peut accepter de quitter pour toujours.
De nos jours rien ne manque au Temple impérial ;
    Le matériel est là pour l'édifice de l'Etat[4].
Les héliotropes s'inclinent vers le soleil ;
    C'est leur nature, difficile à changer.

Avez-vous observé la tribu des fourmis ?
    Chacune ne cherche que son trou.
Pourquoi donc voudraient-elles imiter la baleine,
    Et aller se coucher sur le vaste océan[5] ?
Ainsi a-t-il compris l'art d'ordonner sa vie ;
    Il ne rougit que s'il doit demander de l'aide.
Malgré toute l'ardeur qu'il a gardée encore,
    Il se résigne à s'abîmer dans la poussière.
Il regrette de n'avoir pas suivi Tch'ao et Yeou[6] ;
    Mais jamais il n'a pu renoncer à ce qu'il croit être son
Qu'il se noie dans la boisson pour se consoler, [devoir
    Et qu'il clame ses chants pour briser sa tristesse !

L'année va s'achever, toutes les plantes meurent ;
    L'aquilon furieux déchire les hautes crêtes.
Les chemins célestes[7] sont dans une ombre épaisse,
    Quand le voyageur part au milieu de la nuit.
Un givre impitoyable a rompu sa ceinture ;
    Ses doigts raides n'arrivent pas à la nouer.
Avant l'aube, il passe le mont Li[8] ;
    A son sommet séjourne l'Empereur.

Anthologie de la poésie chinoise classique.   •

Les bannières de Tch'e-yeou remplissent l'air froid des
[passes[9] ;
    Les pas des soldats rendent glissants les défilés.
Les vapeurs de l'Étang de Jade au ciel s'élèvent ;
    Les gardes impériaux sont serrés, coude à coude,
Tandis que festoient gaiement le prince et sa cour,
    Et qu'au loin en écho résonne la musique.
Seuls les grands mandarins sont admis aux bains chauds ;
    Nul des invités au festin n'a de tunique courte en bure[10].
Mais la soie distribuée dans le palais rouge[11]
    A été tissée par des femmes misérables,
Dont les maris furent fouettés
    Pour leur extorquer le tribut dû au palais.
La faveur impériale et ses nombreux cadeaux
    Devraient servir à faire vivre la nation.
Si les ministres négligent ces grands principes,
    Pourquoi le prince serait-il si prodigue ?
Parmi tous les lettrés qui encombrent la cour,
    Ceux qui ont le sens de l'humain doivent trembler[12].
Or, j'ai appris que les plats d'or du palais
    Émigrent tous chez les Wei et les Ho[13].
Dans les salles de l'intérieur vivent des déesses ;
    Un brouillard parfumé couvre leur corps de jade.
Des fourrures de martre les protègent du froid ;
    La flûte plaintive poursuit la cithare limpide.
On offre aux hôtes soupe de pied de chameau[14],
    Mandarine givrée sur orange embaumée...
Aux portes de pourpre pourrissent vin et viande ;
    Mais dans les rues gisent les os des morts de froid.
De l'arbre en fleur à l'arbre mort, la distance est d'un
    Le dépit m'arrête d'en dire davantage.   [pied[15]...

Je me dirige, au Nord, vers la King et la Wei[16] ;
    Mais le bac officiel a de nouveau changé de place.
De nombreux torrents coulent, venant de l'Ouest[17] ;

Plus je regarde au loin, plus le pays s'escarpe et se dé-
[nude.
Viennent-elles bien, ces eaux, du mont K'ong-t'ong au
Peut-être ont-elles brisé les piliers du Ciel[18] ?... [loin ?
Le pont n'est par bonheur pas encore emporté ;
Mais des gémissements sortent des étançons !
Les voyageurs en s'entraidant rampent avec peine :
Que la rivière est large et dure à traverser !

Ma vieille épouse est établie en un lointain district ;
Le vent, la neige ont séparé les dix bouches que nous
Comment pouvais-je plus longtemps les délaisser ? [fûmes.
Là-bas, du moins, ensemble nous aurons faim et soif...
Lorsque j'entre, j'entends des cris et des sanglots ;
Mon plus jeune fils, me dit-on, est mort de faim.
Comment pourrais-je retenir un gémissement ?
Tout le village s'en est lamenté.
Quelle honte d'avoir été un tel père !
Et que, faute de manger, si jeune il soit parti...
Aurais-je cru qu'après la récolte d'automne
Les pauvres seraient encore dans pareille détresse ?

Je fus, toute ma vie, exempté des impôts ;
Mon nom n'est pas sur les registres de l'armée.
Cependant, si je pense à mon passé pénible,
Combien plus dur est le sort des gens du peuple !
Je songe à ceux qui ont perdu leur moyen de vivre,
Et aux soldats en garnison lointaine :
Mon chagrin est aussi haut que le mont Tchong-nan[19] ;
Ses fortes vagues ne se peuvent calmer.

Tou Fou écrivit ce poème au début de l'hiver 755, juste avant qu'éclatât la rébellion de Ngan Lou-chan. Il venait d'arriver à Fong-sien, à environ 150 kilomètres au nord-est de Tch'ang-ngan, où il avait enfin reçu un poste dans l'administration impériale, alors que ses conditions de vie matérielle commençaient à devenir dramatiques en raison des troubles.

1. Littéralement un homme en habit de toile (et non de soie), c'est-à-dire du peuple. Tou Fou est né à Tou-ling, à quelques heures de marche au sud de Tch'ang-ngan. Il parle de lui-même d'une façon impersonnelle. — 2. Sie et Tsi sont deux personnages légendaires des origines. Le premier aurait été ministre de l'Instruction, le second, ministre de l'Agriculture, sous le règne de Chouen. Sur le second (Prince Millet), cf. p. 45. Ils sont le type du dévouement au bien du peuple, que Tou Fou présente comme l'idéal de toute sa vie. — 3. Yao et Chouen sont les grands souverains de l'âge d'or qui ont mérité d'avoir des ministres comme Tsi et Sie. Il y a ici, semble-t-il, de la flatterie chez Tou Fou. — 4. Les hommes de talent sont nombreux à la cour. Il n'est que de les employer. — 5. Image de l'opposition entre l'idéal confucianiste d'action et l'idéal taoïste de retraite. Tou Fou constate ironiquement qu'il a opté pour le premier. — 6. Tch'ao-fou et Hiu Yeou, deux ermites des temps légendaires. Le poète regrette de ne pas s'être fait ermite, mais il lui était impossible d'abandonner son désir d'entrer au service de l'Empereur. — 7. Les routes du ciel où voyagent les étoiles, donc le ciel. — 8. Tou Fou passe dans la plaine, au pied de cette petite montagne, à une cinquantaine de kilomètres à l'est de Tch'ang-ngan, où l'empereur Hiuan-tsong avait fait construire un palais qu'il habitait pendant l'hiver. Une source chaude était, et est encore, le principal intérêt de cette montagne. Aussi est-il question plus loin des vapeurs qui montent de cette source chaude, appelée Étang de Jade, et des bains chauds auxquels les mandarins sont invités. — 9. Tch'e-yeou est un monstre rebelle qui combattit contre le souverain mythique Houang-ti. C'est le type du rebelle. Tou Fou a le pressentiment de la rébellion qui se prépare et de son importance. — 10. La robe de soie longue était l'apanage des gens riches. — 11. Le rouge, couleur joyeuse en Chine, était répandu à profusion dans le palais impérial. D'où le « palais rouge », les « portes de pourpre »... Les courtisans recevaient des distributions de soie, réquisitionnée par le palais (cf. Po Kiu-yi, « Le vieux charbonnier », p. 308). — 12. Devant ces graves abus. — 13. Wei Ts'ing et Ho K'iu-ping étaient des parents par alliance matrimoniale de l'empereur Wou des Han, au 11ᵉ siècle avant notre ère. Tou Fou désigne ainsi, non sans courage, la famille de la favorite de l'empereur Hiuan-tsong, Yang Kouei-fei. Celle-ci et les autres femmes de la famille Yang sont les « déesses » dont Tou Fou décrit la vie à l'intérieur du palais. — 14. Soupe célèbre, dont la recette est attribuée au poète Ts'ao Tche. — 15. Les courtisans sont florissants, non loin des ossements desséchés des pauvres. — 16. Du mont Li, Tou Fou se dirige au nord vers la King et la Wei, deux rivières coulant au nord de Tch'ang-ngan et qu'il avait à traverser pour gagner Fong-sien. — 17. Les rivières de cette région, comme dans la plus grande partie de la Chine, coulent d'ouest en est. — 18. Le K'ong-t'ong

est une montagne du Kan-sou où prend sa source la rivière King. Le poète se demande si les eaux qu'il voit viennent effectivement du mont K'ong-t'ong. — D'après les légendes anciennes, le pilier qui supportait le ciel aurait été brisé par un géant appelé Kong-kong. Il y a sans doute là une allusion à la ruine qui menace l'Empire. — 19. Cf. p. 266.

Tseu king fou fong sien hien yong houai wou pai tseu : Tou ling yeou pou yi, lao ta yi tchouan tcouo...

Tr. Tchang Fou-jouei.
Rv. Hervouet.

Ts'en Chen

RENCONTRE D'UN AMBASSADEUR
QUI SE REND À LA CAPITALE

Mes yeux vers l'Est cherchent mon vieux jardin : longue,
[longue est la route...
Mes manches sont trempées de larmes que je n'essuie
[plus.
A cheval nous nous rencontrons, mais nous n'avons ni
[papier ni pinceau :
Veuillez dire là-bas que je suis en paix et en bonne santé.

*Ts'en Chen (715-766) a longtemps vécu dans les marches du Nord-Ouest.
Il dépeint dans ses poèmes la vie des frontières.*

*P'ong jou king che : Kou yuan tong wang lou man man, chouang sieou long
tchong lei pou kan...*

Tr. Tchang Fou-jouei.
Rv. Hervouet.

294

Ts'ien K'i

INSCRIPTION POUR LE CHALET
DE TS'OUEI L'ERMITE

Le sentier aux simples, couvert de mousse rouge,
    La fenêtre en montagne, emplie d'azur léger...
Ami, je vous envie votre vin, sous les fleurs,
    Et tous ces papillons qui volent dans vos rêves.

Ts'ien K'i (Ts'ien Tchong-wen) est un poète du VIIIe siècle, docteur en 752. L'un des « Dix Génies » de l'ère Ta-li (766-799).

Ce gracieux compliment, à l'adresse d'un hôte de montagne, se conforme aux règles du quatrain dit « vers interrompus » : un croquis rapide suivi d'un « envoi » (cf. Kia Tao, « Pour l'ermitage de Li Ning », p. 332). Les motifs du sentier moussu (cf. Kia Tao, même texte), de la fenêtre lumineuse (cf. Yang Sou, « Au Président Siue », p. 219), des fleurs et du vin (cf. Li Po, « Libation solitaire au clair de lune », p. 252), appartiennent à la tradition. L'image délicate du dernier vers est plus originale, avec son rappel du fameux rêve de Tchouang-tseu. Les « simples » rappellent les expériences diététiques des taoïstes solitaires.

T'i ts'ouei yi jen chan t'ing : Yao king chen hong t'ai, chan tch'ouang man ts'ouei wei...

Tr. Tch'eng Ki-hien.
Rv. Diény.

Sseu-k'ong Chou

PUITS DE PIERRE

La mousse colorée couvre au printemps les pierres ;
    L'ombre du paulownia descend dans le puits froid.
L'ermite solitaire, avant de puiser l'eau,
    Profite du soleil dont il reste un rayon.

Sseu-k'ong Chou (Sseu-k'ong Wen-tch'ou), l'un des « Dix Génies » de l'époque Ta-li (766-779).

Che ts'ing : T'ai sō p'ien tch'ouen che, t'ong yin jou han ts'ing...

Tr. Tch'eng Ki-hien.
Rv. Diény.

Tchang Ki

NUIT À L'ANCRE
AU PONT DES ÉRABLES[1]

La lune se couche, un corbeau croasse, le gel emplit le ciel ;
   Les érables du fleuve et les feux des pêcheurs font face à
                      [mon triste sommeil.
Du monastère de la Montagne froide, hors des murs de
                              [Kou-sou,
   Le son d'une cloche, à minuit, parvient jusqu'au bateau
                            [du voyageur.

Tchang Ki (Tchang Yi-souen), poète du VIIIe siècle.

1. A quelques stades à l'ouest de Sou-tcheou, au Kiang-sou : voir ci-dessous, p. 518. Kou-sou est le nom ancien de Sou-tcheou.

Fong k'iao ye po : Yue lo wou t'i chouang man t'ien, kiang fong yu houo touei tch'eou mien...

Tr. Tchang Fou-jouei.
Rv. Hervouet.

Wei Ying-wou

À UN MOINE TAOÏSTE
DE LA MONTAGNE TS'IUAN-TSIAO

Ce matin le bureau du chef-lieu est bien froid ;
  Soudain je pense à l'hôte de la montagne.
Lie-t-il des fagots de ronces près du torrent
  Pour faire cuire à son retour des pierres blanches[1] ?

Je voudrais prendre une calebasse de vin,
  Et aller égayer son soir de mauvais temps.
Mais les feuilles tombées couvrent les monts déserts :
  Pourrais-je retrouver les traces de ses pas ?

Wei Ying-wou, mort centenaire vers 835, fut d'abord officier de la garde impériale, puis fonctionnaire civil à la cour et en province, avec des intervalles de retraite. Épris de pureté, on raconte qu'il ne prenait place qu'après avoir brûlé de l'encens et fait balayer le sol autour de son siège. Ses poèmes ont été comparés par leur limpidité à ceux de T'ao Ts'ien (cf. p. 159).
Sur la montagne Ts'iuan-tsiao, près de la préfecture de Tch'ou-tcheou au Ngan-houei, non loin de Nankin, où le poète était alors en poste, se trouvait une grotte profonde, séjour du taoïste auquel s'adresse le poème.

1. Allusion à un moine taoïste de l'Antiquité qui, parti en mer et n'ayant plus de vivres, aurait fait cuire des pierres blanches pour s'en nourrir.

Ki ts'iuan tsiao chan tchong tao che : Kin tchao kiun tchai leng, hou nien chan tchong k'o...

Tr. Tchang Fou-jouei.
Rv. Hervouet.

298

Soudainement j'ai rejeté ma charge,
   Et j'ai caché mes traces dans les champs.
L'astre naissant éclaire ma chaumière ;
   Dans un bosquet je vis modestement.

Il est bien vrai que ma richesse est nulle ;
   Mais j'ai toujours pu boire mon content.
Je suis heureux que la moisson mûrisse,
   Et je bénis l'œuvre du Tout-Puissant.

Mon existence est celle d'un du peuple,
   Et mes travaux ne sont points différents :
Au torrent Sud je coupe les bambous ;
   Puis je reviens, le soir, à l'Est du Fong.

La pauvreté me pousse à la retraite,
   Mais non l'amour d'exemples éminents.
Lorsque j'ai lu votre chère missive,
   Mes traits ont lui de son rayonnement.

Jour après jour, j'ai voulu vous répondre ;
   Mais l'hiver fuit, déjà vient le printemps !

Ta tch'ang kiao chou tang : Ngeou jan k'i kouan k'iu, t'eou tsi tsai t'ien tchong...

Tr. P. Royère, *Etudes françaises* (cf. p. 102),
4ᵉ année, n° 6, novembre 1943.

À QUI JE PENSE

C'est le printemps, mais pour qui reverdir,
  Saules penchés au bord de la rivière ?
Hélas ! aux lieux qu'hier j'ai parcourus,
  Je ne vois plus les mêmes gens qu'hier.

En circulant dans l'immense cité,
  Les cavaliers soulèvent la poussière.
Je ne dis point qu'ils me sont inconnus ;
  Mais à mon cœur aucun d'entre eux n'est cher.

Yeou so sseu : Tsie wen t'i chang lieou, ts'ing ts'ing wei chouei tch'ouen...

Tr. Royère, *loc. cit.*

EN PASSANT AU MONT LANG-YE

Sur la route, au portail rocheux, il n'est pas une trace ;
  Un flot d'encens vient, dans la brume, emplir le val aux
                                                    [pins.
Les mets qui restent dans la cour attirent les oiseaux ;
  Aux arbres pendent des haillons : le moine s'est éteint.

T'ong yue lang ye chen : Che men yeou siue wou hing tsi, song bo ning yen man tchong hiang...

Tr. Royère, *loc. cit.*

LE JADE

Il est au monde un objet merveilleux,
   Très précieux, simple et sans ornement.
Le taille-t-on pour un vulgaire usage,
   Sa pureté s'altère en un instant.

Yong yu : K'ien k'ouen yeou tsing wou, tche pao wou wen tchang...

Tr. Royère, *loc. cit.*

LE CORAIL

Arbre empourpré, sans feuilles et sans fleurs,
   Qui n'est pas plus de pierre que de jade !
Où les humains peuvent-ils le trouver ?
   C'est à P'ong-lai qu'il croît sur les rochers.

Yong chan hou : Kiang chou wou houa ye, fei che yi fei k'iong...

Tr. Royère, *loc. cit.*

LE MOINE BOUDDHISTE
EN SA CELLULE LÀ-HAUT

Lorsque la lune émerge des monts d'Est,
   En sa cellule il médite, là-haut.
Au bois désert, il veille sans foyer ;
   Seul dans la nuit, il puise au froid ruisseau.
Il a passé trente ans sans redescendre
   A son couvent du Torrent Indigo.

Chang fang seng : Kien yue tch'ou tong chan, chang fang kao tch'ou tch'an...

Tr. Royère, *loc. cit.*

Yu Leang-che

MONTAGNE PRINTANIÈRE
AU CLAIR DE LUNE

Que de splendeurs dans les montagnes, au printemps !
 J'y prends tant de plaisir que j'oublie de rentrer pour la
[nuit.
Quand je puise de l'eau, la lune est dans mes mains ;
 Je joue parmi les fleurs, et leur parfum m'imprègne.

O joie ! il n'est plus rien qui soit ni loin ni près.
 Je veux partir, mais tous ces parfums me retiennent.
Là-bas au Sud tinte une cloche ;
 Pavillons et terrasses émergent des brumes bleues.

Yu Leang-che a vécu dans la seconde moitié du VIIIe siècle.

Tch'ouen chan yue ye : Tch'ouen chan to cheng che, chang wen ye wang kouei...

Tr. Tchang Fou-jouei.
Rv. Hervouet.

Siue Kiue

AU LAC TS'ING-TS'AO,
DISTRICT DE LONG-YANG

L'haleine du vent d'Ouest vieillit les vagues du Tong-t'ing ;
En une nuit, la fée du Siang a pris beaucoup de cheveux
[blancs.
Après boire, on oublie que le ciel est au-dessus de l'eau :
Un plein bateau de rêves purs écrase le Fleuve Sidéral.

Siue Kiue (Siue Wen-jou), poète de la fin du VIIIe siècle.

*Le lac des Herbes vertes (Ts'ing-ts'ao), traversé par le fleuve Siang,
communique au nord avec le lac Tong-t'ing proprement dit (cf. Ying K'eng,
« La traversée du lac Ts'ing-ts'ao », p. 190). « La fée du Siang » : l'une des
femmes de l'empereur mythique Chouen se noya dans le fleuve Siang à la mort
de son mari, et devint la déesse de ses eaux. Le vent d'ouest souffle en automne,
au moment où l'année décline : les ondulations qu'il fait naître à la surface
des eaux ressemblent aux rides de la vieillesse. Dans le deuxième vers, qui joue
un rôle de transition, le poète transpose cette observation dans le monde de la
légende. Puis, le vin aidant, son imagination se perd dans le rêve : il se fait un
reproche de laisser son bateau — qui n'est pourtant chargé que de rêves — peser
lourdement sur la Voie Lactée (« le Fleuve Sidéral ») reflétée dans le lac.*

*T'i long yang hien ts'ing ts'ao hou : Si fong tch'ouei lao tong t'ing po, yi ye
siang kiun pai fa to...*

Tr. Tch'eng Ki-hien.
Rv. Diény.

303

Mong Kiao

CHANSON DU FILS
QUI PART EN VOYAGE

Le fil entre les doigts, la bonne mère
   Coud les habits du fils qui va partir.
Plus le départ est proche, plus son point est serré ;
   Elle craint qu'il ne tarde bien à revenir.
Qui prétend qu'une pensée menue comme brin d'herbe
   Puisse payer le soleil bienfaisant du printemps[1] ?

Mong Kiao (Mong Tong-ye, 751-814), poète solitaire, qui n'entra dans la vie publique qu'à près de cinquante ans.

1. Comment l'amour maternel peut-il être payé de retour ?

Yeou tseu yin : Ts'eu mou tcheou tchong sien, yeou tseu chen chang yi...

Tr. Tchang Fou-jouei.
Rv. Hervouet.

304

Han Yu

LES ROCHERS DE LA MONTAGNE

Dans la montagne aux rocs enchevêtrés, vagues sont les
[sentiers ;
Au monastère où j'arrive à la nuit, les chauves-souris
[volent.
Je monte à la salle, je m'assieds sur les marches. La pluie
[vient de cesser ;
Les palmes des bananiers s'étalent, et les gardénias sont
[en fleur.

Le moine me dit la beauté des fresques bouddhiques sur les
[vieux murs ;
Quand le feu vient les éclairer, ce que j'en vois est sans
[pareil.
Il dresse le lit, balaie la natte, dispose la soupe et le riz ;
Bien que rustique, la nourriture suffit à me rassasier.

La nuit s'avance ; je m'étends dans le calme ; les insectes se
[taisent ;
La lune limpide franchit la crête, et sa clarté passe ma
[porte.

Anthologie de la poésie chinoise classique. **••**

A l'aube, tout seul je m'en vais. Pas de chemins :
   Je vais, je viens, je monte et je descends ; je m'enfonce
                                        [dans le brouillard.

Rouges les monts, verts les torrents, tout brille de mille
                                                    [feux ;
   Des pins, des chênes, que dix bras ne pourraient cein-
                                                [turer...
A même le torrent, pieds nus, je foule les cailloux ;
   Les eaux grondent, ma robe s'agite dans le vent.

Voilà le genre de vie où l'homme trouve joie ;
   Pourquoi se laisser brider comme un cheval au mors ?
Ah ! que ne pouvons-nous, à deux ou trois amis de mêmes
                                              [sentiments,
   Ne plus quitter ces lieux jusqu'à nos derniers jours !

Han Yu (Han T'ouei-tche, Han Tch'ang-li, 768-824), après avoir obtenu difficilement un poste à la capitale, se fit exiler pour l'audace de ses critiques. Pardonné, il récidive bientôt ; il suscite la colère de l'Empereur en attaquant violemment le bouddhisme. Exilé dans le Kouang-tong, sa santé ne résiste pas à l'épreuve. En littérature, Han Yu est surtout célèbre comme réformateur de la prose chinoise, qu'il voulait ramener à la simplicité et au naturel de l'Antiquité. Dans l'histoire religieuse de la Chine, il annonce la réaction confucianiste des temps modernes, contre le bouddhisme qui avait dominé le Moyen Âge. Mais ce poème montre qu'il savait apprécier les charmes de la vie bouddhique.

Chan che : Chan che lo k'iue hing king wei, houang houen tao sseu pien fou fei...

Tr. Tchang Fou-jouei.
Rv. Hervouet.

Po Kiu-yi

EN REGARDANT LA MOISSON

Pour les paysans, peu de mois sans travail ;
  Mais, au cinquième mois, ils ont double labeur[1].
Pendant la nuit, le vent du Sud se lève ;
  Le blé couvre les pentes de son or.
Épouses et filles, le panier sur l'épaule,
  Jeunes garçons, les pots de boisson à la main,
En file vont aux champs pour porter le repas.
  Les hommes valides sur les collines du Sud,
Les pieds cuits par les vapeurs de la terre embrasée,
  Le dos brûlé par les rayons du soleil de feu,
Sont si fourbus qu'ils oublient la chaleur,
  Mais trouvent encore trop court ce jour d'été.
Voici encore des femmes misérables,
  Auprès des moissonneurs, un enfant sur le bras ;
Leur main droite ramasse les épis tombés,
  Un panier déchiré pend à l'épaule gauche.
J'ai écouté ce qu'elles se disent entre elles :
  A les entendre qui n'aurait mal ?
« Nos champs familiaux ont été vendus pour payer l'impôt ;
  Ma glane devra suffire aux ventres creux. »
Et moi, aujourd'hui, par suite de quels mérites

N'ai-je jamais peiné aux champs ni aux mûriers ?
Mon salaire officiel est de trois mille boisseaux,
  Et à la fin de l'an j'ai du grain en surplus.
A cette pensée, la honte me monte au front ;
  De tout le jour je ne puis l'oublier.

Po Kiu-yi (Po Lo-t'ien 772-846) : poète précoce et brillant étudiant, il occupa des postes divers, principalement à Tch'ang-ngan, à Hang-tcheou, à Sou-tcheou. Mais il adressait à la cour des censures et des remontrances qui furent parfois mal accueillies. L'un des plus célèbres poètes chinois, tant lyrique que satirique, observateur et narrateur excellent, dont l'œuvre variée est une des plus accessibles aux lecteurs étrangers. Il participe au mouvement littéraire qui, à la fin des T'ang, tend à simplifier et à vulgariser la langue, le style, les thèmes.

1. Le cinquième mois, dans l'ancien calendrier lunaire, correspondait à peu près au mois de juin. C'est l'époque où se fait la récolte du blé dans la région où fut écrit le poème, à savoir la plaine de Tch'ang-ngan au Chen-si.

Kouan yi mai : T'ien kia chao hien yue, wou ye jen pei mang...

Tr. Tchang Fou-jouei.
Rv. Hervouet.

LE VIEUX CHARBONNIER

Le vieux charbonnier !
Sur les Monts du Sud[1] il abat du bois, le brûle et en fait
  [du charbon ;
Son visage est couvert de poussière et de cendre, couleur de
  [suie et de feu.
Tout gris les cheveux à ses tempes, et ses dix doigts sont
  [noirs.

Le charbon qu'il vend, à quoi lui sert-il ?

Aux habits pour son corps, aux vivres pour sa bouche.
Pauvre de lui ! alors que ses vêtements sont si minces,
Craignant le bas prix du charbon, il souhaite un temps
[froid !

Cette nuit, hors des murs de la ville, il est tombé un pied de
[neige ;
Dès l'aube il attelle sa charrette, qui roule cahin-caha
[dans les ornières gelées.
Les bœufs sont las et l'homme a faim, quand le soleil est
[déjà haut ;
A la porte du Sud, dans la boue ils s'arrêtent.

Mais quels sont ces deux cavaliers qui s'en viennent si frin-
[gants ?
Un commissaire en habit jaune, un garçon en chemise
[blanche².
Document officiel en main, ils crient : « Par ordre impé-
[rial ! »
Et, gourmandant les bœufs, ils font retourner la charrette
[et l'entraînent vers le Nord.

Dans la charrette, il y en avait mille livres et plus, de char-
[bon :
Le commissaire du palais le réquisitionne ; à quoi bon se
[plaindre ?
Une demi-pièce de gaze rouge et dix pieds de soie à fleurs,
Attachés aux cornes des bœufs, sont tout le prix du char-
[bon³ !

*Cette pièce est la trente-deuxième du recueil intitulé « Le nouveau Bureau de
la Musique » (Sin yue-fou), dans laquelle Po Kiu-yi reprenait, pour s'en
servir surtout à des fins satiriques, la libre prosodie et le ton populaire des
poèmes à chanter des Han (yue-fou). Elle vise le scandale des réquisitions*

*abusives qui, du temps du poète, enrichissaient au détriment du peuple le marché
intérieur du palais impérial à Tch'ang-ngan.*

1. Le Tchong-nan chan, au sud de Tch'ang-ngan ; cf. p. 266. — 2. Ce
sont les agents de réquisition du palais impérial. — 3. Indemnité dérisoire
dont le charbonnier ne saura que faire.

Mai t'an wong : Mai t'an wong, fa sin chao t'an nan chan tchong...

Tr. Tchang Fou-jouei.
Rv. Hervouet.

LE VIEILLARD MANCHOT DE SIN-FONG[1]

Le vieillard de Sin-fong a quatre-vingt-huit ans ;
   Tête et tempes, sourcils et barbe, il est blanc comme
                               [neige.
Soutenu par un fils de son arrière-petit-fils, il se rend à l'au-
                                    [berge.
   Son bras gauche s'appuie sur la jeune épaule ; le bras droit
« Depuis quand votre bras est-il ainsi brisé ?   [est brisé.
   Et dites-moi comment cela est arrivé ? Quelle en est la
                         [raison ? »

« Je suis inscrit à la sous-préfecture de Sin-fong.

Né dans une période sainte, sans expédition ni guerre,
   Je fus élevé au son des chants et flûtes du Jardin des
                              [Poiriers[2].
Je ne connaissais bannières ni lances, arcs ni flèches.
   Mais bientôt ce fut la grande levée de l'ère T'ien-pao[3] ;
Dans chaque famille, on pointa le nom d'un adulte sur trois.
   Et tous ces recrutés, où les a-t-on conduits ?
En plein cinquième mois[4], et à dix mille lieues, ils partirent
                      [vers le Yun-nan.

On disait qu'au Yun-nan était la rivière Lou[5],
D'où montent des miasmes malsains quand tombent les
[fleurs de poivrier.
Quand les soldats de la grande armée passent le gué, les
[eaux sont comme de l'eau bouillante ;
Sur dix hommes, il en est deux ou trois qui périssent...
Au Sud et au Nord du village, ce n'étaient que lamenta-
[tions et plaintes ;
Les fils quittaient leurs parents, les maris quittaient leurs
[épouses,
Et tous disaient : Depuis toujours, de ceux qu'on envoie
[contre les Barbares,
Mille, dix mille partent, aucun n'est revenu. »

« En ce temps-là, le vieillard que je suis avait vingt-quatre
[ans ;
Sur la liste du Ministère de la Guerre, il y avait mon
[nom.
Au plus profond de la nuit, sans rien dire à personne,
Furtivement, avec un gros caillou, je martelai mon bras et
[le brisai.
Je ne pouvais plus tendre l'arc ni brandir les bannières ;
Et ainsi je fus exempté de l'expédition au Yun-nan.
La rupture de mes os, la blessure de mes muscles, n'allèrent
[pas sans douleur ;
Mais je ne pensais qu'à être renvoyé dans mon village.
Depuis que mon bras est brisé, soixante ans ont passé ;
Si l'un de mes membres est infirme, au moins mon corps
[subsiste.
Aujourd'hui encore, par les nuits de vent et de pluie, quand
[le temps est humide et froid,
Jusqu'au lever du soleil la douleur m'empêche de dormir.
La douleur m'empêche de dormir ;
Mais, après tout, je ne regrette rien !
Je me félicite au contraire d'être seul à rester en vie !

Sinon, je serais alors resté sur les bords de la rivière Lou.
Corps mort, âme esseulée, mes os non recueillis[6],
Il m'aurait fallu devenir au Yun-nan un esprit qui de loin
[regarde vers le pays natal ;
Et sur le tumulus des dix mille soldats, je crierais *yeou-*
[*yeou !* »

Ces paroles du vieillard,
Écoutez-les, retenez-les !
Ne savez-vous pas que Song K'ai-fou, le Grand Ministre de
[l'ère K'ai-yuan[7],
Pour ne pas galvauder la gloire militaire, ne récompensait
[pas les exploits aux frontières ?
Et ne savez-vous pas aussi que Yang Kouo-tchong, le
[Grand Ministre de l'ère T'ien-pao[8],
Pour gagner la faveur impériale, recherchait ces mêmes
[exploits ?
Avant d'avoir réussi, il suscita le courroux du peuple.
Interrogez là-dessus, je vous prie, le vieillard manchot de
[Sin-fong !

Cette histoire d'un réfractaire à la Peer Gynt forme la neuvième pièce du
recueil intitulé « Le Nouveau Bureau de la Musique ». Elle évoque les réac-
tions que suscitait dans le peuple la militarisation croissante de la Chine à la
fin des T'ang, tant sur le plan extérieur qu'à l'intérieur même du pays.

1. Sin-fong se trouvait à quelque distance à l'est de la capitale,
Tch'ang-ngan. — 2. Sorte de Conservatoire ou d'Académie impériale de
Musique, institué par l'empereur Hiuan-tsong. — 3. La période T'ien-pao
s'étend de 742 à 755. Les Chinois eurent alors des luttes à soutenir sur
toutes leurs frontières. Au Sud, dans la région du Yun-nan, un royaume
barbare, le Nan-tch'ao, venait de se constituer. Il se révolta contre la
suzeraineté chinoise et battit les troupes impériales en 751 et 754. — 4.
Juin-juillet, la saison chaude. — 5. La rivière Lou désigne parfois le cours
supérieur du Fleuve Bleu, aux confins du Sseu-tch'ouan et du Yun-nan.
Mais la localisation de ce nom n'est pas toujours précise, et la description
qui en est faite ici s'applique plutôt à quelque cours d'eau du haut bassin
du Mékong ou de la Salouen. — 6. Après leur mort, les âmes de ceux qui
ne reçoivent pas un culte de leurs descendants ne trouvent pas le repos.

Elles errent sur les tombes et vont parfois jeter le trouble dans les maisons. Mais le poète prête ici aux esprits des morts des sentiments et des gestes propres aux vivants. — 7. L'ère K'ai-yuan, de 713 à 741, forme la première partie du règne de l'empereur Hiuan-tsong. *K'ai-fou* était un des titres de Song King (663-737), qui fut gouverneur du Kouang-tong avant d'être Premier ministre. — 8. Yang Kouo-tchong était le cousin de la concubine impériale Yang Kouei-fei. La faveur impériale l'éleva au poste de Premier ministre ; il eut une mauvaise influence sur l'Empereur et périt dans la révolte de Ngan Lou-chan, décapité par les propres gardes de l'Empereur.

Sin fong tchö pi wong : Sin fong lao wong pa che pa, t'eou pin mei siu kiai sseu siue...

Tr. Tchang Fou-jouei.
Rv. Hervouet.

CHANT DE L'ÉTERNEL REGRET

L'empereur des Han[1], féru de luxure, rêvait d'une beauté à
[ruiner un trône ;
Mais régnait déjà depuis bien des ans, sans avoir jamais
[pu la découvrir.
Dans la famille Yang était une vierge, encor dans la fleur de
[l'adolescence ;
Nourrie au fond d'un gynécée, elle était de tous ignorée.

Ayant reçu du ciel le don de la beauté, il ne se pouvait pas
[qu'elle se tînt recluse :
Un jour, elle fut appelée à approcher le souverain.
Quand, coulant un regard, elle vint à sourire, on vit éclore
[tant de charmes,
Que, dans les six harems, sous les fards et les khôls, nulle
[autre n'eut plus nul éclat.

Par un frileux printemps, elle eut l'honneur du bain, au
[Bassin des Candeurs florales[2],
Dont la source chaude, au flot caressant, lustra ses
[blancheurs onctueuses.
Des suivantes la relevèrent, délicate et tout alanguie :
C'est alors qu'elle commença de goûter aux faveurs du
[prince.

Cheveux en nuée, visage en fleur, elle eut l'aigrette d'or qui
[tremble au pas des reines ;
Sous la tiède courtine à fleurs de nénuphar, elle connut
[les nuits d'amour printanières.
Trop brèves nuits d'amour, hélas ! avec le soleil si prompt à
[monter :
Dès lors le souverain s'abstint de l'audience matinale.

Soumise à ses plaisirs, le servant aux festins, elle n'eut répit
[ni relâche ;
Partageant au printemps ses ébats printaniers, et chaque
[nuit compagne de ses nuits.
Dans les retraites du harem, étaient trois mille belles
[femmes,
Trois mille, dont l'auguste amant n'aima désormais
[qu'une seule.
Ayant, dans la chambre d'or, parfait sa parure, elle
[employait sa grâce aux tendres soins nocturnes ;
Au pavillon de jade, achevé le festin, l'ivresse s'accordait à
[l'ardeur amoureuse.

Ses sœurs, ses frères, tous, furent pourvus de fiefs ;
Hélas ! d'un tel éclat s'illustra sa maison,
Que par tout l'empire, au cœur des parents
Fut moins précieux le berceau d'un fils que la naissance
[d'une fille.

Dans le palais du Cheval noir[3], qui dresse ses hauteurs
[parmi les nuées bleues,
Planaient de célestes accords, dont les vents dispersaient
[çà et là les bouffées.
C'étaient des chants traînants et de lentes pavanes, sur des
[tenues de cithare et de flûte ;
De tout le jour, le Souverain ne se lassait pas de la
[contempler...

Surgis de Yu-yang[4], les tambours de guerre, faisant trembler
[le sol à leur approche,
Jettent la panique au milieu de l'air « Jupe d'arc-en-ciel et
[veste de pennes ».
Sur les remparts de la Ville aux Neufs Portes[5], vont se lever
[des jours de cendre et de fumée !
Avec mille chars et dix mille cavaliers, la cour vers le
[Sud-Ouest s'ébranle.

L'enseigne impériale oscille au gré des élans et des haltes,
Et n'a, hors de la capitale, franchi qu'un peu plus de cent
[stades,
Quand les Six Légions refusent d'avancer : hélas ! rien n'y
[put faire ;
Frêle victime résignée, la belle aux sourcils en antennes
[périt au milieu des chevaux.

Les joyaux ciselés de sa coiffure jonchent le sol sans que nul
[les ramasse,
Avec ses plumes de martin-pêcheur, son oiseau d'or, ses
[épingles de jade.
L'Empereur s'est voilé la face, impuissant à la secourir ;
Il se retourne enfin, regarde, et du sang coule avec ses
[larmes.
Par-delà les sables épars, sous les sifflements des rafales,

Sur des ponts enjambant la nue, et par les lacets des
[corniches, il franchit les cols de Kien-ko[6].
Au pied du mont O-mei[7], où peu de passants s'aventurent,
Ses bannières n'ont plus d'éclat sous la mince clarté du
[jour.

Au pays de Chou[8], dont le fleuve est glauque, au pays de
[Chou, dont les monts sont bleus,
Le Saint Souverain, d'aurore en aurore et de vêpre en
[vêpre, est meurtri d'amour.
De son palais d'exil il n'aperçoit la lune, que l'éclat ne l'en
[blesse au cœur ;
Sous l'averse nocturne entend-il des clochettes, leurs sons
[le prennent aux entrailles.

Le ciel se meut, le soleil tourne, et, rentrant enfin, l'Em-
[pereur
Atteint le lieu funeste : il demeure éperdu, doutant de
[passer outre.
Au pied des talus de Ma-wei[9], dans la glaise et le sable,
Il ne distingue plus la place, à présent vide, où trépassa la
[belle au visage de jade[10].

Le prince et ses suivants s'interrogent des yeux, et tous de
[pleurs mouillent leur robe ;
Puis, vers l'Est, à la capitale, par leurs chevaux se laissent
[ramener.
Au retour, étangs et jardins, tout est comme autrefois,
Le Sublime Lac et ses nénuphars, le Palais des Jours-sans-
[Terme avec ses saules[11].

Aux nénuphars ressemblait son visage, les saules font penser
[à ses sourcils ;
A tel aspect comment ne pas verser de larmes,

316

Soit, sous les brises du printemps, que pêchers et pruniers
[fleurissent,
Soit qu'aux averses de l'automne les sterculiers perdent
[leurs feuilles ?

Au Palais de l'Ouest, au Palais du Sud, foisonnent les
[herbes d'automne ;
Des feuilles mortes qui parsèment les perrons, les rous-
[seurs désormais ne sont plus balayées.
Au Clos des Poiriers[12], les musiciens ont maintenant les
[cheveux qui blanchissent ;
Au Harem des Senteurs-de-Poivre[13], les eunuques et les
[filles d'atour commencent à vieillir.

Le soir, dans son palais, au vol des lucioles, l'Empereur
[songe avec tristesse ;
Sa lampe solitaire achève de brûler sans qu'il parvienne à
[s'endormir.
Par de lents battements, la cloche et le tambour commen-
[cent d'annoncer la nuit interminable.
Puis le tremblant éclat du Fleuve Sidéral[14] pâlit dans le
[ciel où le jour va poindre.

Les tuiles figurant les deux oiseaux conjoints se glacent sous
[le givre aux floraisons pesantes ;
La couverture à couples de martins-pêcheurs reste froi-
[de : avec qui la partagerait-il ?
Depuis qu'un abîme infini du vivant sépare la morte, plus
[d'une année s'est écoulée,
Sans que l'âme de l'aimée l'ait visité dans ses rêves.

Un taoïste de Lin-k'iong[15], séjournant dans la capitale,
Était capable, par sa parfaite ferveur, de faire apparaître
[les mânes.

317

Tous s'affligeant de voir le souverain s'épuiser d'insomnie à
[regretter l'absente,
On ordonna à ce nécromant de s'employer à sa
[recherche.

Fendant la nue et chevauchant l'éther, il s'élance comme la
[foudre,
S'élève au ciel, s'enfonce dans le sol, mène en tous lieux sa
[quête ;
Il scrute, en haut, l'azur de l'empyrée, en bas, les sources
[infernales :
Ici ni là, dans les vastes espaces, il ne découvre rien.

Il apprend enfin qu'il est sur la mer une montagne
[merveilleuse,
Une montagne au milieu des secrets déserts de
[l'insondable ;
Des palais sculptés s'y dressent parmi les nuages de cinq
[couleurs ;
Là vivent délicatement bon nombre d'Immortelles.

L'une d'elles porte le nom de Purissime-Essence :
Chair de neige et visage en fleur, il semble bien que ce
[soit elle.
Passant le porche d'or, au pavillon de l'Ouest, le magicien
[heurte à l'huis de jade,
Se fait par Menu-Jade annoncer à Double-Succès.
Entendant qu'on annonce un messager du Fils du Ciel des
[Han,
Sous les courtines aux neuf fleurs l'âme surprise dans son
[rêve,
Ses voiles rassemblés, repoussant les coussins, elle se lève,
[encor tout hésitante ;
Puis, par les crochets d'argent soulevé, son rideau de
[perles s'entrouvre :

318

Les nuages de sa coiffure encor tout déviés par le récent
[sommeil,
Sans même ajuster son bandeau fleuri, elle se rend à la
[grand-salle.

Au gré de la brise ondulant, ses manches de déesse flottent,
Évoquant encore le pas « Jupe d'arc-en-ciel et Veste de
[pennes » ;
Sur son pur visage attristé, lentement des pleurs coulent :
Un rameau de poirier fleuri, au printemps, tout perlé de
[pluie !

Contenant son émoi et retenant ses larmes, elle rend grâce à
[son Seigneur et Prince :
Depuis la séparation, son visage, sa voix, tout se perd
[dans du vague ;
Les ferventes amours du Palais Tchao-yang[16], la trame en
[est brisée ;
Dans ces séjours enchantés de P'ong-laï[17], que les jours et
[les mois sont lents !

Si le regard s'en détourne et s'abaisse vers le monde où
[vivent les hommes,
Il ne distingue pas Tch'ang-ngan, la capitale, et ne voit
[que poudre et brouillard.
Que du moins ces reliques du passé témoignent d'un
[profond amour :
Ce drageoir incrusté de gemmes, cette épingle aux deux
[branches d'or, que le messager les emporte !

Elle conservera de l'épingle une branche, et du drageoir une
[partie ;
Et, rompant l'or pur de l'épingle, des incrustations divi-
[sant les figures :

« Que seulement soient nos deux cœurs, comme la gemme
[et l'or, constants,
Et, dans les cieux ou chez les hommes, un jour nous nous
[retrouverons ! »

Au mage, qui repart, elle confie encore, en termes chaleureux,
[un suprême message,
Message contenant le rappel d'un serment, que, seuls, les
[deux amants dans leur âme connaissent :
Le septième jour du septième mois, au Palais d'Éternelle
[Vie[18],
Quand, vers la minuit, sans témoins, s'échangeaient les
[propos d'amour,

« Faisons vœu », fut-il dit, « d'être au ciel deux oiseaux au
[vol inséparable ;
Faisons vœu d'être au sol le couple végétal qu'unit un seul
[feuillage ! »
La double éternité du ciel et de la terre, un jour, peut-être,
[finira ;
Mais ce regret, sans cesse, ira perpétuant son intarissable
[durée.

---

*Cette longue et célèbre ballade évoque les amours de l'empereur Hiuan-tsong
et de sa concubine favorite, Yang Kouei-fei, avec leur dénouement tragique et
leur épilogue d'outre-tombe. C'est en 756, un demi-siècle avant l'époque où Po
Kiu-yi la chanta, que Yang Kouei-fei fut assassinée par des soldats de la
garde sur l'ordre même de l'impérial amant, alors que celui-ci fuyait Tch'ang-
ngan, sa capitale, d'où le chassait la rébellion de Ngan Lou-chan. La pièce
comprend cent vingt vers de sept syllabes : c'est un des plus longs poèmes chinois
en langue classique ; l'influence des ballades populaires y est sensible. Elle jouit
d'une popularité immense, depuis le temps même de Po Kiu-yi. — Au lieu de
« regret », dans le titre, on peut comprendre « remords ».*

1. L'épisode est reporté à l'époque des Han, par une pudeur littéraire
analogue à celle qui, chez nos écrivains, faisait narrer comme romains des
événements contemporains. — 2. L'étang Houa-ts'ing, célèbres sources

chaudes des environs de Tch'ang-ngan ; cf. Tou Fou, « En allant de la capitale à Fong-sien », ci-dessus, p. 288. — 3. Li-kong, le Palais du mont Li, élevé aux sources chaudes de l'étang Houa-ts'ing. — 4. Yu-yang, localité du nord-est de la Chine d'où partit la rébellion de Ngan Lou-chan. — 5. Les neuf portes successives de la ville murée impériale. — 6. Les cols du Pavillon de l'Epée, dans le nord du Sseu-tch'ouan. — 7. Grande montagne au sud-est du Sseu-tch'ouan. — 8. Nom ancien du Sseu-tch'ouan — 9. C'est au relais de Ma-wei, à une cinquantaine de kilomètres, à l'ouest de Tch'ang-ngan, que Yang Fouei-fei fut exécutée le 15 juillet 756. L'empereur Huian-tsong y repassa lorsqu'en 758, après son exode au Sseu-tch'ouan, il regagna la ville de Tch'ang-ngan, délivrée des rebelles. — 10. Variante : Il ne voit plus la belle au visage de jade, mais la place déserte où la mort la coucha. — 11. Sites dans le palais impérial de Tch'ang-ngan. — 12. Ou Jardin des Poiriers, Conservatoire impérial de Musique. Cf. p. 312, n. 2. — 13. Palais des Concubines impériales. — 14. La Voie Lactée. — 15. Au Sseu-tch'ouan. — 16. C'est le palais où avait résidé Yang Kouei-fei. — 17. Les îles mythiques des Immortels, dans la mer Orientale.—18. Un des édifices du Palais de Houa-ts'ing; cf. n.2-3.

Tch'ang hen ko : Han houang tchong sö sseu k'ing kouo, yu yu to nien k'ieou pou tô...

Tr. anonyme, *Études françaises* (dirigées par A.
    D'Hormon), 2e année, no 8 (Pékin, juin 1941).

LE PERROQUET DE TS'IN

Le perroquet de Ts'in.
Vient des pays du Sud.
Il a plumage vert et noir, col tacheté de rouge
Oreille fine, cœur subtil et langue fort habile.
Il connaît le parler de l'homme et celui des oiseaux

Tantôt vient le milan aux longues serres,
Et tantôt le corbeau au long bec :
Le milan attaque l'aronde, abattant sa couvée ;
Le corbeau becquette la poule et lui crève les yeux.

321

La poule en criant tombe au sol, l'aronde fuit, craintive ;
Alors l'un s'empare des œufs et l'autre des poussins.
  N'y a-t-il pas des vautours et des aigles ?
Ils ne peuvent, le ventre plein, arrêter ces désordres !
  Et des phénix assemblés, et des grues ?
Oisifs au sol ou planant haut, ils ne veulent entendre !

        O perroquet de Ts'in !
Toi qui passes pour un oiseau capable de parler,
Ne vois-tu point les maux dont souffrent les poules et les
                                    [arondes ?
On dit que le Fong et le Houang[1] commandent aux
                                    [oiseaux.
Mais puisque jamais tu ne fais, devant ces phénix souve-
                        [rains, la moindre remontrance,
A quoi servent donc tous tes cris et tes paroles creuses ?

  1. Phénix.

  Ts'in ki leao : Ts'in ki leao, tch'ou nan kouo...

                    Tr. P. Royère, *Études françaises,* 4ᵉ année, nº 2
                    (mars 1943).

CHANTEUSE DANS LA NUIT

Nous mouillons de nuit à l'Ile des Perroquets[1] ;
  Le fleuve et la lune d'automne étaient purs.
A bord d'un bateau voisin, quelqu'un chantait
  Un air imprégné d'une tristesse extrême.
Le chant s'éteignit et fut suivi de pleurs,
  Au son tantôt clair et tantôt étranglé.
Guidé par le bruit, j'aperçus la chanteuse :
  Une jeune femme à la pâleur de neige.

Elle s'appuyait contre un mât, solitaire :
   Touchante beauté d'à peine dix-huit ans.
Dans la nuit ses larmes semblaient des perles,
   Des « perles de lune » deux par deux tombant.
« Quelle est la famille où vous êtes épouse ?
   Pourquoi tant de peine en vos pleurs et vos chants ? »
A ces questions répondirent ses larmes ;
   Mais, baissant les yeux, elle ne parla point.

1. Ile du Fleuve Bleu, près de Wou-tch'ang (Hou-pei). Cf. p. 280.

Ye kien ko tchŏ : Ye po ying wou tcheou, ts'ieou kiang yue tch'eng tch'ŏ...

                                        Tr. Royère, *loc. cit.*

LA SÉPARATION SECRÈTE

   Il ne faut point pleurer,
      Quittons-nous en cachette !
   Il ne faut point parler,
      Aimons-nous en secret !
A l'exception de nos deux cœurs, nul au monde ne sait !
La cage sombre enclôt, la nuit, l'oiseau qui niche seul ;
   Le glaive aigu tranche, au printemps, les branches
                                        [enlacées.
L'eau du fleuve a beau être trouble, elle deviendra claire ;
   Le chef du corbeau est bien noir, un jour il sera blanc.
Ce n'est que lors d'adieux secrets et de départs furtifs,
   Qu'on se résigne l'un et l'autre à ne plus se revoir.

Ts'ien pie li : Pou tŏ k'ou, ts'ien pie li...

                                        Tr. Royère, *loc. cit.*

MÉLANCOLIE
APRÈS LE DÉPART DE YUAN-KIEOU

Il pleut des feuilles mortes d'aleurite ;
　　Il souffle des fleurs sèches de cirier.
Que tristement l'émoi du prime automne
　　Naît en ce lieu désert et retiré !

Bien plus, je viens de quitter mon ami :
　　Il n'est en moi pas la moindre gaieté.
Croyez-vous que je ne l'aie point conduit ?
　　Mon cœur est à l'Est de la Porte Verte ![1]

Pour l'amitié, faut-il beaucoup d'amis ?
　　Cherchez plutôt l'accord de la pensée !
De mes amis un seul être est parti ;
　　Resté, je sens tout Tch'ang-ngan dépeuplé.

1. Porte Est de la ville de Tch'ang-ngan sous les Han.

Pie yuan kieou heou yong so houai : Ling lo t'ong ye yu, siao t'iao kin houa fong...

　　　　　　　　　　　　　　　　Tr. Royère, *loc. cit.*

DON D'UN MIROIR EN GUISE D'ADIEU

On le dit pareil à la brillante lune ;
　　Je dis qu'il vaut mieux que la brillante lune.
La brillante lune est sans doute brillante,
　　Mais au cours d'un an elle a douze lacunes !

Le vaut-elle donc ? En son coffret de jade,
   Il est. comme l'eau, éternellement pur.
Quand le ciel est noir et la lune éclipsée,
   Rond et clair, lui seul ne se repose pas.

J'ai honte d'y voir mon vieux et laid visage,
   Mes cheveux noués que parsème la neige.
Mieux vaut le donner à quelque plus jeune homme :
   Il y réfléchira ses soyeux cheveux noirs.

Puisque vous allez en un pays lointain,
   Prenez ce miroir comme présent d'adieu.

Yi king tseng pie : Yen yen sseu ming yue, wo tao cheng ming yue...

                                   Tr. Royère, *loc. cit.*

DEVANT LE VIN

Dans la bourrasque, un arbre à la fin de l'automne ;
   Devant son vin, un homme avancé dans la vie.
Face avinée ressemble aux feuilles sous le givre :
   Cette rougeur, hélas ! ne vient pas du printemps.

Le parallélisme rigoureux des vers 1 et 2 n'est pas simplement une trouvaille formelle. Il se prolonge et s'enrichit par la comparaison du troisième vers, avant que ne se réalise au dernier vers la fusion des deux motifs initialement opposés.

Touei tsieou : Lin fong miao ts'ieou chou, touei tsieou tch'ang nien jen...

                             Tr. Tch'eng Ki-hien.
                             Rv. Diény.

325

Tchang Tsi

CHANSON DE LA FEMME FIDÈLE

Vous saviez bien que j'avais un mari,
  Et vous m'avez donné deux perles lumineuses[1]...
Touchée de l'affection qui s'y exprime,
  Je les ai cousues à ma blouse de soie rouge.

La demeure de ma famille, au parc impérial, se dresse
  [altière ;
  Mon mari tient la hallebarde dans le palais de la Clarté
  [brillante[2].
Je sais bien que votre dessein est pur comme un rayon venu
  [du ciel ;
  Mais, au service d'un mari, j'ai juré d'être en la vie et la
  [mort.

Je vous rends les perles brillantes ; deux larmes, semblables,
  [les accompagnent.
  Pourquoi ne vous ai-je connu quand je n'avais pas encore
  [de mari ?

Tchang T'si (Tchang Wen-tch'ang, VIIIe*-IX*[e] *siècle), très estimé des poètes de son temps, dut le succès de sa carrière à son protecteur Han Yu. Ce fut un adversaire farouche du bouddhisme et du taoïsme.*

326

1. Les « perles lumineuses » (phosphorescentes) évoquent une idée de perfection. Le cadeau a été le plus beau cadeau qu'on puisse faire. Les perles sont souvent liées à l'amour, et ce sont des perles qui tombent des yeux pleurant sur un chagrin d'amour. — 2. Le mari fait partie de la Garde impériale. Le Palais de la Clarté brillante avait été construit par l'empereur Wou des Han.

Tsie fou yin : Kiun tche ts'ie yeou fou, tseng ts'ie chouang ming tchou...

Tr. Tchang Fou-jouei.
Rv. Hervouet.

Wang Kien

LA NOUVELLE MARIÉE

Le troisième jour, elle entre à la cuisine,
    Se lave les mains et prépare la soupe.
Comme elle ignore les goûts de sa belle-mère,
    Elle prie sa jeune belle-sœur d'y goûter.

Wang Kien (Wang Tchong-tch'ou), gouverneur de Chen-tcheou dans le Ho-nan autour de 830, puis disgracié pour avoir critiqué trop hardiment la famille impériale. Ami de Han Yu et de Tchang Tsi.

Sin niang kia : San je jou tch'ou hia, si cheou tso keng t'ang...

Tr. Tchang Fou-jouei.
Rv. Hervouet.

Lieou Yu-si

SUR L'AIR DE LA CHANSON
« EN REGARDANT L'ANNEAU DE SABRE »

On déplore souvent les mots superficiels,
  Qui trahissent la profondeur des sentiments.
Ce matin, tous les deux, quand nous nous regardons,
  C'est le regard d'un cœur aux dix mille replis.

*Lieou Yu-si (Lieou Mong-tō, 772-842), haut fonctionnaire, poète et sati-
iste, dont Po Kiu-yi louait le talent.*

Che tao houan ko : Tch'ang hen yen yu tsien, pou jou jen yi chen...

Tr. Tchang Fou-jouei.
Rv. Hervouet.

Lieou Tsong-yuan

LA DEMEURE AUPRÈS DU TORRENT

Épingles et cordons m'ont longtemps ligoté ;
  Un sort heureux m'exile au Sud, chez les Barbares[1].
Libre, j'ai pour voisins fermiers et jardiniers ;
  Quelle chance de vivre en hôte des montagnes !

A l'aube, en labourant, je secoue la rosée ;
  La nuit, tout près, bruit le torrent sur les rochers.
Je vais, je viens sans rencontrer âme qui vive ;
  Mes longs chants montent dans l'azur du ciel de Tch'ou[2].

Lieou Tsong-yuan (Lieou Tseu-heou, 773-819) partage avec Han Yu l'honneur d'avoir rénové la prose chinoise. Son style illustre admirablement le genre nouveau (« prose à l'antique ») dont Han Yu avait posé les principes. A la différence de son ami, Lieou Tsong-yuan défendit le bouddhisme. Sa carrière fut brisée par l'échec de la conspiration de Wang Chou-wen, dans laquelle il fut impliqué.

1. « Epingles et cordons » : la coiffure compliquée du mandarin et, par suite, la situation même de fonctionnaire. Aux embarras de l'administration, le poète préfère son exil aux marches méridionales de l'empire, ici au sud du Hou-nan, exil qui était pourtant considéré, à cause de l'éloignement de la cour et du climat pénible pour un homme du Nord, comme un châtiment sévère. La joie de vivre à la campagne est un des thèmes

constants de la poésie chinoise. — 2. Le royaume antique de Tch'ou, qui s'étendait au moins sur le nord du Hou-nan sinon jusqu'à la région habitée par le poète, évoque la poésie depuis les célèbres *Poèmes de Tch'ou*. Cf. p. 57 et suiv.

K'i kiu : Kieou wei tsan tsou lei, hing ts'eu nan yi tiao...

Tr. Tchang Fou-jouei.
Rv. Hervouet.

Kia Tao

INSCRIPTION
POUR L'ERMITAGE DE LI NING

Un asile de paix, peu de monde alentour :
   La sente herbue s'engage en un jardin sauvage.
Près de l'étang, les oiseaux nichent dans les arbres ;
   Un moine sous la lune vient frapper à la porte[1].

En traversant le pont, je fends le paysage ;
   En bougeant les rochers, je meus la base des nuages.
Pour un temps je m'en vais, puis reviendrai te voir,
   En ce refuge, où, pour nos rendez-vous, je n'ai qu'une
                          [parole.

Kia Tao (Kia Lang-chan) vécut à la fin du VIIIe et au début du IXe siècle. C'était un grand poète, d'abord moine bouddhiste, puis fonctionnaire, malgré ses échecs répétés à l'examen du doctorat.

L'ermitage de Li Ning, retraite selon le cœur des poètes chinois : solitude, nature sauvage, vie érémitique. Les images des vers 5 et 6 montrent l'intimité du solitaire avec la nature qui l'enveloppe de toutes parts. Le vers 6 est un jeu de mots : la périphrase « la base des nuages » désigne couramment les rochers eux-mêmes, dont la surface froide engendre les nuages.

1. On raconte que Kia Tao composa ce poème, comme à son habitude, en chevauchant dans les rues de Lo-yang. Fallait-il dire, au vers 4, « frap-

per à la porte » ou « pousser la porte » ? Kia Tao hésitait, mimant les deux gestes, lorsqu'il se heurta contre Han Yu (cf. p. 305) : ce dernier, mis au courant du débat, opta pour « frapper ». Par la suite, il prit le poète bouddhiste sous sa protection.

T'i li ning yeou kiu : Hien kiu chao lin ping, ts'ao king jou houang yuan...

Tr. Tch'eng Ki-hien.
Rv. Diény.

NUITÉE
DANS UNE AUBERGE DE VILLAGE

L'oreiller dans son lit, c'est une pierre du ruisseau[1].
    La source née du puits court à l'étang sous les bambous.
Voyageur de passage, il ne dort pas, minuit se passe...
    Tout seul, il tend l'oreille : voici la pluie dans la
                    [montagne.

La brièveté du quatrain impose aux poètes un effort de concision dont pâtit souvent le naturel. Cet art est tombé dans les mêmes excès que celui du sonnet en Occident. On peut admirer ici sans réserve la grâce et la modestie des images ; elles reflètent des impressions nues, directes et immédiates.

1. En Chine les oreillers sont souvent en matière dure : bois, céramique, pierre...

Sou ts'ouen kia t'ing tseu : Tch'ouang t'eou tchen che k'i tchong che, ts'ing ti ts'iuan t'ong tchou hia tch'e...

Tr. Tch'eng Ki-hien.
Rv. Diény.

Tou Mou

QUATRAIN
DU PRINTEMPS AU SUD DU FLEUVE[1]

Partout chantent les loriots, et le vert reflète le rouge[2].
Dans les hameaux du bord de l'eau, près des remparts de
[la colline, les drapeaux des marchands de vin flottent
[au vent.
Les quatre cent quatre-vingts couvents des Dynasties du
[Sud,
Leurs pavillons et leurs terrasses, se cachent dans la
[brume et la pluie[3].

Tou Mou (Tou Mou-tche, 803-852), docteur en 823, puis haut fonc-
tionnaire. L'un des plus brillants poètes de la fin des T'ang. Il mérita le
surnom de « Tou le mineur », qui rappelait le souvenir du grand Tou Fou.

1. Du Fleuve Bleu, région de Nankin. — 2. L'eau verte, les fleurs
rouges. — 3. Les 480 temples, chiffre choisi, semble-t-il, plus ou moins au
hasard, situent le paysage un peu au sud de l'actuel Nankin, où se trouvait
la capitale des Dynasties du Sud (V[e] et VIe siècles). Ce fut en effet une
époque florissante pour le bouddhisme qui put y élever de nombreux
monastères. — La brume et la pluie sont une des façons conventionnelles
d'évoquer le printemps.

Kiang nan tch'ouen tsiue kiu : Ts'ien li ying t'i lu ying hong, chouei
ts'ouen chan kouo ts'ieou k'i fong...

Tr. Tchang Fou-jouei.
Rv. Hervouet.

334

PROMENADE EN MONTAGNE

Toujours plus loin, plus haut, sur la montagne froide, sur le
[sentier pierreux...
Au plus épais des nuées blanches, surgit une maison.
Ma voiture à l'arrêt, je contemple, amoureux, les bois
[d'érables à la brune :
Plus rouges, leurs feuilles givrées, que ne sont fleurs de
[mars !

*Chan bing : Yuan chang han chan che king sie, pai yun chen tch'ou yeou
jen kia...*

Tr. Tch'eng Ki-hien.
Rv. Diény.

Tch'en T'ao

BALLADE DE LONG-SI[1]

Ils ont juré de balayer les Huns, au péril de leur vie ;
Avec leur soie doublée de zibeline, cinq mille sont
[couchés dans la poussière.
Pitié pour leurs ossements, aux bords de la rivière Wou-
[ting !
Ils sont vivants encore dans les rêves printaniers du
[gynécée[2].

Tch'en T'ao (Tch'en Song-po, IXe siècle) a vécu dans la solitude des montagnes.

1. Région des marches lointaines du Nord-Ouest, au sud de la Grande Muraille, dans le Chen-si et le Kan-sou. — 2. Soie et zibeline étaient employées par les soldats pour se préserver du froid. — Il existe effectivement une rivière Wou-ting au nord du Chen-si, près de la Grande Muraille. Mais le nom veut dire aussi « sans repos » et évoque l'errance des âmes des morts qui ne reçoivent pas d'offrandes de leurs familles.

Long si hing : Che sao hiong nou pou kou chen, wou ts'ien tiao kin sang hou tch'en...

Tr. Tchang Fou-jouei.
Rv. Hervouet.

Li Chang-yin

FLEURS QUI TOMBENT

Enfin les hôtes sont partis de mon haut pavillon ;
  Les fleurs de mon petit jardin en tous sens volent.
De-ci, de-là, au-dessus des sentiers sinueux,
  De loin elles font escorte au soleil qui se couche.

Le cœur brisé, je n'ose encor les balayer ;
  Mes yeux s'accrochent à elles, mais elles vont partir[1].
Mon cœur aimant meurt avec le printemps :
  Il ne reste que mon habit mouillé de larmes.

Li Chang-yin (Li Yi-chan, 813-858), docteur en 837, entra à l'Académie Han-lin. Sa grâce et son style raffiné font de lui le poète lyrique le plus célèbre de la fin des T'ang.

1. De même que les oiseaux migrateurs retournent à leurs quartiers d'hiver avec la fin de l'été et que les hôtes ici ont regagné leur demeure, de même le printemps et les fleurs qui le représentent s'en retournent à leurs quartiers d'hiver.

Lo houa : Kao ho k'o king k'ui, siao yuan houa louan fei...

Tr. Tchang Fou-jouei.
Rv. Hervouet.

Nous séparer est aussi difficile qu'il le fut de nous rencon-
[trer.
Le vent d'Est a perdu sa force, et les cent fleurs se
[fanent[1].
Lorsque au printemps périt le ver à soie, c'est qu'il vient de
[finir son fil ;
La chandelle ne sèche ses larmes que lorsqu'elle n'est plus
[que cendres.

A l'aube mon miroir m'attriste sur mes cheveux qui chan-
[gent.
La voix qui chante dans la nuit m'éveille au froid du clair
[de lune.
D'ici le chemin n'est pas long jusqu'aux Iles des Immortels[2].
Je suis triste, Oiseau Bleu ! J'y voudrais jeter un coup
[d'œil...

1. Toutes les fleurs. — Le vent d'est est le vent du printemps. — 2. Les
îles P'ong-lai, dans la mer Orientale — L'Oiseau Bleu est, dans la
mythologie chinoise, le messager de la Reine-mère d'Occident, Si-wang-
mou, fille du Seigneur d'En-Haut et souveraine des lieux où le soleil se
couche. Le poète demande à cet oiseau de lui donner au moins un aperçu
de la vie dans les îles fortunées.

Wou t'i : Siang kien che nan pie yi nan, tong fong wou li pai houa ts'an...

Tr. Tchang Fou-jouei.
Rv. Hervouet.

Le soleil du printemps, à l'horizon...
   A l'horizon, le soleil déjà penche.
Le loriot chante, et c'est comme une larme
   Qui ruisselle sur la plus haute fleur.

Le loriot chinois est un oiseau migrateur, dont la venue et le chant tardifs annoncent la fin du printemps. Le symbole qu'il évoque s'apparente à celui du crépuscule qui apparaît dans les deux premiers vers : le temps s'enfuit, la jeunesse passe, et le loriot s'alarme de la menace qui pèse « sur la plus haute fleur », sa bien-aimée.

T'ien yai : Tch'ouen je tsai t'sien yai, t'ien yai je yeou sie...

Tr. Tchang Fou-jouei.
Rv. Hervouet.

Wen T'ing-yun

SÉJOUR EN MONTAGNE,
AU DÉBUT DE L'AUTOMNE

De la montagne proche, le froid descend déjà ;
   Devant ma hutte, un temps de gel très clair...
Les bois sont nus, et ma fenêtre est au soleil ;
   Aux étangs pleins, l'eau ne fait pas de bruit.

Des fruits tombent, et je vois passer des gibbons ;
   Sur les feuilles sèches, j'entends marcher les biches.
Mon humble cithare me sert à calmer mon souci ;
   La source pure est dans la nuit ma seule amie.

*Wen T'ing-yun (Wen Fei-k'ing, seconde moitié du IXe siècle) : poète déli-
cat dont le nom est souvent associé à celui de Li Chang-yin.*

*Tsao ts'ieou chan kiu : Chan kin kiue han tsao, ts'ao t'ang chouang k'i
tsing....*

Tr. Tchang Fou-jouei.
Rv. Hervouet.

EN PASSANT DEVANT L'ANCIENNE DEMEURE
DE LI TCHENG-KIUN

La rosée est abondante, la brume épaisse, l'herbe grasse ;
   Des arbres se mirent dans la balustrade, les saules essuient
                                  [la digue.
Les fleurs tombées jonchent la cour ; seuls manquent les
                        [hôtes et leur ivresse[1].
   A la cinquième veille, sous la lune qui décroît, chante le
                               [loriot.

O destins embaumés ! à les imaginer, quelle émotion sans
                             [fin...
   Le belvédère ancien n'est plus que ruines, et le chemin
                         [s'efface.
Le paysage est le même, ce sont les hommes qui ont
                        [changé ;
   Quand je passe devant l'allée d'entrée, mon cheval hennit
                        [longuement.

1. Les fleurs tombées évoquent la rapidité du temps qui passe.

King li tcheng kiun kou kiu : Lou nong yen tch'ong ts'ao ts'i ts'i, chou ying lan kan lieou fou t'i...

Tr. Tchang Fou-jouei.
Rv. Hervouet.

Li P'in

EN PASSANT LA HAN

Passé les cols, plus de nouvelles ni de lettres ;
    Passé l'hiver, voici de nouveau le printemps.
J'approche du pays, et mon trouble s'accroît ;
    Je n'ose interroger les passants qui en viennent.

Li P'in (Li Tö-sin), docteur en 854, originaire de la province méridionale du Tchö-kiang. Pour gagner son pays natal à partir de la capitale, Tch'ang-ngan, le poète devait passer la rivière Han, affluent du Fleuve Bleu, après les cols qui en séparent le bassin de celui du Fleuve Jaune.

Tou han kiang : Ling wai yin chou tsiue, king tong fou li tch'ouen...

Tr. Tchang Fou-jouei.
Rv. Hervouet.

Wei Tchouang

AIR DE KIN-LING

Il bruine sur le Fleuve, et les herbes sur l'eau sont comme un
[sol uni ;
  Six Dynasties ont passé comme un rêve, et les oiseaux
[pleurent en vain.
Mais les saules du palais impérial restent, indifférents,
  Enfouis dans le brouillard, comme autrefois, sur dix
[stades de digue.

*Wei Tchouang (Wei Touan-ki) vécut à la fin du IXe siècle, à une époque
troublée par la révolte de Houang Tch'ao. Il se mit au service de Wang Kien,
qui en 907 se proclama empereur au Sseu-tch'ouan.*

*Kin-ling, près de l'actuel Kiang-ning, un peu au sud de Nankin et du
Fleuve Bleu, fut sous les Six Dynasties du Sud, du IIIe au VIe siècle, la capi-
tale de l'empire. Il y avait, au moment où écrit le poète, plus de trois siècles que
Kin-ling n'était plus la capitale.*

*Kin ling k'iu : Kiang yu fei fei kiang ts'ao ts'i, lieou tch'ao jou mong niao
k'ong t'i...*

Tr. Tchang Fou-jouei.
Rv. Hervouet.

Han Wo

DANS LE STYLE
DE TS'OUEI KOUO-FOU[1]

Après la pluie, la mousse a verdi dans la cour ;
    Le gel a couvert le logis de feuilles rouges.
Sur le calme perron, le soleil tombe oblique ;
    Perroquet, sois le compagnon de ma tristesse[2] !

Han Wo (Han Tche-kouang) a vécu au IXe et au Xe siècle.

1. Ts'ouei Kouo-fou : poète, peu connu maintenant, qui vécut sous le règne de l'empereur Hiuan-tsong des T'ang (milieu du VIIIe siècle). — 2. Thèmes de l'automne, de la chute des feuilles, du soleil couchant. — Seul un animal comprend la tristesse du poète.

Hioa ts'ouei kouo fou t'i : Yu heou pi t'ai yuan, chouang lai hong ye leou...

Tr. Tchang Fou-jouei.
Rv. Hervouet.

Poèmes à chanter (ts'eu)
des T'ang et des Cinq Dynasties

(618-959)

Po Kiu-yi

SUR L'AIR « LONGUE NOSTALGIE »

L'eau coule dans la Pien,
L'eau coule dans la Sseu...
Elle coule et parvient au vieux bac de Koua-tcheou.
Mes monts de Wou ponctuent le ciel de leur mélancolie.

Mornes pensées sans fin,
Mornes regrets sans fin...
Les regrets dureront jusqu'au jour du retour ; lors viendra le
La lune luit ; je m'accoude à l'étage[1].   [repos.

Po Kiu-yi, cf. p. 308.
On appelle ts'eu (au propre « paroles » sur des airs donnés) la forme que les
« poèmes à chanter » prirent à partir de la fin des T'ang (VIIIᵉ-IXᵉ siècle) :
vers de longueur souvent très inégale, et dont la structure prosodique suivait les
mélismes des airs musicaux (aujourd'hui perdus) ; style proche de la langue
parlée, hautement idiomatique ; inspiration libre et subtile, surtout sentimentale
et sensuelle (ce genre semble être issu des milieux de chanteuses) ; impressionnis-
me extrême dans l'évocation des paysages et des atmosphères. A cette liberté du
style et de la langue s'oppose la rigueur des schèmes prosodiques, les auteurs de
« paroles » devant observer strictement la longueur et la disposition des vers, qui
diffèrent pour chaque schème de ts'eu, ainsi que la place des rimes et le contre-
point tonal portant sur les monosyllabes.
Le cours de la Pien et de la Sseu a beaucoup varié au cours de l'histoire. A

*l'époque de Po Kiu-yi, venues l'une du Ho-nan, l'autre du Chang-tong, elles
se jetaient dans la Houai, au Kiang-sou, après avoir fait leur jonction. Koua-
tcheou se trouve plus loin au sud, non loin de Yang-tcheou, sur le Fleuve Bleu,
au débouché du Grand Canal. Un bac très fréquenté y fonctionnait. Le poète
rêve de descendre les eaux de la Pien et de la Sseu, pour gagner par l'intermé-
diaire des canaux qui unissaient la Houai au Fleuve Bleu le port d'embarque-
ment pour les pays du Sud. Les monts de Wou sont ceux de la Chine méridio-
nale, au sud du Fleuve Bleu.*

1. « Je m'accoude à l'étage » : cette attitude conventionnelle caractéri-
se la mélancolie du solitaire, perdu dans ses rêves ou dans la contempla-
tion du paysage (cf. Li Yu, ci-dessous, p. 354).

*Tch'ang siang sseu : Pien chouei lieou, sseu chouei lieou tao koua tcheou kou
tou t'eou...*

Tr. Leang P'ei-tchen.
Rv. Diény.

Wen T'ing-yun

Les branches du saule pleureur s'allongent,
   Sous les fines gouttes de la pluie printanière.
Le bruit de la clepsydre franchit les parterres de fleurs.
   Les oies de la passe s'agitent ;
   Les corneilles se lèvent au-dessus des murailles.
Mais, sur mon écran peint, les perdrix d'or ne bougent.
   Une menue vapeur embaumée
   Traverse la double épaisseur des rideaux...
Mais où sont, hélas ! les étangs, les palais de la famille Sie ?
   Les chandelles rouges se sont éteintes.
   Les stores de brocart sont baissés.
   Je rêve à vous, qui n'en savez rien.

Wen T'ing-yun, cf. p. 340.
Le sujet de cette pièce s'identifie au titre de l'air musical sur lequel le schème prosodique reposait.

King leou tseu : Lieou sseu tch'ang, tch'ouen yu si...

Tr. A. T'ang.
Rv. M. Kaltenmark.

Wei Tchouang

Au printemps, me promenant
Dans les abricotiers, le vent sur ma tête a dispersé une
[pluie de pétales.
Dans quelle maison, près des champs, trouverai-je un jeune
[galant, bien élégant ?
En ce cas, je lui confierai ma personne,
Pour la vie ;
Et même si, volage, un jour il me chassait,
Point ne regretterais.

Wei Tchouang, cf. p. 343.

Sseu ti hiang : Tch'ouen je yeou, hing houa tch'ouei man t'eou...

Tr. A. T'ang.
Rv. M. Kaltenmark.

350

SUR L'AIR
« LES BARBARES BODHISATTVAS »

Dans le pavillon rouge, tristesse nocturne de la séparation...
La lampe exhale son parfum derrière les franges des courtines
à demi baissées.
Mais voici l'heure où la lune s'abaisse ; il faut partir.
Son beau visage en pleurs, elle me dit adieu.

Sur les cordes de la guitare incrustée d'or et de sinople,
    Le loriot jaune chante
Et m'engage à m'en retourner avant l'aube...
A la verte croisée, elle ressemble à une fleur.

P'ou so man : Hong leou pie ye k'an tch'eou, tch'ang hiang teng pan kiuau lieou sou tchang...

Tr. A. T'ang,
Rv. M. Kaltenmark.

Fong Yen-ki

La brise qui se lève
Fait frissonner la moire de l'étang printanier ;
La belle indolente, que suit un couple de canards mandarins,
[dans l'allée pleine de senteurs,
Écrase de ses mains les pétales roses des fleurs.

Seule, accoudée au balustre orné d'oiseaux batailleurs,
Dans sa chevelure l'épingle de jade inclinée...
Toute la journée, je vous ai espéré en vain !
Mais là-haut le cri de la pie n'est-il un bon présage ?

*Fong Yen-ki (Fong Tcheng-tchong, 903-960), ministre des T'ang du Sud
(Cinq Dynasties).*

Ye kin men : Fong tcha k'i, tch'ouei tcheou yi tch'e tch'ouen chouei...

Tr. A. T'ang.
Rv. M. Kaltenmark.

Li Yu

SUR L'AIR COURT
« LES VAGUES BAIGNENT LE SABLE »

Derrière les rideaux, la pluie sans fin clapote.
      La vertu du printemps s'épuise[1].
Sous la housse de soie, l'intolérable froid de la cinquième
Quand je rêve, j'oublie que je suis en exil.   [veille[2] !
      Doux réconfort tant attendu !

    Ne t'appuie pas tout seul contre la balustrade :
      Fleuves et monts à l'infini[3]...
Les adieux sont aisés, malaisé le retour.
L'eau coule, les fleurs tombent, et le printemps s'enfuit,
      En plein ciel ou parmi les hommes[4].

Li Yu (Li Tch'ong-kouang, 937-978), le dernier empereur de la dynastie
des T'ang du Sud. Son empire fut détruit en 975 par les Song, et Li Yu
mourut en captivité.
    Dans ce poème, l'un des derniers qu'il écrivit, le souverain déchu ne se
permet qu'une allusion discrète à ses souffrances ; il retient de son expérience les
impressions communes de l'exilé, de l'isolé, du vaincu, et il utilise, pour les
suggérer, les symboles traditionnels et impersonnels.
    Le titre « Les vagues baignent le sable » s'applique à divers types de ts'eu.
La présente pièce est d'un type court, dit ling *; on trouvera plus loin (p. 416)*
un exemple du type long, dit man.

1. A la fin du printemps, vers le mois d'avril, s'ouvre en Chine centrale la saison des pluies. Ce moment de l'année symbolise la fugacité des plaisirs et du bonheur. — 2. « La cinquième veille », de trois à cinq heures du matin, évoque souvent le désespoir d'une insomnie glacée. — 3. « La balustrade » : ce mot rappelle à lui seul les tours ou les terrasses au bord desquelles peintres et poètes aiment à se perdre dans la contemplation de la nature. Li Yu renonce à s'appuyer à la balustrade et à regarder le paysage immense, pour échapper à la nostalgie de son pays. — 4. Trois symboles traditionnels du déclin ou de l'instabilité des choses. L'eau, les fleurs et le printemps disparaissent « en plein ciel ou parmi les hommes », dans une direction inconnue et sans espoir de retour.

Lang t'ao cha ling : Lien wai yu tch'an, tch'ouen yi lan chan...

Tr. Leang P'ei-tchen.
Rv. Diény.

SUR L'AIR « JOIE DU REVOIR »

Silencieuse, esseulée, je monte les degrés du pavillon de
    La lune semble une faucille.   [l'Ouest.
Dans la cour profonde plantée de platanes, le frais automne
        [enferme ma solitude.

    O insécable fil de ma pensée,
      Inextricable écheveau de mes peines,
      Douloureux éloignement,
Quelle saveur singulière tu mets en mon cœur !

Voir l'Introduction, p. 24.

Siang kien houan : Wou yen tou chang si leou, yue jou keou...

Tr. Leang P'ei-tchen.
Rv. O. Kaltenmark.

Poèmes des Song

(960-1279)

Lin Pou

LE PETIT PRUNIER
DU JARDIN DE MONTAGNE

Toutes les fleurs sont étiolées ; lui seul, il resplendit,
    Vainqueur de tout le petit monde du jardin.
Son ombre clairsemée zèbre une eau pure et peu profonde ,
    Son parfum flotte obscurément dans la soirée où se lève la
                [lune.

L'oiseau aux ailes givrées, avant de se poser, le regarde à la
              [dérobée ;
    Si le papillon poudré le savait, il en serait jaloux.
Mais, par de subtiles chansons, l'oiseau sait faire sa cour :
    Point n'a besoin de claquettes de santal ni de coupe d'or.

*Lin Pou (Lin Kiun-fou, 967-1028) vécut tout seul à la campagne, plein
de dédain pour la vie publique et la gloire littéraire. Il accepta néanmoins une
pension de l'empereur Tchen-tsong. Ses amis réussirent à conserver trois cents de
ses poèmes.*

*Chan yuan siao mei : Tchong fang yao lo tou siuan yen, tchan tsin fong
ts'ing hiang siao yuan...*

Tr. Bourgeois.
Rv. M. Kaltenmark.

Ngeou-yang Sieou

DONNÉ AU TAOISTE
KIUN-LI DE WOU-WEI

Le taoïste de Wou-wei[1], de sa cithare de trois pieds,
   Tire des sons infinis, venant du fond des âges :
Telle une eau qui court sur le galet
   Et sourd des profondeurs, inépuisable.

Les doigts touchent la corde, mais la musique vient du
                    [cœur ;
   Et ce n'est plus l'oreille, c'est l'âme qui entend.
Cette harmonie de cœur et d'âme fait oublier toute forme
                    [corporelle ;
   Je n'ai plus conscience du ciel ni de la terre, ni du nuage
        [de la tristesse qui assombrit le jour.

Ngeou-yang Sieou (Ngeou-yang Yong chou, Ngeou-yang Tsouei-wong, 1007-1072), un homme politique de premier plan, adversaire du réformateur Wang Ngan-che ; grand écrivain, érudit, essayiste, poète, principal rédacteur de la Nouvelle Histoire des T'ang *et de la* Nouvelle Histoire des Cinq Dynasties.

1. Wou-wei, localité située dans la province du Ngan-houei.

*Tseng wou wei kiun li tao che : Wou wei tao che san tch'e k'in, tchong yeou
wan kou k'iong yin...*

Tr. Bourgeois.
Rv. M. Kaltenmark.

INSCRIT
DERRIÈRE LE KIOSQUE DU VIEILLARD IVRE
À TCH'OU-TCHEOU[1]

Quarante ans, ce n'est point la vieillesse !
   L'ivresse qui m'inspire, au hasard, cet écrit
Me fait oublier toutes choses ; ·
   Sais-je encore le nombre de mes ans ?
J'aime le torrent au bas de mon kiosque :
   L'eau qui descend des pics déchiquetés,
Comme tombant du ciel,
   Coule devant l'auvent de ma maison,
Puis se jette au pied des rochers ;
   Une source cachée y joint son gazouillis,
Dont l'écho ne couvre pas nos voix.
   Tuyaux et cordes ne sauraient égaler la pureté de ces
                                      [bruits.
Les sons des soies et des bambous ont certes leur beauté :
   Beauté indiscrète à mon goût.
C'est pourquoi, bien souvent, ma provision de vin en main,
   Je m'en vais visiter au loin les ruisselets.
Les oiseaux épient mon ivresse ;
   Les vapeurs des torrents me retiennent à dormir.
Les fleurs de la montagne ne peuvent que me sourire,
   Puisqu'elles ne savent pas parler.
Seule la brise venue des précipices
   De son souffle saura me tirer de l'ivresse.

1. Ngeou-yang Sieou prit, à l'âge de quarante ans, le surnom de Tsouei-wong, « Vieillard ivre ». On sait que l'ivresse inspire souvent les poètes. — Tch'ou-tcheou est une localité de la province du Ngan-houei, où le poète exerça la charge de préfet.

T'i tch'ou tcheou tsouei wong t'ing heou : Sseu che wei wei lao, tsouei wong ngeou t'i p'ien...

Tr. Bourgeois.
Rv. M. Kaltenmark.

Li Keou

LA STÈLE DU DUC DE LOU

D'autres tracent des caractères,
  Qui sont beaux comme des femmes.
Mais que dire de maître Yen[1],
  Ce valeureux guerrier !

Sur le mont Ma-kou est une de ses stèles[2]
  Vieille de bien des années et des lunes.
Le trait si ferme du pinceau semble fendre la pierre :
  Pour en douter, il faudrait être celui qui la grava.

On dirait d'un dragon surpris qui défie le tonnerre
  Et crache la pluie tombant du ciel ;
D'un tigre furieux qui fonce et qui s'échappe,
  Narguant un millier d'arbalètes.

Dans la mer, on peut aisément chercher des perles,
  Dans les montagnes, trouver du jade ;
Mais quant à cette stèle, si elle devait se ruiner,
  Jamais on ne retrouverait pareille calligraphie !

Ne devrait-elle pas, comme un précieux joyau,
   Etre mise à l'abri dans un Trésor Céleste[3],
Et, sauf aux jours des sacrifices,
   Rester cachée au regard du vulgaire ?

Li Keou (Li T'ai-po) vécut de 1009 à 1059.

1. Maître Yen ou Yen Tchen-k'ing (709-785), de la dynastie des T'ang, à la fois grand lettré et calligraphe réputé, homme d'État intègre et brillant militaire, participa à la guerre civile contre le rebelle Ngan Lou-chan, mais sans succès. Il servit fidèlement trois empereurs successifs et fut anobli comme duc de Lou sous T'ai-tsong. A l'époque de Tö-tsong, le rebelle Li Hi-lie demanda l'aide de Yen, qui refusa et fut tué. — 2. Le mont Ma-kou, ainsi nommé du nom d'une Immortelle qui y obtint le Tao (c'est-à-dire la délivrance taoïste) et y possède un sanctuaire, est situé au sud de Nantch'ang, dans la province du Kiang-si. L'inscription calligraphiée par Yen Tchen-k'ing était dédiée à l'autel de Ma-kou. — 3. D'après le *Rituel des Tcheou (Tcheou-li)*, on conservait dans le magasin dit Trésor Céleste *(t'ien-fou)*, dépendant du ministère du Printemps (ou des Rites), certains objets particulièrement précieux, perles et jades, de valeur religieuse ou magique, que l'on n'exhibait que lors des grandes cérémonies.

Lou kong pei : T'o jen kong tseu chou, mei hao jo fou niu...

Tr. Bourgeois.
Rv. M. Kaltenmark.

Wang Ngan-che

PROMENADE EN BANLIEUE

La gamme des verts juxtaposés couvre la vallée et la plaine ;
  Et les arbres sont si profonds qu'on ne voit pas leurs
    [fleurs.
La brise et le soleil, ne sachant plus à qui témoigner leur
    [tendresse,
  Reviennent caresser le chanvre et les mûriers.

*Wang Ngan-che (Wang Kiai-fou, Wang Pan-chan, 1021-1086) .
devenu le conseiller de l'empereur Chen-tsong, il entreprit, avec une hardiesse
sans précédent, de réaliser un vaste programme de réformes fiscales, économiques,
administratives, militaires. Il fut finalement vaincu par ses adversaires politi-
ques et exilé à Nankin. Il a laissé une œuvre poétique abondante.*

*Tch'ou kiao : Tch'ouan yuan yi p'ien lu kiao kia, chen chou ming ming
pou kien houa...*

Tr. A. T'ang.
Rv. M. Kaltenmark.

Wang Ling

LA CANICULE

La brise n'est pas de force à tuer la chaleur :
    Le soleil couchant vole au-dessus de la montagne.
Fleuves et mers vont-ils donc se vider ?
    Ciel sans pitié, vas-tu assécher nos cours d'eau ?

Il nous faudrait les hauteurs du K'ouen-louen[1] et leurs
    Ou le lointain P'ong-lai[2] et sa fraîcheur !   [neiges,
Mais, las, ne pouvant y transporter tous les hommes,
    Comment avoir le cœur de m'y rendre tout seul ?

Wang Ling (Wang Fong-yuan, 1032-1059), jeune poète distingué par Wang Ngan-che, mort prématurément.

1. K'ouen-louen, montagne mythique de l'Occident, séjour des Immortels. — 2. P'ong-lai, îles mythiques de l'Orient, elles aussi séjour des Immortels.

Chou han k'ou jo : Ts'ing fong wou li t'ow to jo, lo je tchao tch'e fei chang chan...

Tr. Bourgeois.
Rv. M. Kaltenmark.

Sou Che

ÉCRIT DANS L'IVRESSE
LE VINGT-SEPTIÈME JOUR DU SIXIÈME MOIS
AU PAVILLON D'OÙ L'ON REGARDE LE LAC

Les noirs nuages versent leur encre, mais sans boucher encor
[les monts ;
    La blanche pluie, en perles sautillantes, inonde notre
[barque.
Le vent soudain arrive en tourbillons, et dégage la vue du
[lac,
Dont l'onde au pied du pavillon reflète alors le ciel.

Sou Che (Sou Tseu-tchan, 1035-1101, plus connu sous le surnom de Sou Tong-p'o), poète gracieux, généreux et romantique, l'un des plus célèbres de la dynastie des Song. Il était aussi peintre et prosateur ; dans sa carrière politique, les disgrâces et les exils alternent avec de brillantes réussites. Nombreux sont les poètes qu'il a découverts et protégés.

Lieou yue eul che ts'i je wang hou leou tsouei chou : Hei yun fan mo wei tchō chan, pai yu t'iao tchou louan jou tch'ouan...

Tr. Bourgeois.
Rv. M. Kaltenmark.

EN BUVANT SUR LE LAC,
PAR LE BEAU TEMPS, PUIS PAR LA PLUIE

Plénitude lumineuse de l'onde — c'est le beau temps...
Sombre estompe des monts — la pluie a aussi ses
[charmes...
Lac de l'Ouest et Dame de l'Ouest[1] se peuvent comparer :
Léger fard ou épais apprêt également leur siéent.

1. Le poète joue sur les noms du Si-hou (Lac de l'Ouest, près de Hang-
tcheou au Tchö-kiang, préfecture dont Sou Che fut gouverneur) et de Si-
che, beauté célèbre de l'antiquité.

*Yin hou chang tch'ou ts'ing heou yu : Chouei kouang lien yen ts'ing fang
hao, chan sö k'ong mong yu yi k'i...*

Tr. Bourgeois.
Rv. M. Kaltenmark.

ÉCRIT
SUR LA PEINTURE D'UNE BRANCHE COUPÉE
FAITE PAR WANG LE GREFFIER, DE YEN-LING[1]

Les bambous maigres ressemblent à des ermites ;
La fleur discrète est comme une vierge.
Le moineau sur la branche s'incline et se redresse,
S'ébroue et fait pleuvoir parmi les fleurs.

Ses deux ailes vont s'ouvrir pour l'envol ;
Et, sous lui, tout le feuillage s'agite.
Les pauvres abeilles qui butinent les fleurs
A leurs deux pattes confient le nectar.

L'artiste au talent merveilleux
  Fait surgir le printemps du pinceau et du papier.
Je suis sûr qu'il doit être poète,
  Et qu'on pourrait lui demander des rimes subtiles.

1. Localité du Ho-nan.

Chou yen ling wang tchou pou houa tchô tche : Seou tchou jou yeou jen, yeou
heou jou tch'ou niu...

                                        Tr. Bourgeois.
                                        Rv. M. Kaltenmark.

VISITE AUX DEUX MOINES BOUDDHISTES
HOUEI-K'IN ET HOUEI-SSEU DU KOU-CHAN[1]
LE JOUR DU SACRIFICE DE FIN D'ANNÉE

  Neige imminente, lac plein de brumes...
Les temples tour à tour s'éclairent et s'évanouissent ; le mont
                          [tantôt est là, tantôt n'est plus.
Les rochers plongent dans l'eau limpide, où l'on peut
                          [compter les poissons.
  Pas une âme dans la forêt profonde, où les oiseaux
                          [s'appellent.
En ce jour de fête, au lieu de rester auprès de femme et
                          [enfants,
  Sous prétexte de visite aux moines, je m'offre une partie de
Où donc est la demeure des religieux ?   [plaisir.
  Le chemin, en passant devant le Pao-yun chan[2], fait de
                          [nombreux méandres.
Dans les solitudes du Mont Solitaire, qui voudrait
                                        [demeurer ?

367

Aux hommes de la Voie, qui vivent avec la Voie, point
[solitaire n'est le mont !
Les huttes de bambou, aux fenêtres de papier, ont pour eux
[de tièdes profondeurs ;
Dans leurs robes de bure, sur des ronds de rotin, ils
[sommeillent assis...
Le temps est froid, la route longue, mon laquais s'inquiète ;
Il prépare l'équipage, me pressant de rentrer avant la
[nuït.

Au débouché de la montagne, je me retourne et je con-
[temple les nuages et les arbres qui se confondent ;
Un milan plane au-dessus des pagodes.
Quel plaisir que de folâtrer ainsi sans but !
Au retour, je crois sortir d'un rêve soudain interrompu.
Je me hâte de mettre en vers les souvenirs qui déjà fuient ;
Une fois perdues, les pures images ne se laisseront plus
[peindre.

1. Le Kou-chan, ou Mont solitaire (« Mont orphelin »), est situé près
de Hang-tcheou, dans le Tchö-kiang. Il dresse sa cime entre deux lacs. —
2. Le Mont des Nuages précieux, où se trouvait également un monastère
bouddhique.

*La je yeou kou chan fang houei k'in houei sseu eul seng : T'ien yu siue, yun
man hou, leou t'ai ming mie chan yeou wou...*

Tr. Bourgeois.
Rv. M. Kaltenmark.

SOUVENIR DE MIN-TCH'E
EN RÉPONSE À UN POÈME DE TSEU-YEOU[1]

Notre vie ici-bas, à quoi ressemble-t-elle ?
A un vol d'oies qui, venant à poser leurs pattes sur la
[neige,

368

Parfois y laissent l'empreinte de leurs griffes.
    L'oie envolée part-elle vers l'Est, vers l'Ouest ?

Le vieux moine n'est plus ; un pagodon neuf se dresse[2].
    Sur le mur abîmé, plus rien ne se voit de notre
                                        [inscription...
Te souvient-il des épreuves que nous rencontrâmes alors ?
    La route était longue, nous étions épuisés ; et mon âne
                                [boitillant ne cessait de braire[3].

Sou Che adresse ces vers à son frère Sou Tchö (Sou Tseu-yeou, 1039-1112), poète, lui aussi.

1. En 1061, au onzième mois, Sou Che et son frère Sou Tchö (Sou Tseu-yeou) passèrent à Min-tch'e au Ho-nan, où antérieurement ils avaient passé la nuit dans un monastère bouddhique et avaient inscrit des vers sur le mur d'un vieux moine. Mais celui-ci, lors du second voyage, n'était plus en vie. — 2. Le stûpa funéraire du moine. — 3. Sou Che rapporte que, lors du premier voyage, son cheval vint à mourir et qu'il dut le remplacer par un âne.

Ho tseu yeou min tch'e houai kieou : Jen cheng tao tch'ou tche ho sseu, k'ia sseu fei t'a siue ni...

                                        Tr. Bourgeois.
                                        Rv. M. Kaltenmark.

NOCTURNE EN BARQUE

Une brise susurre, légère, dans les joncs ;
    J'ouvre la porte : c'est une pluie de lune qui inonde le
                                        [lac[1].
Les bateliers et les oiseaux des eaux rêvent ensemble ;
    De grands poissons s'enfuient tels des renards agiles.

En cette nuit profonde où hommes et choses s'ignorent,
  Seuls mon corps et mon ombre ensemble jouent.
La houle nocturne dessine comme des vers de terre sur les
                                              [berges ;
  La lune qui tombe s'accroche aux saules comme une
                                    [araignée suspendue.

En cette vie qui se hâte, au milieu des tracas du monde,
  Une image éthérée passe parfois ainsi devant nos yeux,
                                    [mais combien fugitive !
Le chant du coq soudain, le son d'une cloche au loin : les
                                    [oiseaux se dispersent ;
  J'entends les tambours des pêcheurs qui s'interpellent
                                    [pour le retour.

1. Le bruit de la brise lui avait fait croire qu'il pleuvait.

*Tcheou tchong ye tso : Wei fong siao siao tch'ouei kou p'ou, k'ai men k'an
. yue yu man hou...*

Tr. Bourgeois.
Rv. M. Kaltenmark.

Houang T'ing-kien

EN ÉCOUTANT JONG-TŌ JOUER DE LA CITHARE

La lune est claire, la rivière calme ; dans le silence et la
[solitude,
   Le grand virtuose arrange ses manches pour caresser
[l'instrument rare.
Les anciens ne sont plus, mais leur musique demeure,
   Comme survivent les Odes et les Hymnes[1].

Un bon exécutant est rare,
   Un bon auditeur plus encore :
Comme la fleur de l'arbre Udumbara
   Qui n'apparaît qu'une fois en ce monde.

Celui-là ne joue plus avec ses dix doigts,
   Qui sait oublier la cithare et soi-même :
Son âme contemplative connaît le calme des sommets et des
[sources ;
   Comme dans un val écarté, la brise l'accompagne en sour-
[dine.

Qui donc dira que la musique de la soie n'égale pas celle du
[bambou[2] ?
   Par-delà les mots, elle nous conduit à notre vraie nature.

Quand la cithare s'arrêta, dehors la lune plongeait dans la
[rivière ;
Tous les bruissements cosmiques s'éteignirent tandis que
[s'immobilisaient les vibrations des sept cordes.

*Houang T'ing-kien (Houang Lou-tche, Houang Chan-kou, 1045-1105)
occupa des postes divers à la capitale et en province. Sou Che avait une haute
opinion de son génie poétique ; leurs deux noms sont souvent associés. Houang
T'ing-kien a mérité de prendre place parmi les vingt-quatre modèles de piété
filiale, pour avoir passé un entier au chevet de sa mère malade. Il était bon
calligraphe, et féru de bouddhisme.*

1. *Ya* et *Song*, deux parties du *Canon des poèmes*. — 2. Instruments à
cordes et à vent.

*T'ing jong tö kiun kou k'in : Ming yue kiang tsing tsi leao tchong, ta kia
lien mei fou kou t'ong...*

Tr. Bourgeois.
Rv. M. Kaltenmark.

EN MONTANT AU PAVILLON DE LA JOIE[1]

Imbécile, laisse là les affaires publiques !
A l'Est, à l'Ouest, le soir limpide baigne le Pavillon de la
[Joie.
Au-dessus des monts aux arbres dépouillés, le ciel au loin
[immense...
La rivière dessine d'un trait brillant sa route sous la lune.

Voici que ma cithare qui chantait une belle s'est tue[2].
Mon regard chavire sous l'effet du bon vin.
Sur la barque qui me ramène de très loin, j'égrène quelques
[notes sur mon long pipeau ;
Et mon cœur fait serment d'amitié avec la blanche
[mouette.

1. Le Pavillon de la Joie (K'ouai-ko), site célèbre à Ki-ngan, au Kiang-si, au bord de la rivière Teng. — 2. Allusion probable à Po-ya, personnage de l'Antiquité qui brisa sa cithare quand son ami Tchong Tseu-ki mourut.

Teng k'ouai ko : Tch'e eul leao k'iue kong kia che, k'ouai ko tong si yi wan ts'ing...

Tr. Bourgeois.
Rv. M. Kaltenmark.

Tch'en Che-tao

DEUX POÈMES
SUR LE TRISTE SORT DES CONCUBINES[1]

I

Dans le palais aux douze pavillons de mon maître et
    J'étais la préférée entre trois mille[2].   [seigneur,
Hélas ! toujours fut triste le sort des concubines ;
    Je n'ai pu servir mon seigneur jusqu'au terme de mes
                                                    [jours,

Je dansais à ses anniversaires et lui souhaitais longue vie ;
    Et je l'ai accompagné aux Sentiers de Nan-yang[3].
Et voici qu'il me faut, pour le plaisir d'un autre,
    Revêtir les habits que lui m'avait offerts.

Ma voix ne pourrait-elle parvenir jusqu'au ciel ?
    Mes larmes pénétrer jusqu'au séjour des morts ?
Mais les morts, je le crains, n'ont point de connaissance ;
    La concubine a pitié d'elle-même !

374

Pas un souffle ne soulève les feuilles tombées ;
  Dans la montagne déserte, une fleur prodigue en vain son
                                                    [incarnat.
Vous avez quitté ce monde sans attendre la vieillesse ;
  L'affection dont votre servante était comblée se trouve
                                                    [interrompue.

On ne meurt qu'une fois, et je m'en accommode ;
  Car comment supporterais-je de vivre jusqu'au bout de
Le ciel et la terre me seront indulgents ; [mes cent ans ?
  Je me suis à moi-même intolérable.

Si les morts avaient connaissance,
  Je me tuerais pour aller vous rejoindre !
Là où jadis je chantais et dansais,
  Seuls les grillons frileux crient dans la nuit.

*Tch'en Che-tao (Tch'en Li-tch'ang, Tch'en Wou-ki, 1053-1101) a
fait partie du cercle des amis et disciples de Sou Che.*

1. C'était déjà le titre et le thème de poèmes à chanter (*yue-fou*) de
Ts'ao Tche, au IIIᵉ siècle de notre ère (cf. p. 140). — 2. « Douze pavil-
lons » désigne une résidence des Immortels. Les trois mille concubines
sont une allusion à un poème de Po Kiu-yi où il est question des trois
mille beautés du gynécée impérial. Cf. p. 313-314, « Chant de l'éternel
regret ». — 3. « Les Sentiers de Nan-yang », c'est-à-dire sa sépulture ;
allusion à un passage de l'*Histoire des Han*.

Ts'ie po ming : Tchou kia che eul leou, yi chen tang san ts'ien...

                                              Tr. Bourgeois.
                                              Rv. M. Kaltenmark.

Tchang Lei

LE PETIT VENDEUR DE GALETTES
DU QUARTIER NORD

La lune descend sur les remparts où le givre est blanc
[comme neige ;
Le crieur n'a presque plus de voix pour annoncer la
[cinquième veille au sommet de la tour[1].
Je prends mon plateau, je me hâte au-dehors et lance mon
[appel ;
Nul passant dans le quartier, ni à l'Est ni à l'Ouest...

La bise du Nord évente mes vêtements et souffle sur mes
[galettes ;
Qu'importe la minceur de ma veste, mais mes galettes ne
[vont-elles pas se refroidir ?
En tout métier, ou noble ou vil, il importe d'être énergique.
Un garçon, pour réussir, peut-il rester à ne rien faire ?

*Tchang Lei (Tchang Wen-ts'ien, 1052-1112), autre protégé de Sou Che,
poète et historien. Deux fois banni loin de la capitale, la seconde fois pour avoir
pleuré trop ostensiblement son ancien protecteur.*

1. La cinquième veille : de trois à cinq heures du matin.

*Pei lin mai ping eul : Tch'eng t'eou yue lo chouang jou siue, leou t'eou wou
king cheng yu ts'iue...*

Tr. Bourgeois.
Rv. M. Kaltenmark.

376

Tch'ao Pou-tche

ÉCRIT À LA DEMANDE DU NEVEU DE WEN-TS'IEN,
YANG K'O-YI,
QUI IMITAIT LES PEINTURES DE BAMBOUS
DE WEN YU-K'O[1]

Lorsque Yu-k'o peint des bambous,
   Les bambous sont tout faits dans son cœur ;
Son travail est pareil à la pluie printanière,
   Qui fait pousser la verdure dans le sol.

Quand l'inspiration lui vient, le tonnerre semble surgir de
                                  [terre ;
   Dix mille pousses de bambous pointent sur les pentes et
Aujourd'hui, vous êtes comme Yu-k'o :   [dans les vaux.
   Votre esprit a rejoint le sien depuis longtemps.

Je pense à Kouan et Ko, jadis[2],
   Qui furent de vrais chefs jusqu'à la moelle ;
Ils saisissaient, dans les moments critiques, les moindres
                               [détails de la situation,
   Et en déduisaient des solutions qui étonnaient le vulgaire.

La littérature a, elle aussi, sa technique,
   Dont n'hérite pas qui veut.

Un bon archer atteint la cible avant même d'avoir tiré ;
La flèche n'est pas encore partie que les singes apeurés
[s'agrippent à l'arbre.

De même votre oncle Tchang l'académicien
Connaît merveilleusement son métier.
Si vous lui demandez le secret du charron[3],
Qu'avez-vous besoin de connaître les Saintes Lectures[4] ?

Tch'ao Pou-tche (Tch'ao Wou-kieou, 1053-1110), considéré avec Sou Che, Tchang Lei et Ts'in Kouan (cf. p. 409) comme l'un des « Quatre Grands Lettrés de l'Empire » de cette époque.

I. Wen Tong (Wen Yu-k'o) vécut environ de 1019 à 1079. — 2. Kouan Tchong et Tchou-ko Leang, deux hommes d'État très connus, l'un de l'Antiquité, l'autre des Trois Royaumes. — 3. Allusion à un charron extraordinairement expert dont parle le philosophe taoïste Tchouang-tseu, et qui se raillait de la culture livresque. — 4. C'est-à-dire les Classiques, base de l'enseignement officiel et de l'orthodoxie confucianiste.

Tseng wen ts'ien cheng yang k'o yi hiue wen yu k'o houa tchou k'ieou che : Yu k'o houa tchou che, hiong tchong yeou tch'eng tchou...

Tr. Bourgeois.
Rv. M. Kaltenmark.

Tch'en Yu-yi

ÉCLAIRCIE

Une brèche s'est ouverte dans le ciel : au Sud-Ouest la
[surface du fleuve se nettoie ;
Des traînées de brumes inertes rasent la petite plage.
Perchée sur un mur, une pie, sa robe encore humide,
[bavarde.
Par-delà les tours, le tonnerre n'a pas apaisé son
[courroux.

Profitant de cette légère fraîcheur, je m'octroie un somme
[paisible ;
Puis cherche fiévreusement des phrases rares pour
[annoncer le beau temps revenu.
La splendeur de ce soir, personne ne la partage avec moi ;
Je me couche et regarde la Voie Lactée : tout mon esprit
[en est illuminé.

Tch'en Yu-yi (Tch'en K'iu fei, Tch'en Kien-tchai), 1090-1138.

*Yu ts'ing : T'ien k'iue yi nan kiang mien ts'ing, sien yun pou tong siao t'an
hong...*

Tr. Bourgeois.
Rv. M. Kaltenmark.

JOUR DE PRINTEMPS

C'était l'aube ; les oiseaux chantaient sur les arbres de la
[cour.
Le printemps se parait de rouge et de vert pour au loin
[envahir les forêts.
Voici soudain qu'un beau poème se présente à mes yeux ;
Mais, quand je veux l'enserrer dans les règles prosodiques,
[je ne puis plus les retrouver !

*Tch'ouen je : Tchao lei t'ing chou yu ming k'in, hong lu fou tch'ouen
chang yuan lin...*

Tr. Bourgeois.
Rv. M. Kaltenmark.

380

Fan Tch'eng-ta

BALLADE DES DÉVIDEUSES DE SOIE

Verts sont les blés, jaunes les orges.
  A l'horizon le soleil se lève ; le temps est frais.
Belles-mères et brus s'interpellent ; la tâche est urgente en ce
                                                    [jour.
  Derrière la maison bouillent les cocons ; leur bonne odeur
                                        [arrive jusqu'à la porte.

Les dévidoirs font un crépitement de grêle,
  Et des cocons épais les longs fils de soie ne cassent pas.
Cette année encore, nous n'aurons point loisir de nous vêtir
                                        [de cette soie ;
  Demain on ira la vendre à la porte de l'Ouest.

Fan Tch'eng-ta (Fan Tche-neng, Fan Che-hou, 1126-1193) : cet
homme politique, administrateur et diplomate, écrivit, outre des poèmes, d'im-
portants récits de voyages.

Sao sseu hing : Siao mai ts'ing ts'ing ta mai houang, yuan t'eou je tch'ou
t'ien sŏ leang...

Tr. Bourgeois.
Rv. M. Kaltenmark.

Yang Wan-li

LA PLUIE SUR LE BANANIER

Que le bananier a de joie à recevoir la pluie !
  Le bruit, toute la nuit, en fut clair et plaisant :
Tantôt sons menus d'une mouche heurtant une vitre de
                                              [papier,
  Tantôt fracas puissant de cascade dévalant les montagnes.

Au tintement limpide des gouttes espacées,
  Toute autre rumeur s'est tue en ce calme soir d'automne.
Le bananier est heureux, mais l'homme s'attriste : mieux lui
                              [plairait que le vent d'Ouest s'arrête
  Et que cette pluie cesse.

Yang Wan-li (Yang T'ing-sieou, 1124-1206), docteur en 1154, conservateur de la Bibliothèque impériale, poète réputé et auteur d'un commentaire sur le Canon des Mutations.

Pa tsiao yu : Pa tsiao tö yu pien hin jan, tchong ye tso cheng ts'ing keng yen...

Tr. Bourgeois.
Rv. M. Kaltenmark.

Lou Yeou

LES DEUX HAMEAUX

Au hameau de l'Est, les brumes s'élèvent au sommet des
                                                [collines ;
    Au hameau de l'Ouest, elles enserrent la montagne à
Au hameau de l'Ouest, bruit de cascade ;   [mi-côte.
    Au hameau de l'Est, tintement de breloques...

Face à face, séparées par des haies,
    De part et d'autre, trois petites chaumières.
Soupe de cresson et brouet de blé,
    On ne manque pas de s'inviter chaque jour.

Garçons et filles font une même famille ;
    Poules et chiens vont et viennent à leur gré.
« ... Et moi aussi, je voudrais être votre voisin.
    Si vous avez un champ de reste, n'en soyez pas avares ! »

Lou Yeou (Lou Wou-kouan, 1125-1210), le poète le plus célèbre des Song du Sud (1127-1278). Fonctionnaire, il occupa des postes divers, grâce à la faveur de l'empereur Hiao-tsong ; mais il était trop insouciant pour ce genre de carrière. Poète, il rêvait dans sa jeunesse de la réunification de la Chine ; plus tard, il se consola de ses déceptions en contemplant la nature.

Tong si kia : Tong kia yun tch'ou yeou, si kia long pan chan...

Tr. Bourgeois.
Rv. M. Kaltenmark.

PROMENADE AU VILLAGE
DE L'OUEST DES COLLINES

Ne ris point du vin trouble que le paysan prépare pour
[l'hiver[1] !
Si l'année est prospère, le visiteur trouvera chez lui
[volaille et porc en suffisance.
Montagne sur montagne, rivière après rivière, tu doutes de
[trouver un chemin ;
Ombre des saules, éblouissement des fleurs : voici encore
[un village !

Une procession aux flûtes et aux tambours : la fête printa-
[nière du Dieu du Sol est proche.
Simplicité naïve des vêtements et des coiffures : ce sont
[encore les mœurs d'autrefois !
A l'avenir, s'il m'est permis, oisif, de profiter du clair de
[lune,
Je prendrai mon bâton et, quelle que soit l'heure, j'irai en
[pleine nuit frapper à leur porte.

*Poème écrit au printemps de 1167 dans la région de Chan-yin (Tchö-
kiang).*

1. Pour la fête de fin d'année.

*Yeou chan si ts'ouen : Mo siao nong kia la tsieou houen, fong nien lieou k'o
tsou k'i t'ouen...*

Tr. Bourgeois.
Rv. M. Kaltenmark.

Sur mes vêtements, la poussière du voyage se mêle aux
[taches de vin ;
  Au cours de cette randonnée lointaine, partout des souve-
[nirs bouleversants !
Aurai-je jamais l'étoffe d'un poète ?
  Il crachine. Monté sur mon âne, je franchis la Porte du
[Sabre.

*La porte du Sabre se trouve au Sseu-tch'ouan. Lou Yeou écrivit ce quatrain
en 1172, en route pour Tch'eng-tou. En chemin, il rencontra des sites illustrés
par les poètes d'autrefois, qui, comme lui, voyageaient à dos d'âne : tels Li Po,
Li Ho et d'autres.*

  *Kouo kien men : Yi chang tcheng tch'en ho tsieou hin, yuan yeou wou
tch'ou pou siao houen...*

                          Tr. Bourgeois.
                          Rv. M. Kaltenmark.

CHANSON IMPROVISÉE AU COURANT DU PINCEAU
DURANT LA NUIT DU PREMIER JOUR
DE LA NEUVIÈME LUNE[1],
APRÈS AVOIR RELU DE VIEUX ESSAIS POÉTIQUES

Étudiant malhabile en mes premiers vers,
  Combien souvent le génie d'autrui me fut une aide !
Trop conscient de ma faiblesse et d'un souffle débile,
  Je n'osais aspirer à une renommée creuse.

Dans ma quarantaine, je rejoignis l'armée à Nan-tcheng[2].
  Nuit et jour, festins et banquets se succédaient,
Et jeux de ballon sur des stades de mille pas :
  Trente mille chevaux alignés lors des revues !

Les joueurs de dés, sous les lampions, emplissaient de leurs
[cris les étages ;
Coiffée d'un diadème, superbe, une danseuse soudain
[illumine la salle...
Les cordes de sa guitare vibrent, tumultueux crépitement de
[grêle ;
Sur le tambourin, le rythme de ses mains déchaîne
[l'orage.

La voilà l'extase des poètes, soudainement dévoilée !
Je vois devant mes yeux et K'iu Yuan et Kia Yi[3] !
A moi le céleste métier[4] qui tisse des brocarts nuageux !
Aune, ciseaux, ne font l'art du tailleur.

Certes les talents ne manquent pas en ce monde :
Quelque chose d'imperceptible les sépare du génie.
Le vieux que je suis, peu importe qu'il meure !
Mais qu'avec moi meure le Kouang-ling san[5], cela
[mériterait regret...

1. 8 octobre 1192. L'auteur est âgé de soixante-sept ans. — 2. C'est à l'âge de quarante-sept ans, en 1172, que Lou Yeou était entré dans l'armée à Nan-tcheng (ouest du Chen-si) dans le vain espoir de contribuer à la reconquête de la Chine centrale alors occupée par les barbares Kin. — 3. Deux grands poètes, K'iu Yuan de Tch'ou (IVe siècle av. J.-C.), Kia Yi des Han (IIe siècle av. J.-C.). — 4. Métier à tisser des dieux, expression tirée du *Tchouang-tseu.* — 5. Kouang-ling san : nom d'un air ancien qui se jouait sur la cithare. En 262 Hi K'ang, au moment de mourir sous la hache (cf. p. 168), joua une dernière fois cet air en disant tristement : « Désormais, personne ne saura jouer le Kouang-ling san. » Ce nom symbolisa dès lors la fin d'une tradition poétique ou musicale.

Kieou yue yi je ye tou che kao yeou kan tseou pi tso ko : Wo si hiue che wei yeou tö, ts'an yu wei mien ts'ong jen k'i...

Tr. Bourgeois.
Rv. M. Kaltenmark.

EN SORTANT PAR LA PORTE DE LA HAIE
POUR ALLER TROUVER LA FRAICHEUR,
À LA FIN D'UNE NUIT D'AUTOMNE,
PEU AVANT L'AUBE

Là-bas à l'Est, à trente mille stades, le Fleuve Jaune se jette
[dans la mer ;
Là-haut, le Pic Sacré[1] élève à huit mille brasses sa cime
[qui touche le ciel.
Le peuple abandonné, partout, imbibe de ses larmes la
[poussière des Barbares ;
Une année de plus, ils ont guetté en vain, venant du Sud,
[l'armée impériale.

*Poème composé en 1192, alors que Lou Yeou se trouvait en séjour dans son
pays natal à Chan-yin du Tchô-kiang.*

1. Il doit s'agir du Houa-chan, au Chen-si, une des montagnes sacrées
de la Chine, située près des capitales anciennes, dans la région alors occu-
pée par les barbares Kin, où se trouvaient aussi les bouches du Fleuve
Jaune.

*Ts'ieou ye tsiang hiao tch'ou li men ying leang yeou kan : San wan li ho
tong jou hou, pa ts'ien jen yue chang mo t'ien...*

Tr. Bourgeois.
Rv. M. Kaltenmark.

AU PARC DE CHEN

Sur les remparts, dans les rayons obliques du couchant, le
[son plaintif des cornets peints...
Au parc de Chen, je ne retrouve plus les étangs ni les
[terrasses d'autrefois.

Sous le pont où mon cœur naguère fut brisé, verdoie l'onde
[printanière ;
C'est ici que prit peur l'oie sauvage, effrayée de son
[propre reflet[1].

Le rêve est rompu, le parfum dissipé, depuis huit lustres ;
Les saules du parc de Chen, vieillis, ne sèment plus au
[vent leurs graines floconneuses.
Quand mon corps sera devenu un peu de la terre du mont
[Kouei-ki[2],
Il reviendra hanter ces lieux, et la même tristesse
[m'envahira.

*Poème écrit à Chan-yin en 1199. Ayant été contraint par sa mère de se
séparer de sa première femme, née T'ang, Lou Yeou la rencontra un jour dans
le parc de la famille Chen, où il s'entretint avec elle et son nouveau mari. Peu
après, la jeune femme mourut, et c'est à sa mémoire que le poète écrivit cette
poésie.*

1. L'oie sauvage symbolise ici l'épouse répudiée. Allusion à un passage
du « Dieu de la Lo » de Ts'ao Tche. — 2. Le mont Kouei-ki est situé
près de l'actuel Chao-hing, au Tchö-kiang, non loin du parc de Chen.
C'est là que le poète souhaite trouver une sépulture.

*Chen yuan : Tch'eng chang sie yang houa kiue ngai, chen yuan fei fou kieou
tch'e t'ai...*

Tr. Bourgeois.
Rv. M. Kaltenmark.

À MON FILS

Après ma mort, je le sais bien, plus rien n'existera pour
[moi ;
Mais qu'il m'est douloureux de n'avoir vu les Neuf
[Provinces réunifiées !

388

Le jour où les armées impériales, au Nord, auront pacifié la
[Plaine Centrale,
N'oublie pas, lors du sacrifice ancestral, d'en informer les
[mânes de ton père !

*C'est le dernier poème de Lou Yeou, écrit peu avant sa mort, au début de
l'année 1210. La Chine était toujours partagée entre les Kin au nord et les
Song au sud. — La Plaine Centrale : la plaine du bassin inférieur du Fleuve
Jaune, terre classique où les Song avaient leur capitale avant leur exode à
Hang-tcheou sous la pression des Kin, en 1126. « Les Neuf Provinces » sont
une désignation antique de la Chine.*

*Che eul : Sseu k'iu yuan tche wan che k'ong, tan pei pou kien kieou tcheou
t'ong...*

Tr. Bourgeois.
Rv. M. Kaltenmark.

Li Teng

ACHÈTE DU VIN !

Si tu as quelque argent, n'achète que du vin !
    Garde-toi d'acquérir les champs des Collines du Sud.
Ils sont appâts pour les agents du fisc,
    Si effrayants que s'en dissipent les purs effluves des pins.

Li Teng (Li Liu-tao), milieu du XIIIe siècle.

Kou tsieou : Yeou ts'ien tan kou tsieou, mo mai nan chan t'ien...

Tr. Bourgeois.
Rv. M. Kaltenmark.

Lo Kong-cheng

AU BORD DU RUISSEAU

Jadis épris des sites grandioses,
 Je n'aime plus que mon humble retraite.
Devant ma porte, un cheveu de ruisseau
 Devient pour moi la vue sur les Cinq Lacs[1].

Lo Kong-cheng (Lo Che-wong), seconde moitié du XIIIᵉ siècle.

1. Les Cinq Lacs, région des lacs près de Sou-tcheou, au Kiang-sou, dont l'un est le T'ai-hou, particulièrement célèbre pour sa beauté.

K'i chang : Wang souei t'an k'i lan, kin nien souei k'ao p'an...

Tr. Bourgeois.
Rv. M. Kaltenmark.

Kiang K'ouei

UN VOYAGE D'ANTAN

Le Lac Tong-t'ing[1] avec ses huit cents stades
   Est comme un plat de jade empli de vif-argent.
Un long arc-en-ciel soudain vient s'y mirer :
   Immense roue multicolore,
Que ma barque traverse en son milieu.
   Lumière, lumière, qui frappe mon âme !

A l'aube, j'ai quitté le sanctuaire de la Colline Jaune ;
   Le soir, j'arrive à la crique de Sable Rouge.
Mais, je vous le demande, où suis-je donc ?
   Partout des anses, par dizaines...
Roseaux bleutés à perte de vue...
   La lune brille comme un flambeau.
D'anse en anse, pas un habitant...
   Il m'a fallu passer la nuit dans les roseaux en fleurs.

Kiang K'ouei (Kiang Yao-tchang, 1155-1235), musicien et poète, échoua à l'examen du doctorat et vécut en compagnie d'autres poètes, voyageant entre Tch'ang-cha (Hou-nan), Han-yang (Hou-pei), Yang-tcheou (Kiang-sou) et Hang-tcheou (Tchô-kiang).

1. Au Hou-nan, nord de Tch'ang-cha.

Si yeou che : Tong t'ing pa pai li, yu p'an tch'eng chouei yin...

               Tr. Bourgeois.
               Rv. M. Kaltenmark.

Wong Kiuan

LE QUATRIÈME MOIS AU VILLAGE

Du vert partout, sur les collines et sur la plaine, et tout
               [blancs les torrents ;
  Dans le chant des coucous, la pluie comme une fumée...
Bien rares sont les villageois oisifs au quatrième mois :
  A peine donnés les soins aux vers à soie et aux mûriers, il
               [faut repiquer les champs.

Wong Kiuan (Wong Siu-Kou), début du XIIIe siècle.

Le quatrième mois du calendrier lunaire, début de l'été (mai-juin).

*Hiang ts'ouen sseu yue : Lu man chan yuan pai man tch'ouan, tseu kouei
cheng li yu jou yen...*

                                Tr. Bourgeois.
                                Rv. M. Kaltenmark.

Yen Ts'an

PLAISIRS CHAMPÊTRES

Je reste oisif ; de m'en retourner peu me chaut.
    Jour après jour grandit mon goût pour la vie champêtre.
Plus d'agent qui vienne m'apporter des rapports !
    Ici, tel un Immortel vagabond, je cours après la poésie.

Tenant ma coupe plus brillante que le croissant de lune entre
                                      [les pins,
    Je m'assieds pour boire à la source au pied du rocher.
Avec un hôte qui connaît ma pensée,
    Je confie à la brise quelques arpèges de cithare.

Yen Ts'an (Yen Chao-lou), début du XIIIe siècle.

Ye hing : Chen hien kouei wei tõ, ye hing je siao jan...

Tr. Bourgeois.
Rv. M. Kaltenmark.

Poèmes à chanter (ts'eu) *des Song*

(960-1279)

Fan Tchong-yen

En cette région des frontières, la venue de l'automne rend
[plus étrange la nature.
Les oies se sont envolées vers Heng-yang[1], sans nous
[regretter.
De tous côtés, les chants barbares se mêlent aux sons des
Parmi les sommets des monts voilés,   [trompettes.
Dans les traînées de brume, le soleil s'abaisse ; les portes de
[la citadelle se sont fermées.
Vidons une coupe de ce vin grossier aux nôtres restés au
[loin !
Notre stèle de Yen-jan[2] n'est pas encore gravée ; le retour
[n'est pas pour demain.
Le son des cornets barbares résonne longuement sur la terre
Le sommeil nous fuit ;   [givrée.
Et le général aux cheveux blanchis avec ses soldats verse des
[pleurs.

Fan Tchong-yen (Fan Hi-wen, 989-1052) se distingua comme adminis-
trateur dans le Chen-si, et comme général dans la défense des frontières du
nord-est contre les barbares.

397

1. Un des sommets du massif du Heng-chan, près de Heng-yang, dans la province du Hou-nan, est appelé « Pic des Oies qui s'en retournent ». La légende veut que ce soit là la limite de la migration annuelle des oies sauvages vers le sud. — 2. Yen-jan, nom d'une montagne de Mongolie, sur laquelle un général des Han érigea une stèle de victoire.

Yu kia ngao : Sai hia ts'ieou lai fong king yi, heng yang yen k'iu wou lieou yi...

Tr. A. T'ang.
Rv. M. Kaltenmark.

Yen Chou

SUR L'AIR

« LA LESSIVE DE LA SOIE AU TORRENT »

J'ai fait des vers nouveaux sur un air ancien, et me les chante
[coupe en main...
Cette journée est aussi belle que celle de l'an passé, les pavil-
[lons, les terrasses sont les mêmes ;
Mais le soleil qui peu à peu vers l'Ouest s'en va, pourra-t-il
[jamais revenir ?

Les fleurs sont tombées, qu'y faire ?
Mais je crois reconnaître l'hirondelle qui revient !
Dans mon petit jardin aux sentiers odorants, solitaire, je
[m'en vais en vagabondant.

Yen Chou (Yen T'ong-chou, 991-1055), haut fonctionnaire, ami du précédent.

Houan k'i cha : Yi k'iu sin ts'eu tsieou yi pei, k'iu nien t'ien k'i kieou t'ing t'ai...

Tr. A. T'ang.
Rv. M. Kaltenmark.

Tchang Sien

SUR L'AIR
« LE FILS DE L'IMMORTEL CÉLESTE »

Je lève ma coupe en écoutant la mélodie de l'onde, qui
[m'arrive par fragments.
Mon ivresse de midi s'est évanouie, mais non pas ma
[mélancolie.
Mes adieux au printemps sont déjà faits : à quand son
Au crépuscule, dans mon miroir,   [retour ?
J'ai vu que ma jeunesse n'est plus.
Je sais qu'il est vain de laisser ma pensée s'appesantir sur les
[tristes choses du passé.

Les ombres de la nuit descendent sur l'eau ; sur le sable, les
[oiseaux se groupent pour le repos.
A travers les déchirures des nuées, les rayons de lune
[essaient de s'infiltrer, pour permettre aux fleurs de
[jouer avec leurs ombres.
Derrière le double obstacle des stores et des rideaux, la
Le vent ne cesse.   [lampe est invisible.
Les hommes reposent.
Demain, les allées seront couvertes de pétales roses.

Tchang Sien (Tchang Tseu-ye, 990-1072), admiré de Sou Che.

T'ien sien tseu : Chouei tiao chou cheng tch'e tsieou t'ing, wou tsouei sing lai ts'ieou wei sing...

Tr. A. T'ang.
Rv. M. Kaltenmark.

Ngeou-yang Sieou

SUR L'AIR
« LA CUEILLETTE DU MÛRIER »

Le temps des parfums est passé, mais le Lac de l'Ouest[1]
[garde toute sa beauté.
Par-ci, par-là, quelques touffes roses s'attardent ;
Dans l'air voltigent des chatons floconneux.
La brise agite les longues branches des saules pleureurs.

Le chant des syrinx s'éparpille et se tait, tandis que
[s'éloignent les derniers promeneurs.
Soudain, je sens la vacuité de ce printemps.
Je baisse les stores de bambou.
Un couple d'hirondelles revient au nid dans la bruine.

Ngeou-yang Sieou, cf. p. 358.

1. Célèbre site poétique près de Hang-tcheou au Tchŏ-kiang.

Ts'ai sang tseu : K'iun fang kouo heou si hou hao, lang tsie ts'an hong...

Tr. A. T'ang.
Rv. M. Kaltenmark.

SUR L'AIR
« LE PAPILLON AIME LES FLEURS »

Des préaux et des cours, où est le fond, profond, profond ?
    Sur les saules, la brume s'amoncelle.
  Les jalousies et les rideaux sont innombrables.
Mors de jade, selles gravées, c'est le rendez-vous des
                          [libertins...
De mon haut pavillon, je ne puis voir cette rue de Tchang-
                          [t'ai.

Pluie rageuse et vent fou, voici la fin d'avril[1] ;
    Sur le couchant, la porte est close.
  Il n'est aucun moyen d'arrêter le printemps.
Les yeux remplis de larmes, j'interroge les fleurs ; mais les
                    [fleurs, sans parler,
En roses tourbillons s'envolent, et vont franchir les
                   [balançoires.

Aucun détail narratif dans ce texte, aucune allusion précise à l'identité et à la situation du personnage. Pour deviner le sens du poème, le lecteur doit être initié aux traditions du jeu poétique, aux habitudes du langage particulier que les poètes chinois se transmettent. Que l'on compare la deuxième strophe (v. 6 à 10) avec la « Complainte des cheveux blancs » de Lieou Hi-yi par exemple (ci-dessus, p. 228), et l'on se représentera nettement une jeune femme qu'afflligent sa solitude et la fin du printemps.

La première strophe est peuplée des rêveries de la jeune femme. La rue de Tchang-t'ai se trouvait dans l'ancienne capitale, Tch'ang-ngan ; célèbre comme lieu de plaisirs, elle était fréquentée à l'époque des Han par les cavaliers les plus brillants (mors de jade, selles gravées). C'est dans un cadre semblable que cette femme imagine celui qu'elle aime, soit qu'elle l'y ait rencontré autrefois, soit qu'elle l'y suive par la pensée dans ses distractions égoïstes.

1. La fin d'avril, littéralement : la fin du troisième (et dernier) mois du printemps. L'équinoxe de printemps marque non le début, mais le milieu du printemps.

Tie liuan houa : T'ing yuan chen chen chen ki hiu, yang lieou touei yen...

                              Tr. Leang P'ei-tchen.
                              Rv. Diény.

Wang Ngan-che

SUR L'AIR
« LE PARFUM DE LA BRANCHE DE CANNELIER »

Je gravis la pente et, arrivé, je laisse promener mon
[regard.
C'est justement, en cette ancienne capitale[1], la sévère saison
Le fleuve, immense ruban de soie ; [de l'automne tardif.
  Les faîtes verts des collines, flèches dressées vers le ciel ;
Les barques à voile, qui glissent dans la lumière oblique
[du soleil ;
Les bannières des estaminets, soulevées par le vent
[d'Ouest ;
  Le navire chamarré, estompé dans la brume,
Et la Voie Lactée qui se lève :
  Comme il est peu aisé à faire, ce tableau, et qu'il est
[incomplet !

J'évoque les temps antiques, où l'on rivalisait de
[richesse et de luxe.
  Derrière ces portes, au haut de ces tours,
  Combien de tragédies, hélas, se succédèrent !
Combien de générations déplorèrent ici les revers de la
[gloire !

Les Six Dynasties se sont écoulées comme l'eau du fleuve.
Il n'en reste que la cendre froide ; les herbes vertes sont
   De nos jours, les filles des marchands   [flétries.
Chantent encore parfois les refrains qui se transmettaient au
                                     [gynécée.

Wang Ngan-che, cf. p. 363.

1. Cette pièce évoque l'ancienne capitale des Dynasties du Sud (IVe-VIe siècle), près de Nankin ; cf. p. 334, 343, 363.

Kouei tche hiang : Teng lin tsong mou, tcheng kou kouo wan ts'ieou t'ien k'i tch'ou sou...

Tr. O. Kaltenmark.
Rv. M. Kaltenmark.

Sou Che

SUR L'AIR
« CHANSON DE L'IMMORTEL DE LA GROTTE »

Ses os étaient de jade ;
Sa chair un frais cristal de glace, sans une goutte de sueur.
Le vent emplissait d'un parfum secret tout le palais au bord
[de l'eau.
Quand s'écartait le store brodé, le clair de lune nous épiait.
Pas encore endormie, elle appuyait sur l'oreiller sa chevelure
[en désordre.

Je me levais pour saisir sa main de soie.
Aucun bruit à la porte du pavillon.
Parfois, on voyait une étoile filante traverser la Voie
[Lactée.

Je demandais : « Où en est-on de la nuit ? »
« C'est déjà la troisième veille. »
Les flots dorés de la lune pâlissaient ; les étoiles du Cordeau
[de Jade[1] s'inclinaient.
Nous calculions sur nos doigts quand viendrait le vent
[d'Ouest[2].

Et pourtant, nous ne parlions pas des années,
Qui secrètement s'échappent.

406

Sou Che, cf. p. 365.

1. La queue de la Grande Ourse, qui tourne autour du Pôle avec les saisons. — 2. L'automne.

Tong sien ko : Ping ki yu kou, tseu ts'ing leang wou han...

Tr. O. Kaltenmark.
Rv. M. Kaltenmark.

SUR L'AIR
« LE DISEUR DE BONNE AVENTURE »

Sous la lune échancrée, pendent les branches clairsemées du
[paulownia ;
   La clepsydre s'arrête, et les hommes reposent.
Mais s'entrevoit un solitaire dans sa ronde discrète,
   Comme l'ombre confuse et floue d'une oie sauvage.

Dans un sursaut d'effroi, il retourne la tête ;
   Personne ne comprend le chagrin de son cœur.
Il a fait tout le tour des ramures glacées, sans vouloir s'y
   Dans un morne abandon gèle l'îlot de sable.   [poser ;

Plusieurs éditions portent le sous-titre suivant : « Écrit lors d'un séjour au monastère Ting-houei de Houang-tcheou. » C'est en 1080 que Sou Che, disgracié et exilé dans la petite ville de Houang-tcheou, près de Han-k'eou (Hou-pei), habita ce monastère situé sur une colline boisée, non loin du Fleuve Bleu (cf. v. 8). Il y partagea quelque temps la vie des moines, en attendant l'arrivée de sa famille. Ce poème révèle le désespoir de l'exilé ; il erre comme une ombre dans la nuit (v. 4), et se compare à un oiseau désemparé qui volette de branche en branche (v. 7).

Pou souan tseu : K'iue yue koua chou t'ong, leou touan jen tch'ou ting...

Tr. Leang P'ei-tchen.
Rv. Diény.

Houang T'ing-kien

SUR L'AIR
« MUSIQUE PURE ET CALME »

Où s'en est allé le printemps ?
Il est parti, sans bruit, sans route.
Rappelez-le, vous qui connaissez son abri,
Pour qu'il revienne nous tenir compagnie !

N'a-t-il pas laissé trace de son passage ?
Petit loriot jaune, peux-tu m'en informer ?
Mais nul ne peut comprendre tes cent ramages !
Voici la brise qui t'emporte par-dessus les rosiers.

Houang T'ing-kien, cf. p. 371.

Ts'ing p'ing yue : Tch'ouen kouei ho tch'ou, tsi mo wou hing lou...

Tr. O. Kaltenmark.
Rv. M. Kaltenmark.

Ts'in Kouan

SUR L'AIR
« LA LESSIVE DE LA SOIE AU TORRENT »

Par le silence et la fraîcheur, je monte au petit pavillon ;
Dans l'aube grise et morne, on se croirait à la fin de
[l'automne.
Flots jaillissants et brume pâle ornent le paravent discret.

En liberté volent les fleurs, légères comme un rêve ;
A l'infini la pluie s'effile, aussi subtile que l'ennui.
Aux fins crochets d'argent je suspends, nonchalante, le
[rideau précieux.

Ts'in Kouan (Ts'in Chao-yeou, Ts'in T'ai-kiu, 1049-1100), ami et protégé de Sou Che qui le présenta à Wang Ngan-che, et le fit entrer au bureau de rédaction de l'histoire dynastique. Il fut accusé de parti pris dans l'affaire de Wang Ngan-che et banni dans le Sud ; il mourut d'avoir bu un verre d'eau fraîche alors qu'il était ivre. Ses contemporains le comparaient aux meilleurs poètes de l'Antiquité.

La fin du printemps, début de la saison des pluies (cf. Li Yu, « Sur l'air Les vagues baignent le sable », p. 353). Dans un boudoir élégant et luxueux, le cœur est plus sensible au spleen de la saison qui s'achève. Les images se répartissent en deux séries opposées, le paysage (v. 1-2, 4-5) et la chambre (v. 3 et v. 6).

Houan k'i cha : Mo mo k'ing han chang siao lieou, hiao yin wou lai sseu k'iong ts'ieou...

Tr. Leang P'ei-tchen.
Rv. Diény.

409

Les nuages subtils rivalisent d'adresse ;
Les étoiles filantes parlent d'amour et de regret.
Sur le Fleuve d'Argent, large à perte de vue, une furtive
[traversée :
Sous le vent d'or et la rosée de jade, cette simple rencontre
Surpasse infiniment l'expérience des hommes.

Un tel amour semble une eau caressante ;
Ces rendez-vous sont aussi beaux qu'un rêve.
Qu'il est dur de songer au Pont des Pies, le chemin du
Pourtant, si leur amour doit durer à jamais,   [retour !
Cela dépend-il d'être toujours ensemble, tous les matins et
[tous les soirs ?

Les paroles s'appliquent ici au titre de l'air donné. Les Immortels du Pont des Pies sont les deux étoiles du Bouvier et de la Tisserande, héros d'une antique légende. Lorsque l'Empereur du Ciel eut marié sa fille, la Tisserande diligente, au Bouvier son zélé serviteur, les deux époux, vivement épris l'un de l'autre, se mirent à négliger leur tâche. L'Empereur du Ciel, pour les punir, les établit de part et d'autre de la Voie Lactée. Incapables de se rejoindre, les époux eurent pour messagères les étoiles filantes (v. 2). Mais, une fois par an, le 7ᵉ jour du 7ᵉ mois, ils sont autorisés à se revoir. Cette nuit-là, les pies font un pont de leurs ailes pour permettre au Bouvier de traverser la Voie Lactée (v. 3) ; et les nuages tissent un voile (v. 1) pour cacher la rencontre aux yeux des hommes.

Ts'iue k'iao sien : Sien yun nong k'iao, fei sing tch'ouan hen...

Tr. Leang P'ei-tchen.
Rv. Diény.

410

Lieou Yong

La cigale transie se plaint éperdument,
Ce soir, face au relais de poste.
Une violente ondée s'achève à peine.
Aux portes de la capitale, sous cette tente où l'on boit sans
   Nous voudrions nous attarder.   [entrain,
   Mais le bateau peint d'orchidées hâte l'appareillage.
   Les mains unies, nous croisons les regards
De nos yeux pleins de larmes, et sans un mot de plus, notre
   Je songe à ce lointain voyage,   [gorge se serre.
   Sur mille stades de flots brumeux,
Quand les vapeurs du soir lourdement s'épaississent au vaste
                [ciel de Tch'ou.

Les cœurs épris souffrent toujours de se quitter ;
   Plus vive est la douleur
   A la fête d'automne, si froide et si morose !
Où, cette nuit, m'éveillerai-je, après l'ivresse[1] ?
   Près de la berge aux saules,
   Sous la brise de l'aube et la lune au déclin.
   Pendant l'année d'absence,
Les jours sereins et les beaux paysages viendront s'offrir en
   Même si je sentais mille ardeurs m'inspirer   [vain.
   A qui me confierais-je ?

Lieou Yong (Lieou K'i-k'ing, milieu du XIe siècle) : ce poète dissipé mena une vie de bohème. Malgré la vogue de ses poèmes, il mourut dans la misère, et ce sont des courtisanes qu'il avait aimées et chantées qui s'occupèrent de ses funérailles et de l'entretien de sa tombe.

Dans l'ancienne Chine on escortait ses amis, à leur départ en voyage, jusqu'au-delà des portes de la ville. On dressait dans la campagne des tentes où se donnait le repas d'adieu. Dans ce texte, la scène se passe près de la maison de poste et de l'embarcadère, où les voyageurs échangent leurs montures pour un bateau.

1. L'ivresse dans laquelle veut sombrer le voyageur pour oublier la tristesse du départ.

Yu lin ling : Han tch'an ts'ie ts'ie, touei tch'ang t'ing wan...

Tr. Leang P'ei-tchen.
Rv. Diény.

SUR L'AIR
« LE VOYAGE DU JEUNE HOMME »

Le cheval avançait lentement sur la vieille route de
[Tch'ang-ngan.
Au chant fou des cigales dans les hauts peupliers.
Le soleil se couchait derrière la presqu'île ;
Le vent d'automne soufflait sur la plaine.
Mon regard s'étendait jusqu'aux quatre horizons.

Le nuage qui passe ne laisse aucune trace :
Où donc est le temps de jadis ?
Les désirs et les joies diminuent ;
Mes compagnons de plaisir se font rares.
Ce n'est plus comme au temps de ma jeunesse...

Chao nien yeou : Tch'ang ngan kou tao ma tch'e tch'e, kao lieou louan tch'an sseu...

Tr. O. Kaltenmark.
Rv. M. Kaltenmark.

Mao P'ang

Nos pleurs mouillaient la balustrade ; les fleurs se
[couvraient de rosée.
Le désespoir gagnait les pointes bleues de tes sourcils
[froncés.
Cette affliction, nous l'assumions à part égale ;
Et, sans un mot, nous échangions des regards impuissants.

Lambeaux de pluie, débris de nuages... Mon cœur se lasse
Du morne ennui des soirs et des matins.
Cette nuit même, au fond de la montagne,
Mon cœur navré donnera l'ordre du retour à la marée.

*Mao P'ang (Mao Tsö-min) a vécu de 1055 à 1130 environ. Lorsqu'il
eut quitté le poste qu'il occupait à Hang-tcheou, il écrivit ce ts'eu pour une
chanteuse qu'il y avait connue. Le poète Sou che, alors préfet de Hang-tcheou,
entendit la chanson dans un festin et, quand il eut appris de la bouche de la
jeune femme quel en était l'auteur, il dit en soupirant : « J'avais parmi mes
fonctionnaires un poète de ts'eu, et je n'ai pas su le découvrir. » Sur-le-champ il
fit rappeler Mao P'ang à Hang-tcheou et passa plusieurs mois en sa compa-
gnie.*

La première strophe rappelle le souvenir des adieux, la deuxième parle du chagrin de la séparation. Au dernier vers, le poète rêve de profiter du reflux de la marée pour regagner son point de départ.

Si fen fei : Lei che kan lan houa tchao lou, tch'eou tao mei fong pi tsiu...

Tr. Leang P'ei-tchen.
Rv. Diény.

Tcheou Pang-yen

SUR L'AIR
« LE PRINTEMPS AU PAVILLON DE JADE »

Au ruisseau des pêchers, je ne m'arrête plus selon ma
[fantaisie ;
Quand les fils de lotus se brisent en automne, il ne se
[relient plus.
En ce temps-là, je t'attendais, sur le pont au parapet rouge ;
J'erre aujourd'hui tout seul, sur le sentier jonché de
[feuilles jaunes.

Dans le brouillard, la ligne bleue des montagnes sans
[nombre ;
Au dos des oies, les rayons rougeoyants du soir, près de
[s'éteindre...
L'homme est pareil au nuage, qu'un coup de vent rabat sur
[l'eau ;
Son cœur semble un chaton de saule, collé à terre après
[l'orage.

Tcheou Pang-yen (Tcheou Mei-tch'eng, 1056-1121), poète et compositeur.
Ce poème traite un thème fréquent dans la poésie romantique occidentale.

L'auteur est revenu seul près du pont où il rencontrait autrefois sa bien-aimée. Le ruisseau des pêcheurs symbolise les joies d'autrefois, en rappelant l'histoire merveilleuse d'un pêcheur qui, selon la légende, découvrit un pays enchanté à la « Source des Pêchers en fleur ». Sur ce ruisseau béni passe le pont des rendez-vous, peint en rouge, couleur de la joie.

Mais aux vers 1 et 3, qui rappellent le bonheur passé, s'opposent les vers 2 et 4. Quand on brise la racine du lotus, on dégage de longs fils qui restent intacts ; ces fils symbolisent les sentiments qui survivent aux épreuves et à la séparation. Or, aujourd'hui, ces fils eux-mêmes sont brisés : les amours d'autrefois ne revivront plus (v. 2). Et le poète chemine parmi les feuilles mortes dont la couleur jaune symbolise la tristesse.

Yu leou tch'ouen : T'ao k'i pou tso ts'ong jong tchou, ts'ieou ngeou tsiue lei wou siu tch'ou...

Tr. Leang P'ei-tchen.
Rv. Diény.

SUR L'AIR LONG
« LES VAGUES BAIGNENT LE SABLE »

Mille feuilles frissonnent ; l'automne bruit, et la rosée se fige.
    L'oie sauvage a franchi les syrtes sablonneuses ;
    Mais l'herbe fine, enveloppée de brume, verdoie toujours.
    Quand vient le soir, s'accuse l'azur des montagnes
                        [lointaines.
A la lisière des nuages paraît, confuse et pâle, une lune
                        [nouvelle ;
Sur les mille façades, les jalousies et les rideaux renvoient les
                        [rayons du couchant.
On entend quelque part, au bord d'un étage, les notes d'une
                        [flûte,
    Dont la touche embellit les couleurs de l'automne[1].

    Lourd de pensées muettes,
    Le cœur du voyageur en secret se consume.

Je songe au temps des perles et du jade[2] : au bord des eaux[3],
                [déjà l'angoisse me prenait.
  C'est bien pis aujourd'hui, que j'erre au bout du ciel !
Je me souviens de mes jeunes années, des chansons et du
Des aventures d'autrefois.   [vin,
    La fleur de l'âge aisément se flétrit.
Des vêtements, la taille se relâche ; à force de soucis, le
                  [cœur étouffe.
L'essaim s'est dispersé, les gracieux compagnons ne se
                     [rejoignent plus.
Jusqu'au pont bleu des rendez-vous, la longueur du chemin
              [me fait perdre courage.
    Et comme un vieux cheval hennit encore
  Quand son sabot franchit les rues et les chemins de jadis,
De même je soupire : des souvenirs de mon passé, chacun
    Au loin mes yeux se perdent : [suffit à me blesser.
  Mais mon esprit soudain se glace, et de nouveau, du
            [poing, je frappe la clôture[4].

Pour le titre et la forme de ce ts'eu, *voir p. 353.*

1. En dix vers, tableau de l'automne (cf. Li Ts'ing-tchao, « Sur l'air
Lente psalmodie », p. 418). — 2. Au temps de la jeunesse et des plaisirs. —
3. L'image de l'eau qui coule rappelle à l'homme sa fragilité (cf. Li Yu,
« Sur l'air *Les vagues baignent le sable* », p. 353). — 4. Geste de colère et
de désespoir (cf. Pao Tchao, « Les peines du voyage », sixième poème,
p. 175).

Lang t'ao cha man : Wan ye tchan ts'ieou cheng lou kie, yen tou cha tsi...

                      Tr. Leang P'ei-tchen.
                      Rv. Diény.

Li Ts'ing-tchao

SUR L'AIR « LENTE PSALMODIE »

En chercheuse recherche, enquête et quête,
  Par la froide froidure, et la claire clarté[1],
Mon tourment me tourmente et ma peine me peine[2].
Tiédeurs soudaines, poussées de froid : repos pénible,
    Et bien dur à passer.
  Avec trois coupes, avec deux bols de vin léger,
Comment tenir, ce soir, contre le vent furieux[1] ?
    Au passage des oies[1],
    Mon cœur se brise :
Ce sont des amies d'autrefois.

Jonchant le sol, les fleurs jaunes s'entassent[1],
    Flétries, meurtries ;
Car, aujourd'hui, qui se soucie de les cueillir[3] ?
    A la fenêtre, sans bouger,
  Comment pourrai-je, toute seule, attendre les ténèbres ?
  Les sterculiers[4]... et, par surcroît, cette pluie fine...[1]
Qui, dans le crépuscule, tombe, tombe, goutte à goutte...
    Ma condition,
Le mot : douleur suffirait à l'exprimer ?

418

Li Ts'ing-tchao (née vers 1084, morte après 1141), la plus célèbre poétesse chinoise. Elle épousa à vingt et un ans Tchao Ming-tch'eng, lettré et poète lui aussi. Ils étaient tous deux amateurs d'antiquités et d'œuvres d'art. Lors de l'invasion des Kin, ils durent s'enfuir en Chine du Sud, emportant leurs collections. Après la mort de son mari, en 1129, Li Ts'ing-tchao écrivit des ts'eu d'une tristesse poignante, montrant que ce genre volontiers érotique pouvait s'appliquer à l'amour conjugal aussi bien qu'à celui des courtisanes.

1. Ce *ts'eu* a été écrit par Li Ts'ing-tchao après la mort de son mari. Son chagrin trouve un écho dans la mélancolie de la saison ; la plupart des symboles de l'automne se trouvent groupés dans ce texte : la fraîcheur et la pureté de l'air (v. 2) ; le vent et la pluie (v. 7, 17) ; le départ des oies (v. 8) ; la chute des chrysanthèmes, réputés pour leur résistance au froid (v. 11). — 2. La répétition des mots est en chinois un procédé d'intensification, de même que nous disons « c'est très très triste » ou « triste triste » ». — 3. Depuis que son mari n'est plus là pour apprécier leur beauté, la veuve ne prend plus soin des fleurs. Ces chrysanthèmes à l'abandon ont la même valeur symbolique que les miroirs ternis ou que les parures négligées des épouses délaissées. — 4. Les sterculiers sont des arbres semblables aux platanes, dont les feuilles jaunissantes figurent dans beaucoup de poèmes ou de peintures d'automne. L'un des drames les plus célèbres de l'époque Yan s'appelle « La pluie sur les sterculiers » et raconte la tragique histoire de l'empereur Hiuan-tsong et de sa favorite Yang Kouei-fei (voir ci-dessus, p. 313-321).

Cheng cheng man : Siun siun mi mi, leng leng ts'ing ts'ing...

Tr. Leang P'ei-tchen.
Rv. Diény.

SUR L'AIR « LE PRUNIER COUPÉ »

Le parfum du lotus rouge s'évanouit sur la natte couleur de
ljade. C'est l'automne.
Je dégrafe légèrement mon vêtement de soie,
Et monte seule sur la barque aux motifs d'orchidées.
Qui m'adressera une missive à travers les nuages ?

Les bandes d'oies sauvages s'en reviennent en dessinant
[des caractères dans le ciel ;
La clarté de la lune emplit le pavillon de l'Ouest.

Yi tsien mei : Hong yeou hiang ts'an yu tien ts'ieou, k'ing kiai lo chang...

Tr. O. Kaltenmark.
Rv. M. Kaltenmark.

SUR L'AIR
« IVRE À L'OMBRE DES FLEURS »

Brouillard léger ou dense nuage, tout au long de la journée
[de chagrin interminable,
L'encens rare du brûle-parfum est craché par des bêtes d'or.
La fête est revenue, la fête du Double-Neuf[1].
Sur l'oreiller précieux, sous la moustiquaire de gaze,
Au milieu de la nuit la fraîcheur finit par pénétrer.

Dans l'enclos de l'Est, j'ai bu du vin au crépuscule.
Ah ! ce parfum secret que dégage ma manche,
Qui donc oserait dire qu'il ne fait défaillir l'âme ?
Le store est roulé par le vent d'Ouest.
Un pétale de fleur d'orchidée est moins mince que je ne
[suis.

1. Neuvième jour du neuvième mois, où l'on allait pique-niquer sur les collines.

Tsouéi houa yin : Po wou nong yun tch'eou yong tcheou, jouei nao sia kin chou...

Tr. O. Kaltenmark.
Rv. M. Kaltenmark.

SUR L'AIR
« LE PRINTEMPS À WOU-LING »

Le vent a cessé, la poussière elle-même est parfumée. C'est
[la fin de la saison des fleurs.
Quand le soir tombe, je suis trop lasse pour peigner ma
[chevelure.
Les choses sont là, l'homme n'est plus ; toute entreprise est
[vaine.

Je voudrais m'exprimer : mes larmes devancent mes paroles.
On me dit qu'à Chouang-k'i[1] le printemps reste beau.
Je songe à y conduire ma barque légère, mais je crains
Que ce frêle esquif
Ne puisse transporter le poids de mon chagrin.

1. Dans la province du Tchö-kiang où Li Ts'ing-tchao avait émigré du
Nord avec son mari, peu avant la mort de celui-ci, fuyant l'invasion
barbare. Cette pièce fut, elle aussi, écrite à la suite de cette mort.

*Wou ling tch'ouen : Fong tchou tch'en hiang houa yi tsin, je wan kiuan
chou t'eou...*

Tr. O. Kaltenmark.
Rv. M. Kaltenmark.

SUR L'AIR « LE RADEAU STELLAIRE »

Alors que, d'année en année, je ne quittais mon miroir de
[jade,
Le fard et les grains de beauté maintenant m'ennuient.
Cette année, il ne reviendra pas ;
Et je tremble de recevoir ses lettres du Sud du Fleuve.

Depuis notre séparation, il m'arrive rarement d'aller boire
   Mes larmes s'épuisent dans l'automne.   [du vin ;
Mes pensées se perdent au loin dans les profondeurs
               [nuageuses du pays de Tch'ou[1] ;
   Les confins du ciel me sont plus proches que n'est mon
                            [bien-aimé.

1. Nom ancien de la région située au sud du Fleuve Bleu.

*Cheng tch'a tseu : Nien nien yu k'ing t'ai, mei jouei kong tchouang
k'ouen...*

Tr. O. Kaltenmark.
Rv. M. Kaltenmark.

SUR L'AIR
« NOSTALGIE DE LA FLÛTE
SUR LES TERRASSES DU PHÉNIX »

Je laisse dans le brûle-parfum l'encens se refroidir,
   Et la rouge couverture de lit en désordre comme les
                         [vagues de la mer.
Lasse, dès mon lever, je néglige ma chevelure.
   Mon coffret à toilette reste clos ;
   Mes rideaux demeurent baissés, alors que le soleil monte
               [jusqu'à leurs hauts crochets.
Je demeure atterrée par la triste séparation, par l'éloigne-
                       [ment amer.
Combien de choses je voudrais dire, mais je reste muette !
   Me voici tout amaigrie.
   La maladie ni la boisson n'en sont la cause,
     Ni l'automne chagrin.

Tout est fini, fini ! Cette fois il est bien parti.
Quand je clamerais mille et dix mille fois le Chant des
[Adieux[1],
Je ne saurais le retenir.
Mes pensées sont à Wou-ling[2] en cette fin de printemps,
Dans le haut pavillon prisonnier des nuages.
Devant ma demeure, le ruisseau vert
Reste le seul témoin de ces journées sans fin où mon regard
Là où mon regard se fixe au loin,   [se fixe au loin.
Là désormais se trouve pour moi un surcroît de chagrin.

1. *Yang-kouan*, titre d'un air de *ts'eu*. — 2. Localité du Hou-nan.

*Fong houang t'ai chang yi tch'ouei siao : Hiang leng kin ni, pei fan kiang
lang...*

Tr. O. Kaltenmark.
Rv. M. Kaltenmark.

Tchao Ki

Taillées et découpées dans une soie de glace.
Légères et redoublées en multiples pétales,
Teintées d'un fard léger, qui s'étale sans faute :
    La fraîcheur de leur maquillage,
    L'éclat de leur beauté, leur parfum généreux,
Feraient mourir de honte les belles du Palais d'Étamine et
    En grand péril de s'étioler et de tomber,   [de Perle[1].
Ces fleurs sont par surcroît en butte à tant de vents et de
      Que ma peine est amère !   [pluies sans pitié !
    Je me demande, en cette cour mélancolique et morne,
    Combien de fois a fini le printemps.

A qui confier la nostalgie qui tant me pèse ?
Ce couple d'hirondelles, vit-on jamais
Qu'il ait compris le langage des hommes ?
    Le ciel est vaste, la terre immense.
    Par-delà mille monts et dix mille rivières,
    Comment le retrouver ce palais d'autrefois
    Qui hante ma pensée ?

Lorsque parfois j'y retournai, c'était en rêve,
    Vaine illusion !
Mais, depuis peu, ce rêve aussi m'est refusé.

*Tchao Ki, c'est l'empereur Houei-tsong des Song du Nord (1082-1135),
« un rêveur couronné », disait Grousset, taoïste, esthète, peintre, amateur d'art,
collectionneur. Après la capitulation de K'aifong (1127), il fut emmené en
captivité par les Kin au fond de la Mandchourie. De même que l'empereur Li
Yu, prisonnier des Song (cf. p. 353), Houei-tsong écrivit de tristes poèmes
pendant sa captivité.*

*Selon certains commentateurs, celui-ci aurait été composé sur la route de
l'exil, à la vue des abricotiers en fleur ; selon une autre tradition, ce serait la
dernière œuvre de Houei-tsong avant sa mort, survenue quelques années plus
tard.*

1. « Le Palais d'Etamine et de Perle » : nom d'un palais impérial des
T'ang, ou d'un palais mythique habité par des Immortelles.

Yen chan t'ing : Ts'ai tsien ping siao, k'ing tie chou tch'ong...

Tr. Leang P'ei-tchen.
Rv. Diény.

Yue Fei

SUR L'AIR

« DU ROUGE PLEIN LE FLEUVE »

De colère, mes cheveux se dressent sous mon bonnet.
Appuyé au balustre, sous la pluie qui s'apaise,
Je lève au ciel un regard lointain en jetant un long cri
      Mon cœur valeureux s'exaspère :   [strident.
Trente exploits glorieux ne sont plus que boue et poussière ;
Les huit mille stades parcourus, un nuage sous la lune.
Ne va-t-elle pas blanchir dans l'oisiveté, la tête de mes
      Oh ! douleur vaine !   [jeunes ans ?

    La honte de Tsing-k'ang[1]
    N'est pas encor lavée.
    Mon affliction,
      Quand donc sera-t-elle apaisée ?
  A la tête de longs chariots, en un fougueux élan,
  Je briserai les défenses de la montagne Ho-lan[2].
Quand les vaillants soldats auront faim, que la chair des
        [esclaves barbares leur serve de nourriture !
Et quand, dans leurs gais entretiens, ils auront soif, que le
                [sang Hun les désaltère !

Et quand enfin j'aurai reconquis nos montagnes et nos
[rivières,
J'irai présenter mon hommage à la Porte du Ciel !

*Yue Fei (Yue P'eng-kiu, 1103-1141), soldat robuste et courageux qui se
distingua si bien dans la lutte contre les Kin qu'il parvint au grade de général.
Incarnant le patriotisme et l'esprit de résistance des Chinois, il combattit l'en-
vahisseur avec opiniâtreté, jusqu'au jour où son adversaire politique, Ts'in
Kouei, partisan de la négociation, réussit à le jeter en prison où il mourut. Près
du Lac de l'Ouest, à Hang-tcheou, sa tombe est encore vénérée comme celle
d'un héros national (cf. p. 445). — L'authenticité de ce poème a été mise en
doute.*

1. Tsing-k'ang, nom de règne de K'in-tsong, le dernier empereur des
Song du Nord, celui qui perdit K'ai-fong en 1126 et fut emmené prison-
nier par les Kin. — 2. Ho-lan, nom d'une montagne qui garde la fron-
tière.

*Man kiang hong : Nou fa tch'ong kouan, p'ing lan tch'ou siao siao yu
hie...*

Tr. A. T'ang.
Rv. M. Kaltenmark.

Sin K'i-tsi

SUR L'AIR
« LA TABLE DE JADE VERT »

Le vent de l'Est, ce soir, fait éclore les fleurs sur
[des milliers d'arbres,
Puis les a dispersées, pareilles à une pluie d'étoiles.
Les chars tirés par de nobles coursiers
Laissent sur leur passage des traînées de parfum.
   Le son touchant de la flûte se fait entendre.
   Les reflets des vases de jade tournoient.
   Des poissons, des dragons dansent toute la nuit...

Telles des phalènes parmi les saules argentés, vêtues
[de robes brochées d'or,
On entend leurs voix et leurs ris dans toute l'ombre
[parfumée.
Parmi la foule, je l'ai cherchée mille et cent fois.
   Je tourne la tête, et soudain l'aperçois :
   Elle est bien là.
Près d'elle, l'éclat des lanternes ternit[1].

   *Sin K'i-tsi (Sin Yeou-ngan, 1140-1207) : homme politique et général ;
loyal serviteur des Song, il combattit les envahisseurs Kin. Poète réputé dont le
nom est souvent associé à celui de Sou Che ; ami du philosophe Tchou Hi.*

1. Ainsi que l'indique un sous-titre, cette pièce décrit la Fête des Lanternes, qui se célébrait le soir du 15e jour du 1er mois (vers la fin de février).

Ts'ing yu ngan : Tong fong ye fang houa ts'ien chou, keng tch'ouei lo sing jou yu...

Tr. A. T'ang.
Rv. M. Kaltenmark.

SUR L'AIR
« LA CUEILLETTE DU MÛRIER »

Dans ma jeunesse, ignorant le goût de la mélancolie,
    Je cherchais l'inspiration dans les hauts pavillons ;
      Dans les hauts pavillons,
Composais de beaux vers, très, très mélancoliques.

Maintenant que je n'ignore plus rien du goût de la
    Je ne veux plus rien en dire.   [mélancolie,
      Ne veux plus rien en dire,
Sinon : « Le temps est frais ; quel bel automne ! »

Ts'ai sang tseu : Chao nien pou che ts'ieou tseu wei, ngai chang ts'eng leou...

Tr. A. T'ang.
Rv. M. Kaltenmark.

SUR L'AIR
« LES BARBARES BODHISATTVAS »

Sous la Tour triste-et-solitaire[1], les eaux claires du Fleuve
Où tant de voyageurs ont répandu leurs larmes...
Tch'ang-ngan[2] est au Nord-Ouest —
Mais, hélas ! au-delà de sommets innombrables.

Les monts d'azur en vain lui font obstacle :
Le Fleuve en fin de compte suit son cours et
[s'échappe.
Sur les eaux le soir tombe, c'est l'heure qui m'afflige ;
Au fond de la montagne, on entend la perdrix.

Ce poème commémorerait la fuite de l'impératrice des Song du Nord sur le Fleuve Bleu, où les Kin pourchassèrent sa barque.

1. « La Tour triste-et-solitaire » (Yu-kou-t'ai) se trouvait dans le Kiang-si. Sous les T'ang, le préfet Li Mien y monta, et la baptisa « la Tour d'où l'on contemple la capitale ». Le v. 3 fait allusion à cette anecdote. — 2. Tch'ang-ngan, capitale des Han et des T'ang, est ici, pour K'ai-fong, capitale des Song du Nord.

P'ou sa man : Yu kou t'ai ts'ing kiang chouei, tchong kien to chao ling jen lei...

Tr. Leang P'ei-tchen.
Rv. Diény.

Kiang K'ouei

TACHES ÉPARSES

Mousse et radeaux s'ornent de jade ;
Les oisillons, bleus et menus,
Sur les rameaux perchent ensemble[1].

Je l'ai rencontrée chez mon hôte,
Au coin des haies crépusculaires,
Et, sans un mot, je m'appuyai aux longs bambous[2].

Tchao-kiun n'avait pu s'habituer aux sables lointains des
[Barbares,
Et songeait en secret au Nord et au Sud du Grand Fleuve.
Peut-être les joyaux de sa ceinture reviennent-ils, les nuits de
[lune,
Pour se changer en cette fleur exquise et solitaire[3].

La même fleur a gardé souvenir d'une antique aventure :
Où dormait la princesse,   [dans le palais profond,
Son vol s'est approché des fins sourcils bronzés[4].

N'imitons pas la brise printanière,
Qui n'a souci de la beauté ;

Si nous laissons une corolle s'enfuir au fil des vagues,
Vains seront les regrets et les chants désolés de la flûte de
[jade.

Nous chercherons alors son parfum délicat :
Il se sera glissé sur une étoffe peinte, auprès de la fenêtre[5].

Kiang K'ouei, cf. p. 392.
Le titre, « Taches éparses » (qui est à la fois celui de l'air et celui du texte, et ne se retrouve chez aucun autre auteur), donne la clé du poème. L'expression « Taches éparses » désigne les rameaux d'un arbuste ornemental, prisé des poètes et des peintres, le prunus, dont les fleurs, au lieu de se grouper, s'espacent artistiquement sur la branche.

1. Préambule descriptif. « Le jade », métaphore pour la rosée. — 2. Le poète s'arrête à contempler une branche fleurie de *prunus*, que son imagination personnifie. — 3. Comme il voyage lui-même loin de son pays (cf. v. 4), cette fleur lui rappelle la belle Tchao-kiun, qui fut offerte au souverain des Huns par l'empereur Yuan des Han et mourut loin de Chine. — 4. Cette fleur rappelle encore au poète une autre histoire, indépendante de la première. A l'époque des Six Dynasties, la princesse Cheou-yang des Song s'endormit sous un *prunus* ; une corolle vint se poser sur son front et, au réveil, elle ne put la faire disparaître. C'est ainsi, selon la légende, que naquit la mode féminine de s'orner le front d'une mouche en forme de fleur de *prunus*. — 5. La fleur de *prunus* ne mérite pas d'être emportée par le vent. Il faut, pour prolonger son existence, lui offrir un abri semblable à la « maison dorée » que l'on prépare pour la femme aimée. Si nous ne prenons pas soin d'elle, elle ne nous laissera bientôt qu'un souvenir : son image fixée sur la soie par un peintre.

Chou ying : T'ai tche tchouei yu, yeou ts'ouei k'iu siao siao...

Tr. Leang P'ei-tchen.
Rv. Diény.

Poèmes des Kin

(1115-1234)

et des Yuan

(1260-1367)

Yuan Hao-wen

ORAISON FUNÈBRE DE LI P'ING-CHAN[1]

Les conventions nous tiennent en prison, comme la puce
[dans la culotte...
J'apprends avec surprise que, pareil au dragon, vous avez
[franchi la Porte du Neuvième Ciel[2].
La liberté de Tou Mou apparaissait en ses écrits ;
Le romantisme de Li Po débordait de sa coupe de vin[3].

Vous fûtes ermite, car vous saviez déjà quel enfer sont les
[autres[4] ;
Et l'originalité de votre vie est un gage d'immortalité...
Des héros de la Chine, lequel subsiste encore ?
Demandons à Yang le chamane de rappeler votre âme
[ivre[5] !

*Yuan Hao-wen (Yuan Yu-tche, 1190-1257), originaire du Chan-si, fut
reçu docteur et entra à l'Académie Han-lin sous la dynastie Kin (1115-
1234), fondée dans le nord-est de la Chine par les Djourtchen de Mandchou-
rie. Après 1234, il refusa de servir la dynastie Yuan (mongole) qui succéda
aux Kin.*

1. On ne sait qui était ce Li P'ing-chan. — 2. Le ciel se divise en neuf
étages superposés. Il s'agit ici de l'étage le plus élevé, qu'on atteint après
la mort. Le dragon est un animal mythique qui vole dans les airs. Il est

souvent la monture des Immortels pour leurs randonnées dans l'éther. —
3. Tou Mou (803-852), poète des T'ang (cf. p. 334), fut, en effet, un
homme assez indépendant d'esprit et libre d'allure, si l'on en juge d'après
les anecdotes qui montrent la façon dont il était lié avec des courtisanes.
Li Po (701-762), en son « romantisme » (*fong lieou*, « le vent et le
courant »), apparaît dans sa vie plus amoureux du vin que des femmes.
C'est dans la liberté de leur vie, et dans l'inspiration littéraire qu'ils y ont
puisée, que les poètes ont trouvé et leur bonheur humain et leur gloire
future. De même, le héros du poème devra l'immortalité au caractère
original de sa façon de vivre. — 4. Littéralement : « Combien il est diffi-
cile d'exister avec (les autres). » — 5. Le chamane Yang, ou Wou Yang,
était un médecin mythique de l'Antiquité. Il est évoqué dans le poème de
Tch'ou-t'seu sur « Le rappel de l'âme », et son nom est par suite lié dans
la littérature au rite funéraire du rappel de l'âme.

*Li p'ing chan wan tchang : Che fa keou jen che tch'ou k'ouen, hou king
long t'iao kieou t'ien men...*

Tr. Siao Che-kiun.
Rv. Hervouet.

À WEI-TCHEOU : RÉMINISCENCES[1]

Au loin ce temple antique du Bouddha, avec ce stûpa
　　　　　　　　　　　　　　　　　　　　　　　[blanc...
　　Autrefois, sur le chemin de la capitale, en ce lieu je passai.
J'ignore ce qu'était ce pays quand Kiang Tsong s'en re-
　　　　　　　　　　　　　　　　　　　　　[tournait chez lui,
　　A quoi il ressemblait lorsque K'iu Yuan quittait son
　　　　　　　　　　　　　　　　　　　　[royaume natal[2].

　　Ainsi se suivent les séparations, et les bonheurs et les
　　　　　　　　　　　　　　　　　　　　　　　[malheurs.
　　Me fixerai-je ici, seul avec ma misère ? ai-je autre chose à
　　　　　　　　　　　　　　　　　　　　　　　[faire ?

Sur mille stades, la chaîne du T'ai-hang est verte comme une
[teinture.

Le soleil tombe ; près de la balustrade, je suis lourd de
[mes songes.

1. Wei-tcheou, actuellement appelé Ki, se trouve au nord du Ho-nan.
C'était une région que Yuan Hao-wen traversa en effet quand, jeune
encore, il quitta son Chan-si natal pour se rendre au centre du Ho-nan.
Plus tard, après que les Mongols (Yuan) eurent anéanti les Kin en 1234,
il repassa par les mêmes lieux pour aller se retirer dans son pays natal.
C'est alors sans doute que le poème fut écrit, au moment où le poète
s'apprêtait à franchir à nouveau la chaîne du T'ai-hang qui s'étend tout au
long de la frontière sud-est du Chan-si. — 2. Kiang Tsong (519-594 ; cf.
p. 192) était un écrivain originaire du Kiang-sou ou du Ngan-houei, et
qui vécut dans la partie méridionale de l'empire. K'iu Yuan, le célèbre
poète de Tch'ou, au IVᵉ siècle avant notre ère (cf. p. 60), vivait également
dans la vallée du Fleuve Bleu, soit à la cour de Tch'ou, soit en exil au sud-
ouest de la Chine d'alors. Ils n'ont rien à voir, ni l'un ni l'autre, avec la
région évoquée ici. Ce sont seulement des points de repère dans le temps,
sept et quinze siècles avant notre poète. Kiang Tsong fut lettré à la cour
de trois dynasties successives ; K'iu Yuan fut exilé, deux fois semble-t-il.
Ils connurent donc les vicissitudes temporelles qui sont le sujet du poème.

*Wei tcheou kan che : Pai t'a t'ing t'ing kou fo ts'eu, wang nien tseng ts'eu
tseou king che...*

Tr. Siao Che-kiun.
Rv. Hervouet.

EN QUITTANT LA CAPITALE[1]

Dans le palais des Han, autrefois, on jouait les chansons de
[Po-louan[2] ;

Lointain passé... Que peuvent faire aujourd'hui les
[héros ?

On ne voit plus que les oiseaux d'or sur l'arête des toits ;

Comment savoir si les ronces ne couvrent pas les deux
[chameaux de bronze[3] ?

Les Immortels ne viennent plus chez ceux qui errent dans le
[vent d'automne[4] ;
Richesses et honneurs sont rêves de printemps — vous les
[pleurez en vain.
En passant par Lou-keou, à maintes reprises, j'ai retourné la
[tête :
Sur le palais, de jour en jour, on voit des nuages de toutes
[les couleurs[5].

1. La capitale dont il s'agit est Pékin, car Lou-keou, appelé actuelle-
ment Lou-Keou k'iao (c'est le « Pont de Marco Polo » de nos géogra-
phies) ou Wan-p'ing, est à quelques kilomètres au sud-ouest de Pékin. Le
poème est donc écrit en 1214, quand l'empereur des Kin, pressé par les
Mongols, transféra sa capitale de Pékin au Ho-pei à K'ai-fong au Ho-
nan. — 2. Autrement dit Leang Hong, personnage célèbre des Han
postérieurs. Il composa des poèmes qu'il chantait en s'accompagnant sur
la cithare, et l'empereur essaya, sans succès, de le retenir à la cour. Main-
tenant, au contraire, les poètes semblent inutiles dans un État qui va vers
sa ruine. — 3. De Lou-keou, on n'aperçoit plus que les oiseaux qui déco-
rent les toits du palais. Les chameaux de bronze sont une allusion littérai-
re qui évoque la ruine et la chute des dynasties. Un personnage de la
dynastie des Tsin aurait prédit la chute de cette dynastie en annonçant
que les chameaux de bronze à la porte du palais étaient recouverts par les
ronces. — 4. Errer dans le vent d'automne, le vent froid qui annonce l'hi-
ver, c'est être en butte aux adversités. — 5. Les couleurs des nuages dans
le ciel étaient des signes fastes ou néfastes. De graves dangers menacent
l'empire...

*Tch'ou tou : Han kong tseng tong po louan ko, che k'iu ying hiong k'o nai
ho...*

Tr. Siao Che-kiun.
Rv. Hervouet.

438

AVEC MES ENFANTS,
DEVANT UN POMMIER SAUVAGE EN BOUTONS

Sur les branches, le vert nouveau, touffes épaisses ;
    Les petits boutons bien cachés : de-ci, de-là, quelques
                        [points rouges...
Je chéris ces cœurs odorants qui ne s'ouvrent pas à la
                            [légère ;
    Que les pêchers et les pruniers s'activent aussi dans le
                         [vent du printemps !

T'ong eul pei fou wei k'ai hai t'ang : Tche kien sin lu yi tch'ong tch'ong,
siao lei chen ts'ang chou tien hong...

Tr. Siao Che-kiun.
Rv. Hervouet.

439

Fang K'ouei

PLAISIRS RUSTIQUES

Les barbes grises, qui se promènent deux par deux, se
[moquent de ma canne de ronce ;
Des enfants aux robes chatoyantes sont derrière la haie.
Au soleil couchant, les corbeaux crient près du temple où
[brûle de l'argent[1] ;
Sous la pluie fine, les bœufs s'endorment sur la pente des
[pâturages.

Je fais chauffer mon vin, acheté plus cher que le jade ;
Longues de trente pieds, comme des fils d'argent, les
[nouilles sentent bon.
Des visiteurs évoquent par hasard les heurs et malheurs du
[pays :
Ce dont ils me parlent, bien sûr, moi je le sais aussi, tout
[vieux que je sois.

Fang K'ouei (Fang Che-tso, milieu du XIIIe siècle).

1. De l'argent fictif, imité en papier, et destiné à subvenir aux besoins
des morts dans l'au-delà.

*T'ien kia tsa hing : Leang leang ts'ang jan siao tchang li, ts'ien kiu eul niu
ko pa li...*

Tr. Siao Che-kiun.
Rv. Hervouet.

Ho King

LE VIEUX CHEVAL

De cent batailles il revient, et il n'est plus de force ;
   Le coursier divin s'est usé, la vieillesse galope plus vite.
Tête basse, il pleure ses os plus précieux que mille onces
                  [d'or ;
   Au fond de l'écurie, il pense à des courses de dix mille
                  [stades.

Les années ont passé, la route des honneurs se perd dans la
                  [brume ;
   Pour la vieillesse qui a connu vents et poussière, lointaine
                [est la Muraille.[1]
Courte est sa chanson, le souffle lui manque : c'est un pot
                [d'argent ébréché[2] ;
   Mais il n'a pas oublié les anciens refrains héroïques.

Ho King (Ho Po-tch'ang, 1233-1275) : Qoubilaï, fondateur de la dynastie des Yuan, découvrit ce solitaire, pauvre et sage, et fit de lui un de ses conseillers. — Le thème du vieux cheval de guerre avait déjà été traité par Tou Fou sous les T'ang.

441

1. Les hauts postes ne sont pas facilement donnés aux vieilles gens. Les activités de guerre leur sont encore interdites. Rien que d'aller à la Grande Muraille pour défendre le pays est chose difficile. — 2. Sa voix est fêlée.

Lao ma : Pai tchen kouei lai li pou jen, siao mo chen tsiun lao ts'in ts'in...

Tr. Siao Che-kiun.
Rv. Hervouet.

Tch'en Fou

KIU-YONG ET SES AMONCELLEMENTS
DE ROCHERS BLEUÂTRES[1]

Le précipice, profond de cent mille pieds, est raide comme
                                                [une lame ;
    Les oiseaux n'osent traverser cette brèche entre les rocs
                                                [moussus.
Les vieux arbres suspendus dans le vide n'ont jamais de
                                                [feuilles vertes ;
    Il fait si sombre et si froid que même en juillet la neige y
                                                [tourbillonne.

Pour les sables froids du désert, j'ai quitté la route des
                                                [passes[2] ;
    Les chameaux gémissent la nuit sur leurs vieux jours dans
                                                [les brumes jaunes.
L'oie sauvage qui passe, d'un cri, réveille l'immensité du
                                                [vide.
    Le vent souffle et incline l'herbe ; sur les monts, la lune
                                                [s'amenuise.

Tch'en Fou (Tch'en Kang-tchong, 1240-1303).

1. La passe de Kiu-yong se trouve sur la route de Pékin à la Grande Muraille, dans un défilé de montagne. — 2. Dans cette seconde strophe, le poète a franchi la passe et s'avance dans le désert qui s'étend au nord, vers la Mongolie.

Kiu yong tie ts'ouei : Touan yai wan jen jou siao t'ie, niao fei pou tou t'ai che lie...

Tr. Siao Che-kiun.
Rv. Hervouet.

Tchao Mong-Fou

LA TOMBE DE YUE FEI

Sur la tombe du prince de Ngo[1], l'herbe pousse drue ;
  Dans l'automne désolé, les animaux sculptés en pierre
                                         [sont solitaires.
Le souverain et sa cour se sont repliés au Sud, dédaignant
                     [les autels du Sol et des Moissons[2] ;
  Cependant, dans la grande Plaine Centrale[3], tout le
                          [peuple attendait leurs drapeaux.

Hélas, le héros était mort ! Qui aurait pu lui succéder ?
  L'empire, divisé en deux, ne pouvait plus se soutenir.
N'allez donc pas au Lac de l'Ouest chanter cette chanson :
  Devant les reflets de l'eau et la couleur des monts, règne
                             [une tristesse insupportable.

*Tchao Mong-fou (Tchao Tseu-ngang, 1254-1322) : bien que descendant
de la famille impériale des Song, il accepta de hautes fonctions sous la dynastie
mongole. Sa femme et lui étaient d'excellents artistes, à la fois poètes, calligra-
phes et peintres.*

1. Le prince de Ngo : titre posthume de Yue Fei (1103-1141), géné-
ral des Song, célèbre pour sa résistance contre les Barbares Kin (cf.
p. 426), et qui fut condamné à mort par un empereur que des calomnies
avaient abusé, au milieu même de la lutte qu'il menait. Son tombeau est

abandonné aux mauvaises herbes : la dynastie des Song est déchue, et le poète, qui est un descendant de cette famille impériale, pleure sur le paysage qui vit la gloire des Song, aux bords du lac de l'Ouest, près de Hang-tcheou. Le tombeau de Yue Fei y subsiste jusqu'à nos jours, entouré de la vénération populaire. — 2. La patrie. — 3. La Chine centrale, siège des capitales anciennes, d'où les Song avaient été chassés.

Yue ngo wang mou : Ngo wang mou chang ts'ao li li, ts'ieou je houang leang che cheou wei...

Tr. Siao Che-kiun.
Rv. Hervouet.

446

Kie Hi-sseu

LA CITADELLE DE KAO-YEOU

Citadelle de Kao-yeou[1],
   Qu'il est long ton rempart !
Sur le rempart on a semé du blé, à son pied planté des
   Autrefois tu étais plus solide que fer,   [mûriers.
   Tu es devenue champ qu'on laboure et qu'on plante.
Mon unique souhait est que, pour mille et dix mille ans,
   Tout l'horizon des quatre mers soit pour nous la
   Qu'ombreux soient les mûriers,   [frontière[2] !
   Vastes les champs de blé...
Qu'il n'y ait plus jamais ni rempart ni fossé !

Kie Hi-sseu (Kie Man-che, 1274-1344).

1. Kao-yeou est une cité au centre du Kiang-sou, qui porte encore, ainsi que le lac qui l'avoisine, le même nom qu'autrefois. Sous les Song du Sud, Kao-yeou s'était trouvé sur la frontière entre les Song et les Kin. Après l'unification de la Chine par les Mongols, la citadelle n'avait plus de raison d'exister. — 2. Le poète souhaite qu'il n'y ait plus de guerre et que l'univers entier, délimité par les quatre mers, soit pour toujours le domaine des Chinois — fussent-ils gouvernés par des Mongols...

Kao yeou tch'eng : Kao yeou tch'eng, tch'eng ho tch'ang...

Tr. Siao Che-kiun.
Rv. Hervouet.

Song Wou

COMBATS AU SUD DE LA CITADELLE

Les soldats Han, dans les glacis au Sud, mènent des
[combats acharnés ;
La neige est si épaisse que les chevaux trébuchent et les
[murs disparaissent.
Les doigts gelés qui tirent l'arc se cassent ;
La peau glacée se fend en touchant au métal.

Depuis sept jours, les soldats n'ont rien pris de chaud ;
Ils tuent les prisonniers pour boire leur sang tiède.
Les Han ont promis mille onces d'argent pour chaque tête
[prise :
Officiers et soldats pénètrent, bâillonnés, chez l'ennemi la
[nuit.

Le ciel est triste, la terre sombre ! On n'entend que le bruit
[des pas...
Pendus aux selles, des crânes, face contre face, pleurent.
Certains officiers ont quatre-vingts blessures dans le dos ;
Les drapeaux déchirés enveloppent les corps couchés au
[bord du chemin.

Les survivants, résignés à mourir, se lamentent sur la citadelle
[vide ;
Dans les bulletins de victoire, seul restera le nom du géné-
[ral.

Song Wou (Song Tseu-hiu, 1260-1340).

*Tchan tch'eng nan : Han ping ngao tchan tch'eng nan k'ou, siue chen ma
kiang han tch'eng mou...*

Tr. Siao Che-kiun.
Rv. Hervouet.

Wou Lai

TRAVERSÉE DU YANG-TSEU KIANG
PAR LA TEMPÊTE

Le Grand Fleuve venu de l'Ouest, à travers le Pa et le
[Chou[1],
Tout droit descend, sur des myriades de stades, irriguer le
[Wou et le Tch'ou[2],
En remontant le Yang-tseu kiang en direction de la
[montagne Souan[3],
Je vois enfin ce que naguère j'avais lu dans le *Livre des*
[*Eaux*[4].

De toutes les audaces de ma vie, celle-ci est la plus étrange :
Sur mon bateau plus léger qu'un fétu, je brave la brume
[et les pluies.
Dans le vent furieux, la vague gronde et se dresse comme un
[mur ;
L'océan y porte sa marée, ouvrant la réserve de ses
[eaux.

Sur l'horizon désolé, je crois deviner les rochers de Yen-yu ;
Mais, dans l'immensité des eaux, où sont les îles lointai-
[nes de Fou-sang[5] ?

450

Soudain les herbes et les arbres commencent à danser ;
    Peu à peu tortues et lézards d'eau se mettent à sauter.

Un nuage noir, gros comme une baleine, vient effrayer mon
                                [cœur ;
    Un palais apparu sous le clair de lune m'est une moquerie.
Je chante près de la Montagne d'Or, où dans le soir sonne
                                [une cloche ;
    Mes yeux, cherchant au loin la jetée de Ts'ai-che, ne voient
                                [aucun bateau[6].

Qui donc claque des dents pour prier les dieux tout-
                                [puissants ?
    D'autres se tiennent, le corps courbé en deux, sans dire un
                                [mot.
Depuis toujours la trouée du Grand Fleuve a été une vraie
                                [frontière ;
    Nuit et jour des messages ailés transmettaient des ordres
                                [aux armées.

Le peuple étrange des trois Tch'ou était semblable aux
                                [poissons et tortues ;
    Les grands généraux des deux Houai étaient comme ours
                                [et tigres[7].
Les voiles brodées, sur dix stades, brillaient en vain dans
                                [l'air léger ;
    Pris dans des chaînes de huit mille pieds, les bateaux
                                [finirent par brûler[8].

Mûriers et chanvre, sur chaque rive, ont germé sur le sol des
                                [batailles ;
    Dans les roseaux, épais bosquets, on voit des huttes de
                                [pêcheurs.
Il semble que le Créateur, jouant comme un enfant,

Ait voulu capter le Grand Fleuve pour le verser dans son
[hanap.

Hélas ! des périls d'autrefois ne restent que les vagues
[blanches ;
C'en est fini des héros de jadis : seuls se dressent les
[tertres jaunes[9].
Ne pensons qu'aux travaux qui depuis dix mille ans ont
[réglé les cours d'eau :
Je veux lever ma coupe à la gloire du Divin Yu[10].

Wou Lai (Wou Li-fou, 1297-1340) vécut dans la retraite.

1. Deux royaumes anciens qui occupaient la province actuelle du Sseu-tch'ouan, où passe le haut Fleuve Bleu (Yang-tseu kiang). — 2. Deux royaumes anciens dont le premier s'étendait sur la basse vallée du Fleuve Bleu et le second sur son cours moyen. — 3. Petite montagne aux environs de Tchen-kiang, sur les bords du Fleuve Bleu, au Kiang-sou. — 4. Le *Livre des Eaux*, traité d'hydrographie datant probablement des Han, est surtout célèbre par son commentaire de la fin du Ve siècle, qui contient une masse énorme de renseignements géographiques et historiques. — 5. Les rochers de Yen-yu se trouvent au milieu du Yang-tseu kiang, dans les défilés montagneux de la sortie du Sseu-tch'ouan ; la navigation y est très dangereuse. Les îles de Fou-sang, plus ou moins légendaires, sont au contraire dans la mer Orientale, là où apparaît le soleil. Le rapprochement des deux noms indique l'immensité du fleuve. — 6. La Montagne d'Or, Kin-chan, se trouve au Kiang-sou, non loin de la montagne Soūan évoquée au début du poème. Sur son sommet se dressaient des monastères bouddhiques. — Ts'ai-che, le mont du Roc multicolore, est beaucoup plus à l'ouest, sur le Fleuve Bleu à sa sortie du Ngan-houei. — 7. Le royaume ancien du Tch'ou s'étendait sur un vaste territoire au nord et au sud du Yang-tseu kiang, qui était divisé en trois grandes régions. De même le territoire de la Houai, rivière qui coule du Ho-nan au Kiang-sou à travers le centre du Ngan-houei, était divisé en Nord et Sud. Les gens du Tch'ou sont de nature aquatique, tels les poissons et les tortues ; ceux de la Houai sont comme les animaux féroces des montagnes. — Il y a là, étant donné ce qui suit, une allusion à l'attaque de Ts'ao Ts'ao, venu du Nord, contre les armées de Lieou Pei et de Souen K'iuan, qui occupaient toute la vallée du Yang-tseu kiang, dans les luttes qui forment le sujet de l'épopée des Trois Royaumes (vers 200 de notre ère).

— 8. Allusion à la célèbre bataille de la Falaise rouge, où les bateaux de Ts'ao Ts'ao, tous liés par des chaînes de fer, furent brûlés par les soldats de Lieou Pei et de Souen K'iuan. La Falaise rouge se trouve sur le Yang-tseu kiang, dans la région des lacs, au Hou-pei. — 9. Le jaune est la couleur de la terre. Il entre aussi dans le nom du séjour des morts : les Sources jaunes. — 10. Yu le Grand, un des premiers souverains légendaires, aménagea la terre en réglant le cours des fleuves.

Fong yu tou yang tseu kiang : Ta kiang si lai tseu pa chou, tche hia wan li kiao wou tch'ou...

Tr. Siao Che-kiun.
Rv. Hervouet.

Tchang Hien

LA JEUNE MONGOLE DE QUINZE ANS

La jeune Mongole âgée de quinze ans
　　Est une pivoine tout juste en bouton.
Où donc peut-on la rencontrer ?
　　Au débit de vin de Ping-tcheou[1].

Ses joues sont pleines comme soleil d'avril,
　　Ses sourcils courbés comme monts lointains.
Son moindre sourire est consentement...
　　Pourquoi donc te cacher sous l'éventail de gaze ?

Tchang Hien (Tchang Sseu-lien), milieu du XIVe siècle.

1. District au centre du Chan-si. — L'objet de ce badinage n'était pas nécessairement une Mongole. Le mot *hou* peut aussi désigner une fille de Sérinde ou une Iranienne.

Hou ki nien che wou : Hou ki nien che wou, chao yao tcheng han p'a...

Tr. Siao Che-kiun.
Rv. Hervouet.

Yang Wei-tchen

SUR UNE PEINTURE DE
« LA FORÊT DANS LES NUAGES APRÈS LA PLUIE »

Portés par les nuages qui passent, les monts vont se mettre
[en marche ;
   Devant le pont, après les grandes pluies, la crue du
[printemps est venue.
Allons, que je trouve un lit à l'hôtellerie du Bois dans les
[Nuages,
   Pour y écouter, couché, les airs des coqs et les abois des
[chiens de la contrée des Immortels.

Yang Wei-tchen (Yang Lien-fou, 1296-1370) vécut dans sa maison de campagne, au flanc d'un coteau boisé ; avec ses amis il causait, buvait et versifiait. A la fin de sa vie, appelé à la cour par T'ai-tsou, premier empereur des Ming, il s'écria : « Est-ce qu'une vieille femme, au bord du cercueil, prépare un nouveau trousseau ? » Il obéit quand même, mais obtint son congé au bout de cent dix jours.

Yu heou yun lin t'ou : Feou yun tai chan yu hing, k'iao t'eou yu yu tch'ouen chouei cheng...

Tr. Siao Che-kiun.
Rv. Hervouet.

Kouo Yu

LONGUE NOSTALGIE

J'y pense longuement...
Mais à qui va ma pensée ?

Depuis qu'il m'a quittée pour monter à cheval,
  Nuit après nuit je pleure en l'alcôve déserte.
Dans le miroir de jade, à l'aube, j'épile mes sourcils en
                                         [antennes ;
  Je vous en veux, mais en même temps je n'ai qu'amour
                                         [pour vous.
L'eau du lac cet automne a débordé ; blanches sont les
                                         [fleurs de lotus.
  Mon cœur est blessé ; le soleil tombe, et deux canards
Pour vous, j'ai semé puis cueilli le lichen[2]. [s'envolent[1].
  Dans le froid, la glycine s'étend le long des branches des
                                         [pins sombres.
Pour vous, j'ai mis de côté l'oreiller orné de corail.
  Les traces de mes larmes ont séché ; des toiles d'araignée
                                         [sont nées.
Qui aime n'aura jamais peur des cheveux blancs ;
  Mais pourquoi ne puis-je vous accompagner toujours ?

Le vent et la pluie sifflent ;
Cocorico, chantent les coqs !
... Mais à qui va ma pensée ?
A celui que j'ai vu en rêve.

Kouo Yu (Kouo Yen-tchang), né en 1316, vécut dans la retraite au milieu des troubles de la fin des Yuan et du début des Ming.

1. Le couple de canards mandarins est le symbole du couple parfait qui jamais ne se quitte. — 2. *Niu-lo,* l'usnée médicinale.

Tch'ang siang sseu : Tch'ang siang sseu, siang sseu tchö chouei...

Tr. Siao Che-kiun.
Rv. Hervouet.

RÉPONSE À SONG TCHOU-PO[1],
SUR LES MÊMES RIMES

Par un poème, vous me demandez ce que je fais dans ma
[montagne :
Je suis paresseux, pauvre, et ne fais rien du tout...
Dans ma jarre printanière, le vin sent bon ; le prunier est
[encore en fleur.
Midi : je sursaute d'un rêve ; à ma fenêtre des oiseaux
[s'appellent.

Comme autrefois Hi K'ang[2], j'ai rompu les liens avec mes
[anciens amis ;
Devenu vieux, comme Kiang Yen[3], je laisse sécher le
[pinceau et l'encre.
Vous-même, vous êtes aussi membre du Club des
[Mouettes[4] :
Pourquoi m'étendre en tant d'explications ?

1. On ne sait qui est ce personnage. — 2. Hi K'ang (223-262 ; cf. p. 168), pendant une grande partie de sa vie, vécut en ermite, seul dans les montagnes. Sa biographie nous le montre aussi écrivant à un ami pour rompre toutes relations avec lui. — 3. Le poète Kiang Yen (444-505), à la fin de sa vie, avait, dit-on, perdu tout son génie d'écrivain. — 4. Ainsi appelait-on les lettrés qui se retiraient près des fleuves et des lacs et vivaient ainsi dans la compagnie des mouettes. Si Song Tchou-po en est, il peut facilement comprendre quelle est la vie du poète. Cf. p. 372, dernier vers.

Ho tch'eou song tchou po yun : Ki che wen wo chan tchong che, sing lan kia p'in yi che wou...

Tr. Siao Che-kiun.
Rv. Hervouet.

Sa Tou-la

EN PASSANT SUR LE LAC CHO-YANG
À KAO-YEOU[1]

Ululements du vent à la cime des arbres,
    Crépitements de la pluie sur le lac...
Déjà tous les pêcheurs ont disparu ;
    Les oies sauvages dans les joncs font la causette.

Sa Tou-la (Sa T'ien-si, né en 1308), un Chinois adopté par une famille d'Asie centrale qui passa le doctorat, occupa divers postes dans l'administration en Chine, puis se retira au pied d'une montagne du Ngan-houei.

1. Sur Kao-yeou et son lac, cf. p. 447.

Kouo kao yeou chō yang hou : P'iao siao chou chao fong, hi li hou chang yu...

Tr. Siao Che-kiun.
Rv. Hervouet.

Poème à chanter (ts'eu) *des Yuan*

(1260-1367)

Sa Tou-la

SUR L'AIR
« DU ROUGE PLEIN LE FLEUVE »

Le faste des Six Dynasties
A passé comme le printemps ; il n'en reste plus rien,
Et vaine est notre nostalgie. L'aspect des monts et des
    N'est plus non plus celui de jadis.   [vallées
Devant les résidences des grandes familles Wang et Sie, les
              [hirondelles nichent par couples ;
Elles retrouvent leur gîte à l'entrée de la belle rue de la
                    [Tunique noire.
Écoute, dans le silence de la nuit profonde, la marée
            [impétueuse du printemps
    Qui frappe la muraille déserte !

    Songe aux temps révolus,
    Et tu seras consumé d'affliction !
    O vestiges décevants
    Du passé de la patrie !
Seuls persistent les herbes flétries dans les brumes
                [désertes,
Le vol désordonné des corbeaux, le soleil à son déclin,
Et en moi ces bribes de la chanson « L'Arbre de Jade ».
      [Ah ! qu'elle est froide la rosée automnale !

Le puits de Yen-tche est détérioré ; des insectes frileux
Seuls subsistent le bleu des monts Tsiang   [sanglotent.
　　Et le vert du fleuve Ts'in-Houai.

Sa Tou-la, cf. p. 459.

Cette pièce est une évocation de l'atmosphère de Kin-ling, ancienne capitale des Dynasties du Sud ; cf. p. 334, 343, 405, 491. — Voir une autre pièce sur le même air, p. 426.

Man kiang hong : Lieou tai hao houa, tch'ouen k'iu ye...

Tr. O. Kaltenmark.
Rv. M. Kaltenmark.

Poèmes à chanter (k'iu) des Yuan

(1260-1367)

Kouan Han-k'ing

TROIS POÈMES D'AMOUR

I

Nuages de mes torsades, brumes de mes tempes, plus noires
[que l'aile des corbeaux...
Mes lotus d'or se laissent deviner, voilés d'une gaze
[écarlate[1].
Ne me prends pas pour la fleur commune, qui pousse
[au-delà de l'enclos.
Je te maudis, mon bel ennemi bien-aimé !
A demi je succombe, à demi je me joue.

II

Hors des croisées tendues de gaze bleue, silence, personne...
A genoux au pied de mon lit, il brûle de m'embrasser.
Je maudis ce cœur inconstant, mais je me tourne vers lui.
Tout en l'accablant de reproches et d'injures,
A demi je le repousse, à demi je m'abandonne.

467

Lumière éteinte de la lampe d'argent, spirales d'encens
[envolées...
Je me glisse sous la soie des courtines, les yeux noyés de
[pleurs, seule.
Quelle langueur quand je m'étends sur ma couche, si seule
[maintenant !
La mince couverture me semble encore plus mince,
A demi tiède, à demi froide.

Kouan Han-k'ing (milieu du XIIIe siècle), l'un des premiers et des plus grands dramaturges des Yuan.

Le k'iu (au propre un « air » de musique ou de chant) est la forme que prend le « poème à chanter » à partir de l'époque mongole (dynastie Yuan), lorsque le ts'eu, dissocié de ses mélodies musicales dès lors perdues, est devenu un procédé de versification artificiel et purement littéraire. Le k'iu joue un grand rôle dans la littérature dramatique de l'époque mongole. Mais il en subsiste également qui étaient indépendants de toute œuvre théâtrale, les san-k'iu ou « airs détachés » : c'est le cas des pièces qui sont traduites ici.

1. Les torsades s'enroulent sur elles-mêmes comme de sombres nuages, et les cheveux sur les tempes sont fins et vaporeux. Les nuées évoquent aussi, par une allusion littéraire, les rencontres amoureuses. Pour les Chinois, les pieds atrophiés des femmes, que l'on comparait à des lotus d'or, présentaient un attrait sexuel : aussi devaient-ils être soigneusement cachés.

T'i ts'ing : Yun houan wou pin cheng touei ya, tsien lou kin lien sou kiang cha...

Tr. Li Tche-houa.
Rv. Hervouet.

SANS TITRE

A peine séparés d'un pied, nous serons aux deux bouts du
[monde ;
En un instant, la lune décroît, les fleurs s'envolent.
La coupe des adieux à la main,
Les larmes du départ dans les yeux,
Je viens de dire : « Conserve-toi ! Soigne-toi bien ! »
Mais, torturée par la douleur, je ne puis le laisser partir...
« Bon voyage ! Que pour toi s'ouvre un avenir de mille
[stades ! »

Che t'i : Tche tch'e ti t'ien nan ti pei, cha che kien yue k'iue houa fei...

Tr. Li Tche-houa.
Rv. Hervouet.

Ma Tche-yuan

PLUIE NOCTURNE
SUR LA SIAO ET LA SIANG[1]

A la pâle lueur des lampes de pêcheurs,
Le voyageur s'éveille de son rêve.
Le bruit des gouttes qui tombent, une à une, brise son
[cœur ;
Sur la barque solitaire, à la cinquième veille, à mille stades
[de chez lui,
C'est un exilé qui laisse couler ses pleurs.

Ma Tche-yuan a vécu au milieu du XIIIe siècle. Il reste de lui quelques pièces de théâtre très célèbres, comme L'automne au Palais des Han.

1. Deux rivières confluentes du Hou-nan.

Siao siang ye yu : Yu teng ngan, k'o mong houei...

Tr. Li Tche-Houa.
Rv. Hervouet.

TINTEMENTS DE CLOCHES VESPÉRAUX
D'UN MONASTÈRE BOUDDHIQUE DANS LA BRUME

Légère est la brume glacée,
  Serein l'antique monastère.
Dans le crépuscule, nul bruit, à l'heure de l'hommage au
                                    [Bouddha.
Quelques tintements des cloches du soir, qu'apporte le vent
                                    [d'Ouest,
Empêchent le moine vieilli de s'abîmer dans la méditation.

Yen sseu wan tchong : Han yen si, kou sseu ts'ing...
                                    Tr. Li Tche-houa
                                    Rv. Hervouet.

TROIS POÈMES SANS TITRE

I

Les nuées qui cachent la lune,
  Le vent qui joue dans les clochettes de fer[1],
Tout ajoute encore à ma peine.
Je mouche la lampe d'argent, pour écrire le secret de mon
Mais, d'un long soupir, je l'éteins.   [cœur ;

II

Je lui confie
Le secret de mon cœur ;

A tout propos, il parle de rupture.
Rupture ! Mot cruel, même si c'est pour plaisanter !
Ne sais-tu pas que mon cœur le redoute ?

III

C'est à cause de lui
Que je suis si malade.
Vos conseils, mes amies, prouvent votre bon cœur.
Mais, si vous connaissiez, mes amies, mon secret,
Comme moi, mes amies, vous seriez en langueur.

1. Dans les temples, des clochettes sont suspendues aux bords des toits
pour que le vent les fasse sonner.

Che t'i : Yun long yue, fong nong t'ie...

Tr. Li Tche-houa.
Rv. Hervouet.

INSPIRATION RUSTIQUE

Au réveil du bûcheron, la lune est basse sur les
   Le vieux pêcheur vient chercher son ami :   [monts.
   « Jette donc là ta hache !
   « Je laisse ici ma barque.
« Cherchons un coin tranquille où nous reposer à
    [loisir. »

Ye hing : Ts'iao fou kiue lai chan yue ti, yue seou lai siun mi...

Tr. Li Tche-houa.
Rv. Hervouet.

PENSÉE D'AUTOMNE

Lianes desséchées sur un vieil arbre, corbeaux du soir,
Petit pont et cours d'eau, une maison,
Route antique, vent d'Ouest, un cheval efflanqué,
   Soleil bas du couchant :
Et, tout au bout du monde, un homme au cœur blessé.

Ts'ieou sseu : Kou t'eng lao chou houen ya, siao k'iao lieou chouei jen kai...

                                          Tr. Li Tche-houa.
                                          Rv. Hervouet.

473

Pai P'ou

INVITATION À BOIRE

Quand je suis ivre pour de bon, rien ne m'arrête !
Si ce n'est au sortir de l'ivresse, qu'ai-je à attendre de ma
[verve ?
  Que les mots de « mérite » et de « gloire » soient noyés
[dans la lie !
Que l'arak inonde la grandeur et le déclin de ce monde !
  Que le ferment recouvre l'immense arc-en-ciel des ambi-
[tions !
Les ratés s'accordent pour railler K'iu Yuan ;
  Les connaisseurs donnent raison à T'ao Ts'ien[1].

*Pai P'ou (Pai Jen-fou, Pai T'ai-sou, né en 1226), poète et dramaturge,
auteur de la pièce célèbre La pluie sur les sterculiers, cf. p. 419.*

1. K'iu Yuan, célèbre poète du royaume antique de Tch'ou (cf. p. 59),
fut un sujet d'une vertu intransigeante qui, rejeté par son prince, finit par
se donner la mort. T'ao Ts'ien (372-427), poète non moins célèbre (cf.
p. 160), refusa au contraire de servir l'État et fut un grand amateur de
vin.

Tch'ang tsouei heou fang ho ngai, pou sing che yeou chen sseu...

Tr. Li Tche-houa.
Rv. Hervouet.

Solitaire, un hameau, sous le couchant aux teintes estom-
[pées ;
Brume légère, arbres antiques, corbeaux dans la froidure...
L'ombre d'une grue en vol rase le sol.
Montagne bleue, nappe d'eau verte ;
Blanc de l'herbe, pourpre des feuilles, or des fleurs...

Sseu ki : Kou ts'ouen lo je ts'an hia, k'ing yen lao chou ling ya...
Tr. Li Tche-houa.
Rv. Hervouet.

Lou Tche

OISIVETÉ

I

Après la pluie, je repique en carrés les plants de mes
[pastèques ;
Quand le temps est au sec, j'amène l'eau pour irriguer le
Avec quelques vieux paysans,   [chanvre.
J'échange les nouvelles du village.
Une cruche de terre pleine de vin trouble : voilà toute ma
L'univers de l'ivresse est sans bornes ;   [vie.
Laissons dormir en paix les grands saules et le vent pur.

II

A peine ai-je quitté les eaux vertes des montagnes bleues,
Que j'arrive devant la chaumière enclose de bambous ;
Les fleurs sauvages s'épanouissent sur le bord du sentier :
Le vin rustique jaillit de la gargoulette...
J'en ai bu jusqu'à plus n'être maître de moi.

Me voyant ivre, les jeunes gens de la montagne ne
[m'invitent plus à boire ;
Mais ils parent mes cheveux blancs de chrysanthèmes jaunes
[en désordre.

Lou Tche (Lou Tch'ou-tao, Lou Sin-lao), docteur en 1268, reçu plus tard à l'Académie Han-lin, prosateur et poète qui passe pour un des maîtres de son époque.

Hien kiu : Yu kouo fen k'i tchong koua, han che yin chouei kiao ma...

Tr. Li Tche-houa.
Rv. Hervouet.

SANS TITRE

Quand on y pense, les septuagénaires sont rares.
   Du peu que représentent cent ans,
   Trente sont déjà à retrancher ;
   Et de ces soixante-dix années,
   Dix sont à l'enfance ignorante,
   Dix à la vieillesse débile.
Les cinquante autres se partagent entre les jours et les nuits ;
   La moitié seule en reste en jours,
   Où se succèdent vent et pluie,
   Où nous menacent les cheveux blancs...
   Après avoir bien réfléchi,
Rien de mieux que de vivre gaiement tout à son aise !

Siang jen cheng ts'i che yeou hi, pai souei kouang yin...

Tr. Li Tche-houa.
Rv. Hervouet.

Tchang Yang-hao

SANS TITRE

Ballotté par une mer de tempêtes,
   Étouffé par une montagne de poussière,
J'ai fait trois rêves de chacun dix ans.
      Caché sous des touffes de chrysanthèmes jaunes,
   Gisant sous des cimes perdues dans les nuages,
     Je m'éveillerai du rêve du Duc de Tcheou,
     Je ferai mes adieux à l'Étang du Phénix,
     Et sauterai hors de la jarre aux moucherons[1].

Tchang Yang-hao (Tchang Hi-mong), 1269-1329.

1. La mort débarrasse le poète des ambitions, des soucis et des plaisirs, pour lui procurer le calme absolu. Le duc de Tcheou est le frère du fondateur de la dynastie des Tcheou (XIᵉ siècle av. J.-C.) ; s'éveiller du rêve du duc de Tcheou, c'est renoncer à l'ambition politique. L'Étang du Phénix désigne le Secrétariat du Conseil impérial ; il s'agit donc aussi du renoncement aux charges publiques. Enfin la dernière phrase évoque le renoncement au vin.

Che t'i : Hai lai k'ouo fong po nei, chan pan kao tch'en t'ou tchong...

                     Tr. Li Tche-houa.
                     Rv. Hervouet.

Siu Tö-k'o

SENTIMENTS PRINTANIERS

Depuis que mon brillant bachelier est parti,
    Je ne songe qu'à être encore à lui.
Je l'aperçois soudain, passant devant la porte ;
L'appeler ? Mais je crains les regards indiscrets.
Je chanterai tout haut le Chant des Eaux[1], comme autrefois,
    Pour qu'il reconnaisse ma voix.

Siu Tö-k'o a vécu à la fin du XIIIe et au début du XIVe siècle.

1. Poème à chanter très célèbre, du genre *yue-fou*.

Tch'ouen ts'ing : Yi tseu to ts'ai k'ouo, ki che p'an tö tch'eng ho...

Tr. Li Tche-houa.
Rv. Hervouet.

JOIE SECRÈTE

A la cime des sterculiers, près des balustres peints, descend
                                                    [la lune ;
    Le festin terminé, musique et chansons se sont tues.

La soubrette est venue vers moi ;
Elle me chuchote à l'oreille :
« Dans la salle du fond, la patronne cuve son ivresse et dort
[profondément. »

Sseu houan : Wou t'ong houa lan ming yue sie, tsieou san ko hie...

Tr. Li Tche-houa.
Rv. Hervouet.

Tchang K'o-kieou

PENSÉE PRINTANIÈRE

A ma joie se mêle l'effroi...
Souriante, je viens à toi.
Je m'appuyais à la rocaille ; la rosée gelait ma manche.
C'est que je n'ai pas l'habitude des rendez-vous secrets !
Mais j'ai craint de trahir mon serment solennel...
Mes pas furtifs ont parcouru le kiosque aux brocarts et aux
[parfums ;
J'ai cherché, j'ai guetté le moindre bruit du vent,
Me cachant, attendant le moment de l'amour.
Près des murs blancs, les fleurs jouaient avec leur ombre ;
Le rideau rouge cachait la lune brillante.
Chut ! D'un souffle, j'éteins la lampe au manche court.

Tchang K'o-kieou (Tchang Po-yuan), début du XIVe siècle.

Tch'ouen sseu : Hi yeou king, siao siang ying...

Tr. Li Tche-houa.
Rv. Hervouet.

Kouan Yun-che

SANS TITRE

L'un contre l'autre, nous nous tenons assis à la croisée ornée
[de nuages peints ;
Ou bien enlacés nous chantons, la tête sur l'oreiller en forme
[de pleine lune.
Aux aguets, nous comptons, pleins de peine et de crainte :
[déjà la quatrième veille est passée[1].
La quatrième veille est passée ; notre passion n'est pas
[assouvie.
Passion inassouvie, nuit aussi rapide que la navette...
O ciel, que t'aurait-il coûté d'ajouter une veille ?

Kouan Yun-che (1286-1324).

1. 1 à 3 heures du matin.

*Che t'i : Ngai tchao k'ao tchao yun tch'ouang t'ong tso, wei tchao pao
tchao yue tchen chouang ko...*

Tr. Li Tche-houa.
Rv. Hervouet.

Song Fang-hou

SANS TITRE

Qu'il est facile de se quitter, difficile de se retrouver !
Mon corps de jade se fond, son parfum s'évapore ; la
         [ceinture de ma robe est devenue trop large.
La nuit est avancée. Pas de verrou à ma porte ornée de
  Moitié ouverte, moitié close,   [broderies,
  Dans l'attente de son retour...

Song Fang-hou, première moitié du XIVe siècle.

Che t'i : Pie che jong yi kien che nan, yu kien hiang siao yi tai k'ouan...

                      Tr. Li Tche-houa.
                      Rv. Hervouet.

Anonymes

LES DOUZE MOIS

Douze mois, sur les douze de l'année,
  Douze heures, sur les douze de la journée[1]...
Pas un instant où je ne pousse des soupirs.
    Je ne suis à l'aise
    Que lorsqu'il est là.
    Enlacés l'un à l'autre,
Nous imprégnons de notre parfum la couverture de soie
                                              [bleue.

1. Le jour astronomique, en Chine, se divisait en douze heures, doubles des nôtres.

Che eul yue : Che eul yue, che eul che...

                                    Tr. Li Tche-houa.
                                    Rv. Hervouet.

SANS TITRE

Le vent agite les chevaux suspendus à l'auvent[1] ;
  La pluie crépite à la croisée voilée de gaze verte.

Vain l'oreiller, froide la couverture... Que faire ?
Si je ne puis le maudire en le désignant par son nom,
   Je songe pourtant en secret
   Qu'il disperse bien trop son cœur.
J'attendrai qu'il revienne pour me venger cruellement :
   Sans lui déchirer le visage,
   Je lui tirerai les oreilles,
Et lui demanderai : « Hier, auprès de qui as-tu passé la
                                                   [nuit ? »

1. Petits chevaux de fer qui tintent dans le vent.

Che t'i : Fong pai yen kien ma, yu ta hiang pi tch'ouang cha...

Tr. Li Tche-houa.
Rv. Hervouet.

SANS TITRE

   Il n'est pas encore rentré !
C'est en vain que j'ai attendu jusqu'au coucher de la lune.

Nuit insupportable, dans la froide, froide solitude !
   Oh ! Son retard me tue !

Allumons la lampe d'argent et ne l'éteignons plus,
Il finira bien par rentrer ;
   Et, quand il rentrera,
Le tirant par l'oreille, je le traînerai devant moi,
Pour qu'il raconte tout, sans rien omettre, depuis le début.

Che t'i : Pou lai ye, k'ong kiao jen tche teng tao yue eul sie...

Tr. Li Tche-houa.
Rv. Hervouet.

Poèmes des Ming

(1368-1643)

Tchang Yi-ning

LE KIOSQUE DU MONT OMEI

Je bois le vin de deux pichets de jade,
  Tout seul, au Kiosque du mont Omei[1].
Je ne vois point de Li T'ai-po,
  Mais seulement le bleu-vert de trois pics.

Les teintes de l'automne montent du fleuve,
  Dont les berges sont couvertes de brumes azurées.
Où trouverai-je un luth à quinze cordes
  Dont je jouerai pour les dragons[2] ?

Tchang Yi-ning (Tchang Tche-tao, 1301-1370), éminent lettré des Yuan et du début des Ming, membre de l'Académie Han-lin, mort au cours d'une ambassade en Annam.

1. Ngo-mei chan, célèbre montagne du Sseu-tch'ouan, chantée par Li T'ai-po. — 2. On croit que les nuages sont formés par la respiration des dragons.

Ngo mei t'ing : Pi tsieou chouang yu p'ing, tou tchouo ngo mei t'ing...

Tr. Guillermaz.
Rv. M. Kaltenmark.

Kao K'i

CHANSON TRISTE

Escarpée, la route longue !
L'homme est las, le cheval a faim.

Vieillard fortuné ne vaut pas jeune homme pauvre ;
Beau voyage ne vaut pas retour, même pénible !

Des traînées de brume s'enfuient au gré du vent.
Perdu dans la campagne,
Je lance vers le ciel ma chanson triste.
Les larmes ruissellent sur mon visage.

Kao K'i (Kao Ki-ti, 1336-1374) passe pour le meilleur poète de son temps. Témoin de l'écroulement des Yuan et de l'avènement des Ming, il eut une vie agitée, et fut exécuté sur la place publique, comme complice d'un fonctionnaire condamné en haut lieu.

Pei ko : Tcheng t'ou hien hi, jen fa ma ki...

Tr. Guillermaz.
Rv. M. Kaltenmark.

LE GRAND FLEUVE VU DU HAUT DE LA TERRASSE
OÙ IL PLUT DES FLEURS À KIN-LING[1]

Le Grand Fleuve s'en vient du cœur des dix mille monts ;
    Et, comme il coule, tout le relief s'incline vers l'Orient.
Seul le mont Tchong[2], tel un dragon, se dresse à l'Occi-
                              [dent ;
    Veut-il briser les grandes vagues, dominer l'aquilon ?

Fleuve et mont rivalisent et ne se cèdent point ;
    Chacun veut être le plus grand et le plus beau du monde.
En vain l'empereur Ts'in Che-houang[3] a prodigué son or ;
    Toujours une atmosphère de dignité royale a régné en ces
                                [lieux.

Comment écarter la mélancolie qui m'oppresse ?
    Ayant goûté un vin généreux, je monte sur la Terrasse au
                    [Sud de la ville murée.
Là, contemplant l'immensité, il me semble voir les temps
                           [antiques
    Surgir soudain dans les vapeurs embrasées par le
                           [couchant.

Sur mille cavaliers, combien oseraient franchir ces eaux
    Dont les flots grondent au pied des murailles de pierre[4] ?
La Bannière jaune voulut entrer à Lo-yang, mais à quoi
                    [cela servit-il ?
Ce Fleuve, barré de chaînes de fer, ne resta pas infran-
                        [chissable[5] !

Ici régnèrent d'abord les Trois Royaumes, puis les Six
                      [Dynasties.
    Combien drue pousse l'herbe sur leurs palais !

Que de héros se sont disputé ce site !
Que de batailles sanglantes ont rougi ces eaux froides !

Or, voici qu'en notre âge heureux un saint s'est élevé dans le
[pays méridional[6] ;
Les désordres néfastes viennent d'être apaisés, toutes
[affaires cessent.
Désormais l'intérieur des Quatre Mers n'est plus qu'une
[famille ;
Plus n'est besoin du Grand Fleuve comme frontière entre
[le Nord et le Sud !

1. Terrasse où les divinités célestes firent pleuvoir des fleurs lors d'une cérémonie bouddhique au temps de l'empereur Wou des Leang (502-459), dont la capitale était Kin-ling, près du Nankin actuel. Le « Grand Fleuve » est le Fleuve Bleu, qui passe à Nankin. — 2. L'actuelle Colline pourpre, près de Nankin. — 3. L'empereur Ts'in Che-houang, dont la capitale était Tch'ang-ngan dans le nord-ouest de la Chine, dépensa d'énormes sommes pour pacifier les régions du Sud et de l'Est, y compris celle de Nankin. Ce fondateur de l'empire chinois n'était pas reconnu par la tradition confucianiste comme un souverain vraiment « royal ». — 4. Les murailles de Nankin. — 5. A l'époque des Trois Royaumes, Souan Hao, général de Wou, se vanta de porter à Lo-yang la Bannière jaune, c'est-à-dire la bannière du Fils du Ciel ; mais finalement ce fut le royaume de Wou qui fut anéanti par les Tsin de Lo-yang, malgré l'obstacle du Fleuve Bleu barré de chaînes de fer. — 6. L'empereur T'ai-tsou des Ming, qui mit fin à la domination mongole et établit sa capitale à Nankin en 1368.

Teng kin ling yu houa t'ai wang ta kiang : Ta kiang lai ts'ong wan chan tchong, chan che tsin yu kiang tong lieou...

Tr. Guillermaz.
Rv. M. Kaltenmark.

POUR ACCOMPAGNER LE DIRECTEUR CHEN
PARTANT POUR LE CHEN-SI
À LA SUITE DE HAUTS FONCTIONNAIRES

Délégué au Chen-si, le grand dignitaire a quitté son haut
[poste.
Majestueuse est sa suite, toute de fonctionnaires Han[1].
Fleuves et monts, à l'intérieur des quatre frontières, font
[retour à l'administration autochtone ;
Les vieillards centenaires revoient enfin les robes et les
[bonnets traditionnels.

A la Passe de Hien-kou[2], vous passerez au chant du coq en
[contemplant la lune à son coucher ;
Quand s'écarteront les nuages, vous arrêterez votre
[cheval pour regarder le saint Pic Houa[3].
Mais je sais bien que vous vous retournerez, sur votre
[chemin vers l'Ouest :
Car Tch'ang-ngan est aujourd'hui dans la région du bas
[Fleuve Bleu[4].

1. C'est-à-dire chinois. C'est la fin de l'administration mongole. —
2. La passe de Hien-kou est, à l'extrémité occidentale du Ho-nan, la
porte du Chen-si et des provinces de l'ouest de la Chine. — 3. Un des
cinq pics sacrés de la Chine, celui de l'ouest, au Chen-si, entre la passe du
Hien-kou et Tch'ang-ngan. — 4. C'est-à-dire que Nankin, sur le Fleuve
Bleu, a remplacé Tch'ang-ngan, au Chen-si, comme capitale de l'empire.
Nankin fut la première capitale des Ming, de 1368 à 1402.

*Song chen tso sseu ts'ong wang ts'an tcheng fen cheng chen si wang yeou yu
che tchong tch'eng tch'ou : Tchong tch'en fen chen k'iu t'ai touan, pin ts'ong
wei yi tsin han kouan...*

Tr. Guillermaz.
Rv. M. Kaltenmark.

493

Tchang Kien

CHANSON DU BÛCHERON IVRE

Sur le marché de Tong-wou[1], j'ai rencontré un bûcheron
                                                     [ivre,
  Un casque de fer en travers sur ses cheveux flottant au
Que portait-il comme une bosse sur ses épaules ?   [vent.
  Une calebasse de vin accrochée à une branche de pin
                                                     [vert.

« J'habite », me dit-il, « à la cime du mont Houa-kai[1].
  Mes pas ont foulé tous les chemins du monde humain.
L'escrime et les lettres, je les ai étudiées, sans aboutir à rien ;
  Mais qu'on me donne à boire, je suis heureux !

« Kouan et Yue[2] avaient des talents royaux ;
  Mais Song et K'iao[3] pouvaient monter sur les nuées.
La hache en jade blanc du mont K'ouen à la main,
  Dans la lune, j'ai coupé le cannelier[4].

« L'Immortel qui est dans la lune ne s'en est pas fâché :
  Il m'a envoyé ici-bas boire au printemps l'eau du Tong-
Ah ! combien joyeusement je l'épuisai d'un trait,   [t'ing[5],
  Et recueillis son corail devenu pour moi broutille de
                                                     [bûcheron !

« Réveillé de mon ivresse, par hasard j'ai rencontré Wang
[Tche[6],
Et l'ai regardé jouer aux échecs sur un rocher où se tenait
[une grue jaune[7].
Mais le manche de ma cognée pourrirait avant que je ne
[devinsse Immortel ;
Mieux vaut se plonger dans l'ivresse durant trois mille
[jours !

« Aujourd'hui, je m'en vais vieillissant, vaine devient la
[gloire ;
Et si partout j'inscris des vers, c'est pour gagner mon vin.
Goutte à goutte, mon pinceau ivre répand son encre parmi
[les hommes ;
De nuit en nuit, le vent et le tonnerre suscitent d'étranges
[lueurs. »

*Tchang Kien (Tchang Tchong-kien, deuxième moitié du XIVe siècle),
poète, peintre et calligraphe. Ce fut d'abord un moine taoïste (tao-che), puis les
Ming l'engagèrent pour travailler à la composition de l'*Histoire des Yuan.

1. Dans la province du Tchö-kiang. — 2. Kouan Tchong, Premier
ministre du duc Houan de Ts'i, et Yue Ki, célèbre général du pays de
Yen : deux héros de l'Antiquité. — 3. Abréviations des noms de Tch'e-
song tseu et de Wang-tseu K'iao, deux Immortels taoïstes de l'Antiquité,
opposés ici à deux célébrités du monde profane. — 4. L'arbre d'immortali-
té de la lune. Le mont K'ouen est le K'ouen-louen, lieu sacré du taoïsme
dans l'Occident mythique. — 5. Le lac Tong-t'ing, au Hou-nan, est un
autre des lieux sacrés du taoïsme. — 6. Un bûcheron qui devint génie
après s'être égaré dans une grotte où il avait regardé des génies jouer aux
échecs. — 7. Symbole d'immortalité.

*Tsouei ts'iao ko : Tong wou che tchong p'ong tsouei ts'iao, t'ie kouan k'i
ts'ö fa p'iao siao...*

Tr. Guillermaz.
Rv. M. Kaltenmark.

Fan-k'i

EN PASSANT LE LAC DE L'OUEST À L'AUBE[1]

De ma barque, la lune semble à portée de voix,
  Si aimable qu'on voudrait la retenir un instant.
L'image des montagnes bleues se renverse dans l'eau qui
                    [baigne l'enceinte de la ville ;
  Les lotus blancs en fleur embaument le lac tout entier.

Au loin sonne déjà la cloche du monastère de la Forêt des
                                    [Immortels ;
  Les hautes lanternes vont s'éteindre sur la pagode de la
                                [Retraite spirituelle[2].
Caressé par le vent d'Ouest, je n'arrive pas à dormir ;
  Je reste assis, à écouter poissons et crabes s'ébattre parmi
                                        [les joncs.

Fan-k'i (Tch'ou-che), moine bouddhiste du début des Ming.

1. Le Si-hou est un célèbre lac près de la ville de Hang-tcheou, au
Tchö-kiang. — 2. Le stûpa du Ling-yin sseu, un monastère près du lac de
l'Ouest, qui reste jusqu'à nos jours un des centres principaux du bouddhis-
me en Chine.

*Hiao kouo si hou : Tch'ouan chang kien yue jou k'o hou, ngaitche ts'ie fou
lieou sseu siu...*

Tr. Guillermaz.
Rv. M. Kaltenmark.

T'ong-jouen

LE VIEILLARD QUI PLANTE DES PINS

Mon repas fini, je ne retourne pas biner la terre ou piler le
                                      [riz ;
  Me confiant à mon court bâton de bambou, je parcours
                                [les fraîches collines.
J'y chemine en suivant un jeune veau solitaire rencontré par
  Et voici que je croise un vieillard,   [hasard ;

Dont le nom ne m'est point connu.
  Il a le don, dit-il, de planter les pins.
Les arbres qui, par milliers, couvrent les hauteurs
  Sont presque tous déjà devenus majestueux comme des
                               [dragons.

T'ong-jouen (Yi-yu), moine bouddhiste des Ming.

*Tchong song lao jen : Fan heou pa tch'ou tch'ong, han chan sin touan
k'iong...*

Tr. Guillermaz.
Rv. M. Kaltenmark.

Lieou Tsi

LES ADIEUX DU SOLDAT ET DE SA FEMME

Le soldat dit à sa femme :
　« La vie, la mort — qui sait ?
« Pour consoler mon âme aux Sources jaunes[1],
　Prends seulement soin de notre enfançon ! »

La femme dit au soldat :
　« Tu dois ton corps à la patrie.
« Si tu deviens poussière aux passes des frontières,
　Je serai le rocher au haut de la montagne ! »

Lieou Tsi (Lieou Mong-hi, fin du XVe siècle) vécut sans charge publique.

1. Séjour des morts.

Tcheng fou ts'eu : Tcheng fou yu tcheng fou, sseu cheng pou k'o tche...

Tr. Guillermaz.
Rv. M. Kaltenmark.

Li Tong-yang

LAMENTATION SUR LA TEMPÊTE

En l'an Jen-tch'en, le jour Jen-tseu de la septième lune[1],
   Un ouragan, soufflant de l'Est, fit déborder la mer.
D'immenses vagues s'élevaient, hautes comme des mon-
                       [tagnes ;
   Du fond des eaux, les baleines se dressèrent comme des
                      [êtres humains.
Lourdes de pluie, de sinistres nuées pesaient immobiles sur
                        [le sol ;
   Le ciel et la mer se confondaient en un univers blafard.
Le Yin et le Yang mêlaient leurs voies et blanche et noire ;
   Le corbeau et le lièvre n'osaient plus bouger[2].
Les campagnards étaient saisis d'épouvante ;
   Rien de pareil ne s'était vu depuis trente ans.
Partout dans le village, on poussait des clameurs ;
   Un courrier au galop prévint la préfecture et la sous-
                      [préfecture.
Les monts grondaient, le tumulte emplissait les vallées ;
             léopards et tigres rugissaient ;
   Les flots emportaient les arbres arrachés par le vent.
Les terres étaient submergées, les îles disparaissaient, l'on
                    [ne savait où fuir ;

En un instant, le destin des hommes pesa moins qu'une
[plume de cygne.
Mon bateau avait jeté l'ancre au bord du fleuve ;
  Nuit et jour, je restais allongé, sans quitter mes habits.
Soudain, la manche de ma robe noire fut trempée de pleurs ;
  Levant la tête pour regarder le ciel, je craignais de le voir
[s'ouvrir d'une brèche.
Alors, je songeai au pays et je songeai aux miens ;
  Sans que je m'en aperçusse, ma jeunesse semblait s'être
[flétrie en un instant.
A l'Ouest de la Passe de T'ong[3], tout était à la guerre ;
  Les cornets de roseau sonnaient dans la poussière qui
[couvrait le fleuve.
Comment nettoyer le monde entier des boucliers et des
[lances ?
  Alors, dût même être détruite ma chaumière, comme celle
[de Tou Fou[4],
Je continuerais à crier et à chanter ma joie.
  Mais ici-bas, rien n'arrive selon nos desseins ;
Le temps est froid, l'année se meurt ; c'est en vain que je
[désespère.
  Wou-hou ! Que faire ? Que vont devenir les vivants ?

*Li Tong-yang (Li Pin-tche, 1447-1516), docteur en 1464, fonctionnaire
à la cour impériale pendant cinquante ans.*

1. Le 21 août 1472. — 2. Le corbeau et le lièvre sont les symboles du
soleil et de la lune, et donc du Yang et du Yin. — 3. Passe du Fleuve
Jaune qui conduit du Ho-nan au Chen-si, et où se livrèrent de nombreuses
batailles. — 4. Allusion au poème de Tou Fou « Le toit de chaume abîmé
par le vent d'automne » (ci-dessus, p. 285).

*Fong yu t'an : Jen tch'en ts'i yue jen tseu je, ta fong tong lai tch'ouei hai
yi...*

Tr. Guillermaz.
Rv. M. Kaltenmark.

Li Mong-yang

Le matin, j'abreuve mon cheval ;
Le soir, j'abreuve mon cheval.
L'eau est si salée, l'herbe si sèche qu'il les refuse.
Au pied de la Grande Muraille, des passants se lamen-
[tent.
A qui sont donc ces os blanchis à l'intérieur de la Muraille ?
A ceux qui, me dit-on, y travaillèrent cette année même.
On leur avait dit de prendre simplement congé de leur
[famille ;
Comment eussent-ils prévu qu'ils périraient, et que pour
[eux point de retour ?
Mais, plus encore que d'être devenus poussière sous la
[Muraille,
Ils doivent regretter que d'autres reçoivent la récompense
[de leurs efforts.
L'an dernier, les brigands pillèrent la cité de K'ai-
[tch'eng ;
Dans les Montagnes Noires, le sang jaillit sous les flèches
[du Chan-yu[1].

Sur dix mille stades de sable jaune, les gémissements ébran-
[lèrent le Ciel ;
Et l'on ferma, même de jour, les portes de la ville, car
[personne ne voulait plus se battre.
Cette année-ci, l'ordre est venu de fortifier la frontière ;
Mais déjà la moitié des corvéables a péri devant la
[Muraille.
Au Sud, au Nord de la Muraille, l'herbe d'automne blan-
[chit ;
Et sous les nuages lugubres du soir, on entend claquer
[les fouets des Barbares.

Li Mong-yang (Li T'ien-si, Li Hien-ki, 1472-1529), docteur en 1493, haut fonctionnaire, l'une des dix célébrités nommées à cette époque les « Dix Génies ».

1. Titre du chef suprême des Huns dans l'Antiquité ; ici, le khan mongol. Les Montagnes Noires dont il est question ici sont situées dans le nord du Chen-si. C'est un des points où les Ming entreprirent de consolider la Grande Muraille pour se prémunir contre un retour offensif des Mongols.

Tch'ao yin ma song tch'en tseou tch'ou sai : Tchao yin ma, si yin ma...

Tr. Guillermaz.
Rv. M. Kaltenmark.

LE MONT T'AI[1]

Je penche la tête : plus de Ts'i ni de Lou ;
Je regarde à l'Est : la mer est comme une coupe[2].
Autour de cette cime qui se dresse solitaire,
Comment croire que tant de montagnes se développent ?

Mais, quand le soleil surgit le long de l'arbre Fou-sang[3],

Et que le ciel s'étend au-delà de la Pierre dressée[4],
Vous voyez alors la terrasse du sacrifice de Ts'in Che-
Et celle aussi des empereurs des Han.   [houang,

1. Le T'ai-chan, pic sacré de l'Est, dans la province du Chan-tong, l'un des plus célèbres lieux saints de la Chine antique, où les empereurs venaient sacrifier au Ciel pour célébrer leur avènement. — 2. Avant le lever du soleil, du haut du T'ai-chan, l'immensité paraît telle que la région environnante, occupée dans l'Antiquité par les principautés de Ts'i et de Lou, est comme inexistante, et que la mer, aperçue au loin, semble petite comme le contenu d'une coupe ; on ne se rend pas compte non plus de tout le développement montagneux qui culmine au sommet du T'ai-chan. De nos jours encore, il est d'usage pour les pèlerins et les touristes d'aller attendre le lever du soleil au point culminant de la montagne. — 3. Arbre mythique de l'Orient, là où se lève le soleil. — 4. Kie-che, nom d'une montagne de la mer Orientale.

T'ai chan : Fou cheou wou ts'i lou, tong tchan hai sseu pei...

Tr. Guillermaz.
Rv. M. Kaltenmark.

Kou Lin

EN TRAVERSANT LE COL AUX ÉRABLES

Tout d'abord, on vous montre du doigt la montagne qui
[touche au ciel,
    Et que le vol des oiseaux ne peut franchir.
Que c'est dur ! On trébuche sur de vertigineuses marches de
    C'est ainsi que je cheminai.   [roc :
Sur le sentier aux cent détours, sans cesse agrippé par les
    Je me retournais, neuf pas sur dix.   [mains,
Voici que soudain le précipice est à mes pieds,
    Et que mes vêtements sont humectés par le brouillard.
Le soleil couchant m'éclaire encore,
    Que déjà la nuit tombe sur la plaine.
Je tourne les yeux au Nord-Est, vers mon pays natal ;
    Le Fleuve y précipite ses eaux immenses.
De l'horizon vient un long vent lointain.
    Ah ! qu'il est difficile de rester longtemps debout, tout
[seul !

*Kou lin (Kou Houa-yu, 1476-1545), originaire de Sou-tcheou, admi-
nistrateur et poète de talent, réputé pour les réceptions qu'il donnait dans sa
belle propriété de Nankin, où il occupa de hautes charges.*

Le Col aux Érables, Fong-mou ling, se trouve à la limite des provinces du Tchö-kiang et du Fou-kien.

Tou fong mou ling : Tch'ou tche chan fou t'ien, fei niao pou k'o tou...

Tr. Guillermaz.
Rv. M. Kaltenmark.

Ho King-ming

Le bord du fleuve est dominé par les grandes jonques
                              [amarrées à la rive,
Chargées de brèmes par cent myriades qui frétillent
                              [encore.
Dans les petites jonques, on préfère pêcher peu, mais vite,
    Grâce au va-et-vient de navette qu'on fait faire aux filets.

Ceux des campagnards riverains qui n'ont pas de bateaux
    Tressent des bambous pour en faire des milliers de nasses,
                  [comme des ponts à travers le fleuve.
Pendant la nuit, la marée monte, submergeant le sable des
                              [berges.
    Au Marché du Bac, tout un chacun vend des poissons.

Les tavernes du bord du fleuve régalent leurs clients ;
    Par centaines, on tranche les nageoires et l'on découpe les
                              [chairs.
De leurs mains de jade, les belles du pays de Tch'ou[2]
              [manient les lames brillantes comme le givre,
    Dont l'éclat mêle des reflets de neige sur les grands plats
                              [dorés.

Dans la maison voisine, une dame pensive, tôt levée,
  Achète une couple de carpes de la rivière Lan[3],
Longues de trois pieds, à la queue fine et rouge.
  Déjà elle brandit son coutelas, mais elle n'ose l'abattre,

Et appelle son petit serviteur pour qu'il rende les carpes à
                              [l'onde pure :
« Qu'à mon époux elles portent ma missive sur soie[4] ! »

*Ho King-ming (Ho Tchong-mö, 1483-1521), docteur à dix-neuf ans,
l'un des « Dix Génies » (cf. p. 502).*

1. Le Marché du Bac, Tsin-che, se trouve dans la province du Hou-
nan, à l'ouest du lac Tong-t'ing. — 2. Nom ancien du Hou-nan. — 3.
Lan-kiang, le Fleuve aux Orchidées, qui se jette dans le lac Tong-t'ing.
— 4. L'idée de carpe était associée à celle de lettre missive, écrite sur soie,
par allusion à une lettre de ce genre trouvée une fois dans le ventre d'une
carpe (cf. p. 124).

*Tsin che ta yu ko : Ta tch'ouan ngo ngo hi kiang ngan, nien fang po po
cheou pai wan...*

Tr. Guillermaz.
Rv. M. Kaltenmark.

EN ACCOMPAGNANT HAN JOU-K'ING
QUI RETOURNE AU CHEN-SI

Mon amitié vous suit à dix mille stades, jusqu'au Pic Houa,
[jusqu'à la Terrasse des Nuages[1] ;
Au soleil couchant du plein automne, je regarde vers la
[muraille de Ts'in[2].
Le Fleuve Jaune, comme un fil, au loin s'en va vers la
[mer,
Et vous allez, dans votre barque, comme posé sur la
[paume d'un Immortel.

1. Deux montagnes qui se trouvent dans la province du Chen-si. Cf. p. 493, note 3. — 2. Le pays de Ts'in correspondait à l'actuelle province du Chen-si.

Song han jou k'ing houan kouan tchong : Houa yue yun t'ai'wan li ts'ing, kao ts'ieou la je t'iao s'in tch'eng...

Tr. Guillermaz.
Rv. M. Kaltenmark.

Wang T'ing-siang

TOMBE ANCIENNE

Sous l'armoise est l'ancien tumulus.
   Sur l'armoise, des oiseaux chantent.
Dans le tumulus, celui qui ne les entend pas :
   Et le passant qui seul s'afflige.

Wang T'ing-siang (Wang Tseu-heng, 1474-1544), haut fonctionnaire érudit.

Kou ling : Kou ling tsai hao hia, t'i niao tsai hao chang...

                    Tr. Guillermaz.
                    Rv. M. Kaltenmark.

Siu Tchen-k'ing

O guerrier, toi qui te plais aux longues campagnes,
    Le cheval des frontières hennit devant ta porte !
L'haleine des brises du printemps, l'ombrage des saules
    Régneront dans la ville de Ta-t'ong[1].   [d'avril,

Comme l'eau qui s'en va vers l'Est sous le pont de Lou-
                                 [keou[2],
    Sans fin est notre amitié : vidons-lui une coupe !
Au-dessus des montagnes, les nuages du ciel barbare sont
                                [dissipés ;
    Et l'on voit le mont Kiu-yong[3] empourpré par le soir.

J'envie ton cheval rapide comme l'étoile filante,
    Moi qu'une voile solitaire va emmener vers le lac Tong-
                                  [t'ing[4].
Des frontières du Nord au Midi hounanais, dix mille stades
                            [vont séparer nos cœurs ;
    Sabre au flanc, les mains jointes, tu t'inclines longuement
                          [du côté de la capitale[5].

Siu Tchen-K'ing (Siu Tchong-kou, 1479-1511), l'un des « Dix Génies » (cf. p. 502).

1. Dans le nord du Chan-si, non loin de la Mongolie. C'est là sans doute que se rendait le dédicataire du poème. — 2. Le Pont de Marco Polo, à l'ouest de Pékin. C'est là que les deux amis doivent se quitter. — 3. Au nord de Pékin, sur la route de Ta-t'ong, site d'une passe célèbre (cf. p. 443). — 4. Au Hou-nan, dans le sud-ouest de la Chine. — 5. Geste d'adieu à Pékin, où les deux amis vivaient ensemble.

Song che siuan che yu : Tchouang che lo tch'ang tcheng, men ts'ien pien ma ming...

Tr. Guillermaz.
Rv. M. Kaltenmark.

FAIT À WOU-TCH'ANG

Les feuilles ne tombent pas encore au lac Tong-t'ing,
    Que déjà va naître l'automne au confluent de la Siao et
Ce soir de pluie, en ma haute retraite,   [de la Siang[1]...
    Je m'endors seul dans la ville de Wou-tch'ang[2].

Je pense et repense à mon pays natal[3],
    Et m'afflige de voir le Fleuve Bleu et la Han[4].
Comment les oies sauvages venant d'au-delà du ciel
    Peuvent-elles aimer les longs voyages ?

1. Deux rivières du Hou-nan méridional. — 2. Une des cités qui forment l'agglomération de Han-k'eou, au Hou-pei. — 3. Le poète était originaire de Sou-tcheou au Kiang-sou, sur le bas Fleuve Bleu. — 4. Qui confluent à Wou-tch'ang.

Tsai wou tch'ang tso : Tong t'ing ye wei hia, siao siang ts'ieou yu cheng...

Tr. Guillermaz.
Rv. M. Kaltenmark.

Yang Chen

Mon ami excelle dans les ors et les verts ;
  Il aime à peindre des coqs de jade et des chevaux dorés.
Dans son tableau des Mille Monts aux Arbres rouges,
  L'atmosphère de voyage et l'éclat de l'automne ont la
  [même splendeur.

Les feuilles qui tombent y disent toute la mélancolie de
  [Song Yu[1] ;
  Un personnage monte sur la montagne pour en accom-
  [pagner un autre jusqu'au bord de l'eau.
Tantôt c'est l'aube, et la forêt rougie est lourde de givre
  [frais ;
  Tantôt c'est le soir, et du soleil oblique la pourpre légère
  [embrase les vallées.

Mon ami me quitte pour s'en retourner à son pays natal ;
  Au loin les arbres du Yun-nan rejoignent ceux du Sseu-
  [tch'ouan.

Tandis que nous nous enivrons dans la montagne où
[tombent les feuilles des mûriers,
Nos âmes se perdent sur la route du voyageur qu'embau-
[ment les feuilles des érables.

Malgré mes cheveux blancs, je reste dans cette contrée
[lointaine et désolée, et ne m'en retourne pas.
Les flots qui coulent et les feuilles qui tombent assom-
[brissent encore la séparation.
Comment revoir les arbres rouges de Kin-tch'eng[2] ?
Pour en cueillir les branches, il me faudrait au loin vous
[suivre en rêve.

Yang Chen (Yang Yong-sieou, Yang Chen-ngan, 1488-1559), le plus grand écrivain des Ming, pour l'érudition et la fécondité.

1. Poète de Tch'ou qui chanta l'exil de son maître K'iu Yuan ; cf. p. 68. — 2. Autre nom de Tch'eng-tou, chef-lieu du Sseu-tch'ouan.

Fou tŏ ts'ien chan hong chou t'ou song yang mao tche : Siao lang ya kong kiu pi houa, ngai houa pi k'i yu kin ma...

Tr. Guillermaz.
Rv. M. Kaltenmark.

Li P'an-long

SÉPARATION

Le vent d'automne qui vient du Nord-Ouest
    Mélancoliquement agite les cent herbes.
Errant, sans logis, sans famille,
    Je chemine sur la longue route...

La fraîcheur de la jeunesse peut-elle durer ?
    Il y a si longtemps que j'ai quitté ma compagne !
Devant le voyageur qui me l'apporte, j'ouvre la lettre ;
    Mes yeux s'emplissent de larmes, et je la serre contre moi.

Au début, elle me dit que tout va bien ;
    A la fin, que mes amis d'autrefois ont vieilli...

Li P'an-long (Li Tseu-lin, 1514-1570), issu d'une famille pauvre, passionné de littérature dès son jeune âge. Docteur en 1544. Il se retira à la montagne après la mort de sa mère.

Lou pie : Ts'ieou fong si pei lai, siao siao tong pai ts'ao...

Tr. Guillermaz.
Rv. M. Kaltenmark.

De toute l'année, je n'ai écrit un mot ;
    En mon âge mûr, l'apprentissage du Tao me rend
                  [toujours plus fou.
Prélassons-nous sur de hauts oreillers, prenons soin de notre
                  [santé !
    Buvons des vins capiteux que nous choisissons nous-
                  [mêmes !

Qui ne vante la vie plaisante des mandarins ?
    Comme si la retraite n'avait aussi ses joies !
De quel lieu ne dit-on qu'il est agréablement chaud ou
                  [frais ?
    Comme si l'on n'était pas mieux enfermé derrière sa
                  [porte !

Laisser-aller et indolence ne sont pas à la mode ;
    Mais un bonheur tranquille n'a-t-il pas ses vertus ?

Souei miao fang ko : Tchong nien tchou chou yi tseu wou, tchong souei hiue tao jeng k'ouang fou...

Tr. Guillermaz.
Rv. M. Kaltenmark.

Wang Che-tchen

EN MONTANT À LA TOUR DE LI T'AI-PO[1]

On dit que jadis Li Kong-fong[2]
   Y monta seul en sifflant longuement[3],
L'ennoblissant de sa présence
   Pour toutes les générations.

A l'aube, des nuées blanches couvrent la mer ;
   Au soir, la lune d'automne paraît dans le ciel.
Je cherche le promeneur revenu sur les lieux ;
   Mais seule bruit l'eau de la Tsi.

Wang Che-tchen (Wang Yuan-mei, 1526-1590), haut fonctionnaire adversaire du puissant ministre Yen Song qui fit mettre son père à mort. Plus tard, Wang Che-tchen obtint que la mémoire de son père fût réhabilitée et il occupa lui-même des postes importants. Érudit, critique, poète, il a laissé une œuvre très abondante.

1. Li Po. Il existe plusieurs Tours (ou Pavillons) de Li T'ai-po. Celle dont il est question ici est située à Tsi-ning, dans le Chan-tong, sur la rivière Tsi. — 2. Autre nom de Li Po. — 3. Pratique taoïste.

Teng t'ai po leou : Si wen li kong fong, tch'ang siao tou teng leou...

Tr. Guillermaz.
Rv. M. Kaltenmark.

Houang Sing-tseng

AIR DU KIANG-NAN

De verts peupliers ondulent au vent,
    Devant mon pavillon, au bord de la Ts'in-Houai[1].
Chaque matin, je vois la marée naître,
    Et chaque soir, se retirer.

Houang Sing-tseng (Houang Lien-tche, milieu du XVIe siècle), originaire
de Sou-tcheou au Kiang-sou, disciple de Li Mong-yang (cf. p. 501).

1. Canal du Kiang-sou qui se jette dans le Fleuve Bleu près de Nankin.
Le Kiang-nan est la région du cours inférieur du Fleuve Bleu.

Kiang nan k'iu : Yi ni lou yang leou, nong p'ang ts'in houai tchou...

               Tr. Guillermaz.
               Rv. M. Kaltenmark.

Tchang Yuan-k'ai

ADIEU AUX ACCOMPAGNATEURS
PRÈS DU PONT AUX ÉRABLES

A l'automne, au Pont aux Érables, l'eau verte à perte de
[vue :
   Et les feuilles plein les arbres, plus rouges que des fleurs...
De mon voyage de dix mille stades, dix stades sont
[parcourus
   La ville de Ho-lu[1] se laisse encor montrer du doigt...

Devant la coupe offerte à celui qui s'en va, mes larmes
[trempent mon habit
   Déjà la séparation fait envoler mon cœur avec la voile
[qui flotte au vent
Ivre, j'oublie que je suis le voyageur ;
   Et je m'en vais, me semble-t-il, rentrer avec mes accom-
[pagnateurs

Tchang Yuan-k'ai (Tchang Tso-yu, milieu du XVIe siècle), originaire de Sou-tcheou au Kiang-sou, où il fut officier.

1. Roi du pays de Wou (VIe siècle av. J.-C.). La ville de Ho-lu, c'est Sou-tcheou. Le Pont aux Érables, rendu célèbre par un poème de Tchang

Ki des T'ang (ci-dessus, p. 297), se trouvait à quelque trois kilomètres de Sou-tcheou, sur la grande voie de communication du nord au sud.

Fong k'iao yu song tchō pie : Fong k'iao ts'ieou chouei lu wou yai, fong ye man chou hong yu houa...

Tr. Guillermaz.
Rv. M. Kaltenmark.

Chen Ming-tch'en

CHANT DE VICTOIRE

Cinq mille soldats, bâillonnés, passent dans la nuit,
  Munis d'insignes secrets et de consignes précises[1].
Dans les ruelles étroites où l'on se bat corps à corps,
  On tue sans bruit comme se fauche l'herbe.

Chen Ming-tch'en (Chen Kia-tsö), milieu du XVIᵉ siècle.

1. On bâillonnait les soldats au combat pour les empêcher de causer.

K'ai ko : Hien mei ye tou wou ts'ien ping, mi ling kiun fou hao
ling ming...

Tr. Guillermaz.
Rv. M. Kaltenmark.

Siu T'ong

RENCONTRE DE LI TA DANS UNE TAVERNE

En passant par hasard au marché de Sin-fong[1],
  J'y trouve un vieil ami et, devant une coupe, nous
                              [chantons tristement.
Que de larmes nous avons versées depuis dix ans de
                                  [séparation !
Qui eût dit qu'elles seraient plus abondantes encore en ce
                                 [jour de rencontre ?

*Siu T'ong (Siu Wei-ho, environ 1580-1637), originaire de Fou-tcheou ;
il imita les poètes des T'ang.*

1. Près de Tch'ang-ngan au Chen-si ; cf. p. 312.

*Tsieou tien p'ong li ta : Ngeou hiang sin fong che li kouo, kou jen tien
tsieou kong pei ko...*

Tr. Guillermaz.
Rv. M. Kaltenmark.

Souen Yeou-tch'e

EN PASSANT PRÈS D'UNE TOMBE ANTIQUE

Auprès d'une eau sauvage, dans la montagne déserte, je
        ⌊salue en passant une tombe et sa chapelle ;
La verte humidité de la brise des pins imprègne mes
        ⌊vêtements.
Le voyageur voudrait connaître les secrets du passé ;
Les statues restent muettes face au soleil couchant.

Souen Yeou-tch'e (Souen Po-hiai), originaire du Ngan-houei.

Kouo kou mou : Ye chouei t'ong chan pai mou t'ang, pei fong che ts'ouei cha yi chang...

                       Tr. Guillermaz.
                       Rv. M. Kaltenmark.

Fan Jouei

ENVOYÉ UN JOUR DE PRINTEMPS
À WOU YUN-TCHAO

Arbres lointains, ondes légères, tout n'est que flou obscur...
　　Qu'un nuage solitaire, passant près de la cité de Ho-lu[1],
　　　　　　　　　　　　　　　　　[vous porte ma pensée !
Quand vient le printemps, toujours en rêve je retourne au
　　　　　　　　　　　　　　　　　[pays natal :
　　Hors de ses bleues montagnes, qu'en revois-je? Vous-
　　　　　　　　　　　　　　　　　[même.

Fan Jouei (Fan Tong-chen), poète pauvre des Ming.

1. Sou-tcheou au Kiang-sou.

*Tch'ouen je siun wou yun tchao : Yuan chou wei po ngan pou fen, ho lu
tch'eng p'an ki kou yun...*

　　　　　　　　　　　　　Tr. Guillermaz.
　　　　　　　　　　　　　Rv. M. Kaltenmark.

Yuan Hong-tao

EN TRAVERSANT LA DIGUE

Nous traversions la digue.
  Vers l'Ouest il s'en venait ;
  Vers l'Est je m'en allais.
Je fus touchée par son regard précieux :
« J'habite près du Pont rouge ;
  Ma porte, vermillon, est à la croisée des chemins.
« Vous la reconnaîtrez aux fleurs du magnolia ;
  Mais n'allez pas plus loin que les saules pleureurs ! »

Yuan Hong-tao (Yuan Wou-hiue), docteur en 1592.

Hong t'ang tou : Hong t'ang tou, lang si lai, ts'ie tong k'iu...

Tr. Guillermaz.
Rv. M. Kaltenmark.

Houang Tch'ouen-yao

LE PAYSAN

Le paysan soupire, car l'année est mauvaise ;
  Même creusés dans un étang, les puits restent à sec.
Des vols de sauterelles arrivent par bandes et recouvrent le
[ciel.
  En vain la famille tout entière est mise au travail des
[champs.

La Cour sans cesse augmente les impôts ;
  Il va se plaindre au mandarin, qui l'écarte d'un geste.
En rentrant, sur l'étroit chemin, il croise le percepteur,
  Qui, vêtu de molles fourrures, sur son cheval rapide,
[vient réclamer l'argent.

Houang Tch'ouen-yao (Houang Yun-cheng, 1605-1645), originaire de Kiating au Kiang-sou, s'étrangla lors de la prise de sa ville natale par les Mandchous.

Ye jen : Ye jen t'an si nien souei ngo, tch'e tchong kiue ts'ing ts'ing ti k'o...

Tr. Guillermaz.
Rv. M. Kaltenmark.

Tch'en Tseu-long

BALLADE DE LA BROUETTE

La brouette grince, grince, et soulève la poussière jaune du
  Le mari pousse, la femme tire.   [soir.
  Où vont-ils, quittant leur logis ?
« Vertes, vertes sont les feuilles d'orme dont nous trompons
            [notre faim ;
Nous cherchons un pays heureux où vivre ensemble d'un
           [peu de riz. »
  Le vent souffle sur les roseaux secs.
  Voici au loin une maison.
« Peut-être y a-t-il là quelqu'un qui nous donnerait à
          [manger... »
Ils frappent à la porte : pas une âme ; pas de marmite.
Ils chancellent dans la rue déserte ; leurs larmes coulent
          [comme pluie.

*Tch'en Tseu-long (Tch'en Jen-tchong, Tch'en Wo-tseu, 1608-1647) :
loyal serviteur des Ming, il les suivit dans leur retraite, fut pris et exécuté par
les Mandchous alors qu'il levait des troupes contre eux.*

*Siao tch'ö hing : Siao tch'ö pan pan houang tch'en wan, fou wei t'ouei, fou
wei wan...*

Tr. Guillermaz.
Rv. M. Kaltenmark.

526

Han Hia

LUNE SUR LES MONTS, À LA FRONTIÈRE

A l'aube, le cornet barbare fait entendre quelques notes
[plaintives ;
Le vent de la frontière arrive avec des tourbillons de
[poussière.
Depuis dix ans, ils sont en campagne aux frontières ;
Ils n'osent monter sur la tour pour regarder au loin vers
[la patrie.

Han Hia (Han Kiun-wang), milieu du XVIIe siècle.

Kouan chan yue : Hiao kiue chou cheng ngai, pien fong kiuan ti lai...

Tr. Guillermaz.
Rv. M. Kaltenmark.

Ki Ying-tchong

JARDINAGE : POÈME DONNÉ À TENG-CHENG

Je suis bûcheron au Lac de l'Est,
  Vous, jardinier au Mont du Sud.
Nous étant rencontrés sur la grand-route,
  Nous avons étanché nos larmes, nous confiant nos peines.

Moi, quand je vois un conifère toujours vert,
  Je me prosterne et n'ose y mettre la hache.
Quant à vous, les pluies des derniers jours d'automne
  Ont bien gâté vos pastèques de Tong-ling[1].

Notre labeur ne nous épargne ni la faim ni le froid ;
  Chantons plutôt des vers près des armoises au bord de
                                                    [l'eau !

Ki Ying-tchong (Ki Po-tseu), milieu du XVIIe siècle.
Il s'agit dans ce poème de lettrés s'essayant à la vie rustique.

1. Au début de la dynastie Han, un certain marquis de Tong-ling cultivait des pastèques particulièrement réputées aux abords de la capitale, Tch'ang-ngan.

Hiue p'ou tseng teng cheng : Wo wei tong hou ts'iao, tseu hiue nan chen p'ou...

Tr. Guillermaz.
Rv. M. Kaltenmark.

Tchang Kang-souen

LE VILLAGE DES BAMBOUS BLANCS

Le chemin serpente vers le village des Bambous blancs ;
　　Par les rocailles escarpées, je découvre un vallon perdu.
Huit ou neuf familles y habitent
　　Des huttes délabrées, couvertes de branchages,
Que seuls soutiennent quatre pieux,
　　Dressés tout droits, sans autres bois.
Vues d'en bas, on dirait nids d'oiseaux ;
　　Quand vient le soir, on y grimpe dans les nuages.

Je me tiens en garde contre tigres et léopards ;
　　Je crains aussi les cornes des cerfs.
Et je m'en vais, indécis, hésitant,
　　Sans même oser crier aux carrefours.
Le jour tombe, il me faut avancer prudemment :
　　Car où donc trouverai-je un abri ?

Tchang Kang-souen (Tchang Tsou-wang), de Hang-tcheou, né en 1619.

Pai tchou ts'ouen : Lou p'an pai chou ts'ouen, k'iu k'i t'an k'iong kou...

　　　　　　　　　　　　　Tr. Guillermaz.
　　　　　　　　　　　　　Rv. M. Kaltenmark.

P'an Wen-k'i

LA GORGE DU CERCUEIL D'OR

A quoi ressemble le bruit de ses flots ?
  Au tonnerre échappé de la faille d'un roc[1].
Du sol surgissent deux falaises
  Que ne sépare plus qu'un trait de ciel bleu.

Les formes évoquent les grands singes venus du fond des
                                                      [âges,
  Et les brunes malsaines, des sauriens nauséabonds.
Je voudrais explorer ces abîmes profonds ;
  Mais où retrouver les cinq Ting[2] ?

Pan Wen-k'i (P'an Siue-fan), de Hang-tcheou, fin des Ming.

1. Réminiscence mythologique. — 2. Personnages de l'Antiquité célèbres pour leur force surhumaine.

Kin kouan hia : T'ao cheng ho so sseu, che hia tseou lei t'ing...

                                        Tr. Guillermaz.
                                        Rv. M. Kaltenmark.

Poèmes des Ts'ing

(1644-1911)

Wou Wei-ye

CHANSON TRISTE
DONNÉE À WOU KI-TSEU[1]

L'homme qui doit partir à mille ou dix mille stades,
Il s'éloigne en secret, l'âme perdue ; il part, tout est fini...
Pourquoi vous seul en êtes-vous arrivé au point
    Que les monts, pour vous, ne sont plus des monts, les
                [eaux ne sont plus des eaux,
La vie n'est plus la vie et la mort ne sera plus la mort[2] ?

A treize ans, vous avez appris les Classiques et l'Histoire ;
Né au Sud du Fleuve Bleu, vous avez toujours été vêtu de
Votre poésie est toute grâce, nul ne l'égale.   [soie.
Mais vint la calomnie, comme des mouches sur un jade
   Et, un matin, vous fûtes contraint de partir ;   [blanc.
   Un placet n'a pas suffi à vous disculper.
Vous avez traversé, sans bagages, les passes et mille monts.
   Les hommes de votre escorte pleuraient sans cesse.
   Mais sur qui l'exilé pourrait-il s'appuyer ?
   Là-bas vous vous désolez toujours d'un retour impos-
   Et moi, tout ce que je fais n'aboutit à rien.   [sible ;

Au huitième mois, le désert lointain voit déjà les flocons de
                            [neige

Couvrir les reins des chameaux et les oreilles des chevaux.
Près des retranchements, les squelettes font des taches
[blanches ;
Nul bateau sur le Fleuve Noir[3], peu de voyageurs y passent.
Devant, les tigres vous menacent, derrière, les rhinocéros ;
Des trous, comme pour les fourmis, permettent de se cacher.
Des poissons, comme des montagnes, sont si longs qu'on
[n'en voit la fin ;
Quand ils étendent leurs nageoires, il vente ; quand ils
[crachent, il pleut.
Soleil et lune, marchant à l'envers, ont sombré au fond de la
[mer[4].
En plein jour, ceux qu'on rencontre sont mi-hommes
Hélas ! hélas ! tristesse et désolation !   [mi-démons.

Si votre fils est intelligent, gardez-vous de vous en réjouir ;
Ts'ang Kie pleurait pendant la nuit : il y avait vraiment de
[quoi[5].
Tous les malheurs qui vous accablent viennent de vos études ;
Mais, autrement, vous ne seriez plus Wou Ki-tseu.

*Wou Wei-ye (Wou Kiun-kong, Wou Mei-ts'ouen, 1609-1671), haut
fonctionnaire des Ming, qui se retira de la vie publique après leur chute. Dix
ans plus tard, à contrecœur, semble-t-il, il reprit du service sous les Ts'ing.*

1. Wou Ki-tseu n'est pas autrement connu ; c'était peut-être un parent
du poète. D'après la fin du poème, il semble avoir été exilé pour les théo-
ries auxquelles ses études l'avaient conduit. L'orthodoxie de la pensée
était étroite sous les Ming. — 2. Toutes les joies de la vie, la beauté des
montagnes ou des eaux, n'existent plus pour l'exilé. Aussi la mort serait-
elle pour lui une délivrance. — 3. Plusieurs fleuves ou rivières portent ce
nom dans les déserts du nord ou de l'ouest de la Chine. — 4. Tigres,
rhinocéros et baleines sont des animaux fantastiques et effrayants. Avec la
neige au mois de septembre, leur présence simultanée annonce un monde
à l'envers : le comble de l'horreur. — 5. Ts'ang Kie est un personnage

légendaire qui aurait inventé l'écriture. D'après le trait de sa légende que l'on rapporte ici, il aurait pleuré sur son invention.

Pei ko tseng wou ki tseu : Jen cheng ts'ien li yu wan li, ngan jan siao houen pie eul yi...

Tr. Siao Che-kiun.
Rv. Hervouet.

INSCRIT SUR UN PORTRAIT DE TONG PO[1]

« En pensant à la patrie ruinée », « Le vent et les flots
[apaisés » :
Tels étaient ses nouveaux poèmes[2] ; j'en avais fait la
[musique.
J'en veux à mort à Jouan, le maréchal de la dynastie du Sud,
Qui fut cause pour mon mari de tant de souffrances et de
[tristesses.

1. Tong Po (Tong Siao-yuan, 1625-1651) était une belle jeune femme, excellente musicienne, originaire de Sou-tcheou au Kiang-sou, et qui fut la concubine d'un poète du début des Ts'ing, Mao Siang (Mao Pi-k'iang, 1611-1693). Elle mourut, jeune encore, de la tuberculose, et son mari composa sa biographie. — Les poèmes qui sont évoqués se rapportaient à l'invasion de la Chine du Sud par les Mandchous en 1645. La « dynastie du Sud » est celle des Ming qui s'était réfugiée à Nankin, en 1644. Le maréchal Jouan est Jouan Ta-tch'eng (1587-1646) qui, devenu ministre de la Guerre à Nankin, se vengea cruellement de ses adversaires, parmi lesquels se trouvait Mao Siang. — 2. Littéralement : ses nouvelles « paroles » (*ts'eu*), composées sur des mélodies de sa concubine. C'est celle-ci qui parle.

T'i tong po siao yuan siang : Nien kia chan p'o ting fong po, tsi ngan sin ts'eu ts'ie ngan ko...

Tr. Siao Che-kiun.
Rv. Hervouet.

Li King

SOUVENIR DU LAC TONG-T'ING,
EN LISANT LE « COMMENTAIRE DU LIVRE DES EAUX »

Je me suis assis sur le tertre de Pa, qui penche vers le lac
[Tong-t'ing[1] ;
Les douze sommets de la montagne Kiun, un à un, sont
[d'un bleu sombre.
Je n'entends pas la musique des Immortels dans la forêt des
[longs bambous[2] ;
Je ne vois qu'un cygne solitaire qui suit la barque des
[voyageurs.

C'est seulement de la Cuiller du Nord qu'on pourrait
[distinguer l'eau et le ciel ;
Pour rencontrer le vent et la pluie; il faudrait aller à
[l'Océan du Sud[3].
L'immensité des périples anciens est dans mes rêves de
[printemps ;
Et je me plais à lire le « Livre des Eaux » commenté par
[Li Tao-yuan[4].

---

*Li King (Li Cheng-yi, milieu du XVIIe siècle) a été fonctionnaire dans le
Hou-nan.*

1. Le lac Tong-t'ing est le grand lac du nord du Hou-nan. Au nord-est de ce lac, sur sa rive et près du Yang-tseu kiang, se trouvent à la fois le tertre de Pa et la montagne Kiun. — Sur le *Livre des Eaux* et son commentaire, cf. p. 452, n. 4. — 2. Allusion aux Sept Sages de la Forêt de Bambous (cf. p. 168), devenus le type des sages taoïstes qui cultivent les pratiques d'immortalité. — 3. Le ciel et l'eau du lac se confondent : il faudrait, pense le poète, être aussi haut dans le ciel que la Grande Ourse (la « Cuiller du Nord » en chinois) pour les distinguer l'un de l'autre. Tandis que la Grande Ourse évoque l'immensité du ciel, le mythique Océan du Sud représente l'immensité de la Terre, c'est-à-dire les régions lointaines d'où viennent le vent et la pluie. — 4. L'Océan du Sud suggère au poète l'idée des grands voyages ; mais il doit se contenter de lire le *Commentaire du Livre des Eaux*, composé par Li Tao-yuan au début du VIᵉ siècle.

Tou chouei king tchou houai tong t'ing : Tso yi pa k'ieou fou tong t'ing, kiun chan yi che eul fong ts'ing...

Tr. Siao Che-kiun.
Rv. Hervouet.

Wou Kia-ki

DONNÉ À WANG TS'IEOU-KIEN[1]

Ts'ieou-kien, avec votre stature de neuf pieds
  Et la force énorme de vos deux poignets,
Vous vous considérez comme un homme du peuple ;
  Mais votre épée sait mettre à mal vos ennemis.
On a ruiné votre maison, vous n'êtes pas encor vengé ;
  Vous êtes parti vous cacher au Nord du Fleuve Bleu.
Votre or achète là les femmes aux manches rouges ;
  Et vous vous adonnez aux chants et à la débauche.
Mais votre luxure effrénée ne vous tue pas ;
  Si vous reprenez le pinceau et l'encrier,
Vous égalez Ngeou et Yu, Yen et Lieou[2] ;
  Et votre vitalité est de mille pieds.
Les sages admirent votre rare talent,
  A vous qui avez émigré pour avoir de quoi vivre.
Vous cachez, au-dedans de vous-même, un cœur tel
  Que jusqu'à votre mort nul ne vous comprendra.

Wou Kia-ki (Wou Pin-hien, 1618-1685), dit « le Sauvage », vécut
dans le Kiang-sou loin de la vie publique. Sa pauvreté le laissait indifférent ;
il ne songeait qu'à la poésie.

1. On ne sait rien de ce personnage. La description qui en est faite (on

lui donne près de trois mètres de hauteur), et qui évoque en terminant l'impossibilité de le comprendre, insiste sur son étrangeté. Il est impossible de savoir à quoi font allusion les faits relatés dans le poème. — 2. Ce sont des calligraphes célèbres : Ngeou-yang Siun (557-641) et Yu Che-nan (558-638), Yen Tchen-k'ing (708-784) et Lieou Kong-k'iuan (778-865), respectivement du début et de la fin des T'ang.

Tseng wang ts'ieou kien : Ts'ieou kien kieou tch'e k'iu, chouang wan tsouei yeou li...

Tr. Siao Che-kiun.
Rv. Hervouet.

Wang Che-tchen

AUX BORDS DE LA TS'IN-HOUAI

Depuis quelques années, sur ma barque, à Mo-ling, j'ai le
[cœur brisé ;
Mes rêves tournent autour des pavillons des rives de la
[Ts'in-Houai[1].
Après dix jours passés dans un filet de pluie, sous la nappe
[des vents,
L'aspect brumeux du lourd printemps m'a rappelé le
[déclin de l'automne.

Wang Che-tchen (Wang Yi-chang, Wang Yu-yang, 1634-1711 ; à ne
pas confondre avec Wang Che-tchen des Ming, ci-dessus p. 516), l'un des
écrivains les plus féconds et les plus influents de la dynastie. Théoricien de l'art
poétique et chef d'école, de goûts éclectiques.

1. Petite rivière qui va se jeter dans le Fleuve Bleu à Nankin. Elle
traverse la bourgade appelée Mo-ling-kouan, à une dizaine de kilomètres
au sud de Nankin.

Ts'in houai tsa che : Nien lai tch'ang touan mo ling tcheou, mong jao ts'in
houai chouei chang leou...

Tr. Siao Che-kiun.
Rv. Hervouet.

QUATRAIN DE TCHEN-TCHEOU[1]

Sur la rive du Fleuve, partout des maisons de pêcheurs ;
   Diguettes de saules, bassins couverts de macres s'égrènent
                          [tout au long...
Lorsqu'au soleil couchant le vent s'est apaisé, comme il fait
                                 [bon
   Vendre ses perches sous les arbres rouges qui poussent au
                             [milieu du Fleuve !

1. Tchen-tcheou, siège ancien de la sous-préfecture de Yang-tseu, actuellement Yi-tcheng, sur le Fleuve Bleu, en aval de Nankin.

Tchen tcheou tsiue kiu : Kiang kan to che tiao jen kiu, lieou mo ling t'ang yi tai chou...

Tr. Siao Che-kiun.
Rv. Hervouet.

Chen K'in-k'i

LE PRUNIER

Après que la glace et le gel ont tout broyé,
  Soudain éclosent quelques branches nouvelles.
Solitaires, dans le paysage vespéral,
  Elles ouvrent le printemps de l'univers.

Dans la nature, mort et vie se répondent ;
  Qui peut rivaliser avec la force de ces fleurs ?
Quand on voit auprès d'elles l'ermite campagnard,
  C'est comme si l'on rencontrait un homme d'outre-
[monde[1].

Chen K'in-k'i (Chen Tö-yu), bachelier du début des Ts'ing réputé pour son art impulsif et naturel.

1. L'ermite campagnard, c'est l'adepte du taoïsme qui cherche l'immortalité par une ascèse physique lui donnant un aspect plus voisin d'une chose morte que d'êtres aussi vivants que les bourgeons du printemps.

Mei : Ping chouang mo lien heou, hou fang ki tche sin...

Tr. Siao Che-kiun.
Rv. Hervouet.

Yu Tche

CHANSON TRISTE

Que je voudrais m'en retourner cultiver les champs à Siang-
[yang[1],
    Les champs qui s'adossent à la haute montagne et font
[face à la grande vallée !
Les femmes portent le repas, les hommes labourent ; tous
[sont heureux.
    On y fréquente de grands hommes cachés et de jeunes
[héros[2],

Ou en tout cas des Immortels de la Source des Pêchers[3].
    Il y a des mûriers, du chanvre, les coqs, les chiens ; c'est
[comme sous un autre ciel...
Qui aurait pensé que ces joies seraient difficiles à retrouver ?
    L'Oiseau de la Pluie, le Dieu de la Sécheresse, se
[disputent l'hégémonie[4].

Mes voisins de l'Est, pour payer les impôts, ont dû vendre
[leurs filles ;
    Le percepteur de Che-hao vient de nuit réclamer l'argent
[à grands cris[5].

Il ne reste au vieillard de l'Ouest que ses quatre murs nus ;
Pour supporter le froid et la faim, il passe tout son temps
[à dormir.

Yu Tche (Yu Ta-mou), poète du XVIIᵉ siècle distingué par Wou Wei-ye.

1. Au nord du Hou-pei, sur la Han. — 2. Mot à mot « le dragon accroupi et le jeune phénix ». C'est une allusion à Tchou-ko Leang et à P'ang T'ong, deux héros des combats de la période des Trois Royaumes, tous deux originaires de Siang-yang. Le premier est le grand homme caché, le second le jeune héros. — 3. Allusion à une pièce de T'ao Ts'ien (cf. p. 160) racontant l'histoire d'un homme qui découvre, au-delà d'un verger de pêchers et d'un tunnel dans la montagne, une vallée retirée où les gens vivent dans un bonheur parfait, hors du temps, ignorants du reste du monde. — 4. Chang-yang, oiseau extraordinaire à une seule patte, annonce la pluie par son cri. Han-pa est le dieu de la sécheresse. — 5. Petite ville du nord-ouest du Ho-nan, célèbre parce que Tou Fou composa une poésie intitulée « L'agent de Che-hao » où il raconte comment, tous les hommes valides d'une famille ayant été déjà mobilisés, l'agent recruteur emmène encore, de nuit, la vieille femme restée au logis.

Pei ko : Wo yu kouei tchong siang yang, pei yi kao chan mien ta tch'ouan...

Tr. Siao Che-kiun.
Rv. Hervouet.

Lou Ho-tcheng

LE PERROQUET EN CAGE

Il conserve en son cœur la nostalgie des nuages et du ciel ;
  Mais que peut-il faire avec ses ailes rognées ?
Son langage est sa seule et vaine habileté ;
  Sa beauté même ennuie beaucoup de gens.

Du Long-chan, combien le Kouan-ho paraît lointain[1] !
  En sa cage sculptée, il passe les années et les mois.
De sa robe bleue, bientôt il ne restera rien...
  Ma tristesse dépasse celle qu'a chantée Tou Fou.

*Lou Ho-tcheng (Lou Siang-wou), originaire de Song-kiang au Kiang-sou.
— Voir une autre pièce sur le thème du perroquet, par Po Kiu-yi (ci-dessus,
p. 321).*

1. Le Long-chan est le massif montagneux qui se trouve entre le Kan-
sou et le Chen-si, un peu au nord de la Wei. Kouan-ho est le nom à la
fois d'une petite rivière et d'une bourgade, à l'extrémité nord-ouest du
Chan-si, près de la Grande Muraille.

Long tchong ying wou : Tsong yeou yun siao tche, k'i jou touan yu ho...

                                        Tr. Siao Che-kiun.
                                        Rv. Hervouet.

T'an Ki-ts'ong

ORAISON FUNÈBRE
DEVANT UN CHAMP DE BATAILLE

Dans la prairie, au pied des monts K'i-lien[1],
  Tout est silencieux — quelques fumées humaines...
Les âmes des morts, après mille ans,
  Songent encore à traverser Tsieou-ts'iuan[2].

T'an Ki-ts'ong (T'an Tcheou-che, 1624-1680), originaire du Tchŏ-kiang, cousin de Tchou Yi-tsouen.

1. Aux confins du Tibet et du Turkestan. — 2. Tsieou-ts'iuan est une petite ville aux limites anciennes de l'empire, dans le nord-ouest du Kan-sou, non loin de l'extrémité occidentale de la Grande Muraille. Traverser Tsieou-ts'iuan, pour les soldats des T'ang, voulait dire regagner la Chine. Cette pièce s'inspire des poèmes des T'ang sur les campagnes militaires dans les marches du Nord-Ouest.

Tiao tchan tch'ang : K'i lien chan hia ts'ao, tsi mo chao jen yen...

Tr. Siao Che-kiun.
Rv. Hervouet.

Tchou Yi-tsouen

ADIEUX À LIN KIA-KI
RETOURNANT À P'OU-T'IEN[1]

Dans le haut pavillon où l'on avait préparé un banquet pour
[vous fêter ce soir,
J'écoutais tristement les Chants des Chevaux noirs qui
[reconduisent le voyageur[2].
Abattu, j'éprouvais une douleur d'autant plus vive,
Que vous allez être séparé de moi par un écran de nuages
[et de montagnes.

Ami Lin, dans votre distinction sans égale,
Vous êtes comme un phénix, ou encore comme un
[poulain superbe que nul ne peut dompter.
Un beau matin, d'un grand geste insouciant, vous aviez fui
[votre village natal ;
Combien d'années dûtes-vous, dans la faim et le froid,
[recourir à des gens de rencontre !

Vous qui étiez accoutumé à des vêtements recherchés,
Vous auriez eu honte de verser des larmes, à bout de
[ressources, sur la route de l'exil.

Combien de fois avez-vous composé poèmes ou chansons
[qui font pleurer les dieux !
Et souvent vos conversations comme vos rires étonnent
[les gens du commun.

Ami Lin, ami Lin, votre visage et votre corps portent les
[signes d'un destin extraordinaire :
Soit que vous vous éleviez ou que vous demeuriez caché,
[votre courage est égal à celui des enfants de Ping-
[tcheou³.
Il est clair que tout bonheur et toute noblesse vous sont
Il ne vous convient pas de rester émacié et flétri.   [dus ;

Quittez-moi, en cette fin d'automne, pour retourner à votre
[pays de Min⁴ !
Vos bagages sont si légers que votre domestique s'en
[désole.
Vous allez être l'étranger logé sur les bateaux au long cours
[des fleuves limpides ;
Votre nostalgie du village natal évoque la feuille qui
[rougit dans les mille montagnes à l'automne.

En visite chez les belles au bord du lac Kieou-li⁵, vous vous
[appuyiez aux paravents couleur de martin-pêcheur ;
Vous vous penchiez sur l'onde claire au pied du mont
[Kou-tch'eng⁶.
Maintenant, dans le vent froid, vous suivrez votre route par
[les rivières et les montagnes ;
Vous vous arrêterez au crépuscule aux grands et aux
[petits relais.

Hélas ! je serai séparé de vous qui serez sous un ciel lointain,
[dans le Midi ;
J'ai l'âme peinée en vous accompagnant au pont du fleuve
[pour votre retour.

O voyageur qui allez au loin, ne renoncez pas à votre
[voyage malgré ses difficultés,
Car vos parents doivent penser que vous n'avez que trop
[tardé à revenir !

Tchou Yi-tsouen (Tchou Si-tch'ang, 1629-1709), originaire du Tchö-kiang, célèbre érudit, philologue, épigraphiste, archéologue. Comme poète, son nom est souvent associé à celui de Wang Che-tchen.

1. P'ou-t'ien, ville du Fou-kien, entre Amoy et Fou-tcheou. — 2. Chants du départ (les chevaux attendent à la porte). — 3. Ping-tcheou, vieux nom pour désigner la Chine du Nord-Est. — 4. C'est-à-dire au Fou-kien. — 5. Lac des Neuf Stades. — 6. Au Chan-tong.

*Song lin kia ki houan p'ou t'ien : Kao leou tche tsieou chang kiun si,
tch'eou t'ing li ko song hing k'o...*

Tr. O. Kaltenmark.
Rv. M. Kaltenmark.

Wang Kieou-ling

INSCRIT À L'AUBERGE

Lorsque à l'aube je me réveille, la lune s'abaisse vers l'auvent
[de chaume ;
Il me semble avoir perdu en rêve le chemin du pays natal.
Qu'est-ce donc en ce monde qui pousse l'homme vers la
[vieillesse ?
C'est à moitié le chant du coq, à moitié le hennissement
[de mon cheval...

Wang Kieou-ling (Wang Tseu-wou), docteur en 1682, mort en 1709.

*T'i lu tien : Hiao kiao mao yen p'ien yue ti, yi hi hiang kouo mong tchong
mi...*

Tr. O. Kaltenmark.
Rv. M. Kaltenmark.

Chao Tchang-heng

LE PÊCHEUR

Au lac de l'Est est un pêcheur ;
    Sa barque penche vers l'eau pure qui coule sur le sable.
Sa ligne s'incline dans la pluie d'automne ;
    Et l'on entend un chant de batelier par-delà le crépuscule.

Blanches sont les fleurs des roseaux, au neuvième mois,
    Et la carpe grandit sous le vent d'Ouest.
Jeter l'hameçon, ce n'est pas attraper !
    Le poisson pris, encor faut-il le vendre.

Je m'adresse à l'homme, mais il reste muet ;
    Frappant l'eau de sa rame, il s'en va soucieux.

Chao Tchang-heng (Chao Tseu-siang), 1637-1704.

Yu fou : Tong hou yeou yu fou, t'ing yi ts'ing k'i lai...

Tr. O. Kaltenmark.
Rv. M. Kaltenmark.

Leang P'ei-lan

CHANSON DU SABRE JAPONAIS

Le sabre précieux est là, sur le marché, long de plus de cinq
    Le marchand du marché me conte son histoire. [pieds ;

Un démon à poil roux[1] vint du Grand Océan ;
    Ce sabre, il le tenait du Roi du Japon.

Pendant trois jours, le Roi a fait jeûner Poil Roux,
    Puis, avec force courbettes, le lui remit.

Le sabre a forme de dragon, aspect de tigre ; il est d'humeur
                [à rendre arrogant.
    Quand on le tire du fourreau, c'est comme si scintillaient
                [les étoiles du ciel.

A sa poignée on a serti la Perle du Serpent jaune ;
    Rien n'égala jamais les cent joyaux de sa garde.

Parfois, dans la nuit noire, sa blancheur illumine les gens ;
    Parfois, le sang de ses victimes jette le frais éclat d'un
                [brocart purpurin.

Changeant avec le temps, il est tantôt pénombre, tantôt
[clarté ;
Dans la tempête, pendu au mur, il gronde étrangement.

Le Roi, dit la tradition, le fit forger
Un jour de conjonction entre le Métal et le Feu qui le
[vainc[2].

L'arme achevée, les génies malfaisants des marais et des
[bois firent soumission ;
A travers le pays, les squelettes poussèrent d'humains
[gémissements.

Il fait tomber les têtes, légères comme papier qui vole ;
Quand sa lueur glacée passe sur les flots, ils s'aplanissent.

Le Roi aimait à guerroyer, car il savait la force de son
[sabre :
Y mettait-il un doigt, tout son royaume tremblait.

Poil Roux s'en est venu à Canton avec le sabre :
Son grand bateau passa la mer, et le Dieu de la Mer fut
[triste.

Maintenant, sur le marché, ce sabre, personne ne le
[connaît ;
On en veut mille onces d'argent, mais il ne se vend pas.

A ce récit, je pousse un vain soupir :
Que faire de cette arme, instrument de malheur[3] ?

Ce qui est précieux en Chine, ce ne sont pas les sabres ;
Rendez donc ce sabre à Poil Roux !

Leang P'ei-lan (Leang Tche-wou, 1632-1708), Cantonais, fonctionnaire modeste, mais calligraphe et surtout poète très estimé. — Il y a déjà une chanson du sabre japonais qui est attribuée à Ngeou-yang Sieou ou à Seu-ma Kouang (XIe siècle).

1. Un Occidental. — 2. Théorie des Éléments. — 3. Allusion à un passage du *Lao-tseu* où il est dit que les armes sont des instruments néfastes.

Je pen tao ko : Che tchong pao tao wou tch'e hiu, che tchong kou jen hiang yu yu...

Tr. O. Kaltenmark.
Rv. M. Kaltenmark.

Wei K'ouen

MONTÉE AU PAVILLON DE LA GRUE JAUNE

Les grondements du Fleuve ont englouti le grand confluent
[des adieux.
Ses flots, que rien n'arrête, vers l'Est s'élancent à
[nouveau.
Les vagues en furie couvrent dix mille arpents, au ciel le
[vent mugit ;
Sur la berge de sable, où le soleil décline, c'est l'heure où
[hurlent les crocodiles.
Léger comme une feuille, rasant les flots brumeux, l'esquif
[passe la baie ;
Grimpant au Pavillon, je m'appuie tour à tour aux douze
[balustrades.
Soudain volette une pluie fraîche, qui m'éclabousse et
[trempe mes habits ;
Plus haut que le mont de la Grue jaune, jaillit la vague
Le paysage m'emplit les yeux de mélancolie ;   [blanche.
Je murmure des vers, mes mèches tombent et s'embrouil-
[lent ; tout seul je bois mon vin.
Ts'ing-lien[1], en vérité, n'était pas un « Immortel génial »,
Puisqu'il n'osait traiter le sujet de Ts'ouei Hao[2].

555

Je veux, dans mon ivresse, emboucher la flûte de fer[3] ;
Pour mon retour, j'emprunterai aux Immortels une grue
[jaune !

Wei K'ouen (Wei Yu-p'ing, 1646-1705), prosateur et poète.

La grue jaune est la monture ordinaire des Immortels. Le Pavillon de la Grue jaune tient son nom d'un Immortel qui vint un jour le survoler en cet équipage. Il se trouve dans le Hou-pei, non loin de Wou-tch'ang, et domine le Fleuve Bleu. Cf. p. 280.

1. « Ts'ing-lien » est le nom du village natal de Li Po, et devint un des surnoms du poète. — 2. Le poète des T'ang Ts'ouei Hao avait écrit un poème célèbre sur le Pavillon de la Grue jaune (cf. p. 280). Li Po aurait hésité à reprendre après lui le même sujet. En fait, il existe plusieurs poèmes de Li Po sur le Pavillon de la Grue jaune (cf. p. 262). — 3. Instrument cher aux taoïstes.

Teng houang ho leou : Kiang cheng yi touen ta pie k'eou, chou tche pou tchou fou tong tseou...

Tr. Leang P'ei-tchen.
Rv. Diény.

Wei Li-t'ong

LA ROUTE DE MA-LING[1]

Le retranchement belliqueux depuis mille automnes s'est
[aplani sous l'herbe et sous le sable ;
Plus de lance ébréchée pour entraver les labours de
[printemps.
Mais à minuit, dans la cité déserte, quand hurlent le ton-
[nerre et la pluie,
On se croirait encore au temps jadis, où crépitaient les dix
[mille arbalètes.

Wei Li-t'ong (Wei Nien-li), fin du XVIIᵉ siècle.

1. Ma-ling, ville morte, située au nord du Ho-pei. Elle existait dès
l'époque des Tcheou et disparut après les Souei (VIᵉ-VIIᵉ siècles).

*Ma ling tao : Tchan lei ts'ien ts'ieou cho mo p'ing, keng wou ts'an ki ngai
tch'ouen keng...*

Tr. Leang P'ei-tchen.
Rv. Diény.

557

Fang Tch'ao

LA MONTAGNE MIAO-KOU

Au ciel d'azur, il manque un coin :
    La montagne isolée comble la brèche avec ses nuages
                                        [blancs.
Dans les antres profonds, les sources librement jaillissent ;
    Sur les monts périlleux, l'on voit à peine les sentiers.

Soleil et lune se désolent, murés dans ce cachot ;
    Le tonnerre et le vent troublent l'ouïe et la vue.
Puissé-je seulement m'aller cacher dans l'ombre...
    A quoi bon rencontrer un souverain parfait ?

Fang Tch'ao (Fang Tong-houa), un Cantonais, a vécu à la fin du XVIIᵉ siècle.

La montagne Miao-kou se dresse dans le Chan-si. Peut-être est-ce elle que le philosophe Tchouang-tseu considérait comme un séjour des dieux.

Les deux derniers vers suggèrent le sens allégorique de ce poème : le poète est ulcéré par les désordres de son temps, semblables à ces parois sauvages (les fonctionnaires corrompus ?) qui écornent le ciel (l'empire ?), déconcertent et menacent les voyageurs (les honnêtes gens ?), obstruent le soleil (l'Empereur lui-même ?). Mais, comme les anciens taoïstes, il croit peu aux vertus du meilleur des souverains ; il n'ambitionne pas de faire carrière, et préfère la retraite et l'obscurité.

Miao kou chan : Yi kiue ts'ing t'ien k'iue, kou fong pou pai yun...

Tr. Leang P'ei-tchen.
Rv. Diény.

Hiu T'ing-yong

LES ROCHERS DE COULEUR

Tiré de mon exil, à peine de retour,
    Sur la vague en émoi, je joue avec la pleine lune.
Le fleuve et la montagne ont perdu leur Li Po :
    Plusieurs milliers d'années de morne solitude !

Mais, moi aussi, j'ai pour montures les dauphins ;
    Je suis venu prendre passage sur le bateau de l'Ile aux
Je grimpe au pavillon, et je ne vois personne ;   [Buffles.
    Les ondes du printemps montent jusqu'au ciel bleu.

Hiu T'ing-yong (Hiu Tseu-souen) a vécu au début du XVIIIe siècle.
  *L'Ile aux Buffles se trouve au milieu du Fleuve Bleu, près de Tang-t'ou,
dans l'est du Ngan-houei. Au nord de l'île, au lieu dit « les Rochers de
Couleur », les voyageurs peuvent franchir commodément le fleuve (cf. v. 6).*
  *Le poète Li Po s'était donné le surnom de K'i-king-k'o, « celui qui
chevauche les dauphins », en pensant aux voyages merveilleux des sages taoïstes,
grands amateurs de randonnées chamaniques à dos d'oiseau ou de poisson. Plus
tard une légende — dont il existe plusieurs variantes — vint illustrer ce
surnom ; un jour, aux Rochers de Couleur, Li Po disparut, chevauchant un
dauphin qui l'emporta au pays des Immortels.*
  *Hiu T'ing-yong, en franchissant le fleuve aux Rochers de Couleur, évoque
le souvenir du poète. Le vers 5 est un jeu de mots qui s'explique au vers*

suivant ; mais il révèle aussi les aspirations taoïstes de l'auteur qui, comme Li Po, voudrait gagner le paradis sur une monture surnaturelle.

Ts'ai che : T'eou ts'ouan kouei lai heou, king po nong yue yuan...

Tr. Leang P'ei-tchen.
Rv. Diény.

Tch'en Jouei-sseu

DONNÉ À TCHANG YONG-FOU

Lou T'ong[1] était de famille pauvre ; il n'avait rien de trop :
    Une servante, un domestique, et quelques travées de
Votre pauvreté, Maître, est encore autre chose :   [logis.
    Glacial et sans fumée, votre fourneau brisé s'effondre.
Au terme du chemin, vous vous lassez de voir le blanc des
                                [yeux du peuple[2] :
    « Viens donc manger, pauvre homme ! » Plutôt mourir de
                         [faim que manger de ce pain !
Votre petit gars, non chaussé, a les pieds crevassés ;
    Et votre épouse, à force de jeûner, a le visage tout gris.
La chambre unique à toit de chaume : quatre murs vides,
    Sous le soleil cuisant, sous la pluie torrentielle, dans la
                          [clameur du vent violent.
L'araignée grêle franchit la porte, la souris grise est aux
                                [aguets ;
    La nuit, vous reposez, raidi de froid, dans votre veste en
                           [cuir de buffle.
Peinant sur un chemin barré[3], pauvre et malade,
    L'esprit navré, plein de dépit, vous avez dit vos secrètes
                              [pensées ;

Et vos propos abrupts, d'une altière violence, ont fait
[pleurer les dieux...
Rare génie, dressé sous la voûte azurée !
Chez les puissants, quel déploiement d'esclaves et de ser-
[vantes !
Ouvrant des yeux tout ronds, ils font la nique au vieillard
[chauve.
Le clair soleil s'est assombri, et notre Voie se perd[4] ;
Mais ces gens-là méritent-ils d'occuper nos pensées ?
Ces buffles qui halètent sous la lune[5], ces truies au dos
[fangeux,
Font assaut de mépris... C'est dans l'ordre des choses.
Ignorez-vous quel pur renom ont laissé Ki-ts'eu et Yuan
Pour nous ces hommes-là ne périront jamais. [Hien[6] ?

Tch'en Jouei-sseu (Tch'en K'ouo-kieou), licencié en 1702.
*Tchang Yong-fou était le nom honorifique de Tchang Sseu-tsou, un lettré
contemporain qui vécut miséreux et malade (« il faisait neuf repas par mois »)
et mourut de faim après la cinquantaine, laissant un recueil intitulé « Poèmes
de l'auvent où l'on mâche la canne à sucre ».*

1. Lou T'ong : un écrivain pauvre qui vivait sous les T'ang. —
2. Expression populaire. Les gens du commun montrent « le noir de
l'œil » à ceux qu'ils craignent et veulent flatter ; ils montrent « le blanc de
l'œil » à ceux qu'ils méprisent et feignent d'ignorer. Tchang Yong-fou
est si pauvre qu'il ne rencontre de tous côtés que hauteur et indifférence.
— 3. « Peinant sur un chemin barré » : pour Tchang Yong-fou, comme
pour beaucoup d'honnêtes gens, la route est barrée ; leur pauvreté leur
interdit l'espoir d'une brillante carrière. — 4. « Notre Voie » : le soleil
des bons principes, la voie de la vertu. Le sens des derniers vers est le
suivant : ne nous affectons pas trop de l'immoralité du siècle. Considé-
rons le mépris des riches et des puissants comme un mal inévitable (v. 22)
et indigne de nous préoccuper (v. 20). Songeons plutôt à assurer notre
gloire par une vie vertueuse (v. 23-24). — 5. « Ces buffles qui halètent
sous la lune », d'après le proverbe : « Le buffle du pays de Wou halète
sous la lune », comme si les rayons de la lune étaient aussi brûlants que
ceux du soleil. Ce proverbe s'applique aux personnes que leur imagination
induit en erreur et qui, se laissant duper par les apparences, ne savent pas

reconnaître le vrai mérite. — 6. Ki-ts'eu et Yuan Hien, deux personnages vertueux du temps de Confucius.

Tseng tchang yong fou : Lou t'ong kia p'in wou tch'ang wou, yi pi yi nou wou chou kien...

Tr. Leang P'ei-tchen.
Rv. Diény.

Fei Sseu-houang

PROPOS D'UN FILS

Aigle et milan fondent sur le poussin,
  Mais le poussin peut compter sur sa mère.
J'ai quitté mes parents, franchi le seuil,
  Et le long du chemin mon cœur frissonne.

*Fei Sseu-houang (Fei Tseu-heng), XVIIIe siècle, amateur de poésie
ancienne du genre populaire* (yue-fou).

Eul yu : Yao ying po ki, k'i yeou mou hou...

Tr. Leang P'ei-tchen.
Rv. Diény.

LA BELLE DE WOU CONVIE À BOIRE

La belle de Wou a quinze ans, et les cheveux flottants ;
  Sa coupe de jade convie l'hôte au plaisir du vin de raisin.
« Passé le Fleuve Jaune, le ciel venteux refroidira ;
  Vous n'aurez plus, comme au Kiang-nan[1], ce doux vin de
                                                    [printemps. »

Les femmes de la région de Wou, en particulier celles de Sou-tcheou au Kiang-sou, la Venise chinoise, sont renommées pour leur beauté, souvent célébrée par les poètes, et comme chanteuses et courtisanes.

1. La région du bas Fleuve Bleu, appelée autrefois le Wou ou le Kiang-nan.

Wou ki k'iuan tsieou : Wou ki che wou fa san san, yu wan p'ou t'ao k'iuan k'o han...

Tr. Leang P'ei-tchen.
Rv. Diény.

Siu Lan

LES FEUX FOLLETS

Lorsque la pluie terreuse emplit le ciel de bruine et trempe
[les habits,
Les feux follets, telles des lucioles, prennent leur vol
[étincelant.
En un clin d'œil ils s'éparpillent, semant le ciel d'étoiles,
Et dans l'espace on croit entendre mille voix gémis-
[santes.

Ce feu brillant comme un flambeau, certes, c'est un héros
[défunt ;
Les flammes que vomit la cohorte des âmes ne sont pas
[aussi rouges.
Il commande à toute l'armée des farfadets de s'allumer et de
[s'éteindre ensemble ;
N'est-ce pas lui, jadis, qui menait les légions ?

Là-bas, d'autres lueurs, d'une noirceur de laque,
Tapies au creux des monts, conversent et chuchotent.
Puis les chevaux des morts hennissent, un vent fou tour-
[billonne,

Et des milliers de lumignons jaillissent des ténèbres.
A la lueur fulgurante de la foudre, les deux armées se
[heurtent ;
Les renards, les lapins tremblent d'effroi dans l'herbe.
Une nuée de sabres siffle et, sous ces sabres invisibles,
Les crânes tombent à terre, plus légers que des feuilles.

L'éclat du sang versé reste aussi vif après mille ans,
Bien que les os blanchis s'en aillent en poussière et
[fumée[1].
De nouveaux morts rejoignent tous les jours les âmes froides
[des anciens :
Plus besoin d'envoyer des vêtements d'hiver aux guerriers
[lointains[2].

Siu Lan (Siu Fen-jo, Siu Tche-sien), XVIIIe siècle, se forma à l'école de Wang Che-tchen (cf. p. 540). Son style étrange rappelle celui de Li Ho, un poète excentrique des T'ang. Il participa à une expédition lointaine, « au-delà des passes », qu'il évoque dans ses poèmes.

Les feux follets passent souvent en Chine pour les âmes de guerriers morts au combat. Ce tableau rappelle les danses des morts et les chevauchées fantastiques chères à nos poètes romantiques ; mais la dernière strophe nous ramène au thème bien chinois des guerres lointaines.

1. Le sang versé garde tout son éclat dans la mémoire des hommes, bien après que les os sont tombés en poussière. — 2. Dans ce vers passe le souvenir d'innombrables élégies, celles de ces épouses, penchées toute la nuit sur leur ouvrage, qui préparent pour les soldats lointains des vêtements d'hiver. Le poème s'achève en chant funèbre ; si les vêtements d'hiver sont aujourd'hui superflus, c'est que les épouses sont veuves, c'est que les guerriers sont morts.

Lin houo : T'ou yu k'ong mong tchao yi che, lin houo jou ying fei yi yi...

Tr. Leang P'ei-tchen.
Rv. Diény.

Le mont K'i-lien qui respire en plein ciel
  N'a pas de part aux saisons d'ici-bas.
Les derniers cavaliers entrouvrent leurs habits, sous la brise
                                              [des saules ;
  En tête de l'armée, on laisse choir ses doigts gelés, parmi
                                              [les flocons de neige.

Quittant le sol des Han, on a déjà les cheveux blancs à la
                                              [racine ;
  Passé les monts de Ts'in, les larmes se teintent de rouge.
Les simples cavaliers, comblés de maux, chantent leur lourde
                                              [peine ;
  Prince et marquis, à la ceinture, portent leur bel arc ciselé.

*Kouei-houa ou Kouei-souei, ville du Souei-yuan, en mongol Koukoukhoto,
« la Ville bleue », au nord-est de la grande boucle du Fleuve Jaune. La
chaîne du K'i-lien-chan (ou Nan-chan) forme la frontière entre le Kan-sou
et le Ts'ing-hai. Elle succède à l'ouest aux monts de l'ancien État de Ts'in
(Chen-si et Kan-sou oriental), que l'armée vient ici de franchir. La chaîne
s'élève puissamment : à son pied règne le printemps (v. 3), tandis que les
hauteurs restent couvertes de neige (v. 4).*

*Cette complainte, après tant d'autres, chante l'angoisse (v. 5), le désespoir
(v. 6) et la rancune (v. 8) des combattants des expéditions lointaines.*

*Kouei houa tch'eng tsa yong : K'i lien hou hi yu t'ien t'ong, pou yu jen
kien tsie heou t'ong...*

Tr. Leang P'ei-tchen.
Rv. Diény.

LA PASSE

Au flanc de la montagne, inclinée vers la mer, est une
[antique marche des frontières ;
A l'ombre des drapeaux qui s'agitent au vent, pointe la
[tour de guet.
Derrière les chevaux, les pêchers sont en fleur ; en avant
[des chevaux, la neige...
En franchissant la passe, comment ne pas tourner la tête ?

*Tch'ou kouan : P'ing chan fou hai kou pien tcheou, p'ei ying fong fan kien
chou leou...*

Tr. Leang P'ei-tchen.
Rv. Diény.

AIR DES FRONTIÈRES

Dix mille cavaliers sont descendus du ciel ;
Les frontaliers regardent, en se frottant les yeux.
Dans le fossé sans fin de la Grande Muraille,
On fait boire les chevaux : du coup il est à sec.

Sai hia k'iu : Wan k'i ts'ong t'ien hia, pien jen che mou k'an...

Tr. Leang P'ei-tchen.
Rv. Diény.

Mao Tchang-kien

BALLADE DU DAMOISEAU

Son précieux sabre vaut mille onces, la poignée de son arc
[est en jade incarnat ;
Son cheval à la selle brodée caracole sous les hauts
[catalpas[1].
Devant le préfet de la ville, bien loin de s'effacer, il brandit
[sa cravache ;
Il se lance à travers les jardins interdits, glorieux de son
[talent d'archer[2].

Il prétend qu'il est né, il dit qu'il a grandi chez les Kin, chez
[les Tchang[3],
Avec un air de morgue et de vaillance qui défie toute
[discussion.
Dès son enfance, il a mangé le grain de la cour impériale ;
Au palais des Longs Saules, il allait rendre hommage au
[Très-Auguste[4].

Les vieux généraux du Long-si[5], à soixante-dix ans,
Se faisaient tuer dans les terres lointaines... Que de
[soupirs en vain[6] !
Heureux, vous qui n'avez porté ni l'armet ni le heaume,
Taillé, dès le berceau, moulé pour être gentilhomme !

Mao Tchang-kien (Mao Kin-p'ei, XVIII⁵ siècle), licencié du Kiang-nan.
Portrait d'un jeune gentilhomme qui s'est « donné le mal de naître ».

1. Dans la poésie ancienne, imitée ici, les armes et la monture sont les attributs essentiels du gentilhomme, parfois les seuls à retenir l'attention du portraitiste. — 2. Le héros chevauche insolemment dans les parcs impériaux, fier du renom qu'il s'y est acquis au tir à l'arc. Le tir à l'arc est l'un des six arts fondamentaux enseignés en Chine depuis l'Antiquité. Pour choisir ses ministres et ses conseillers, l'Empereur tenait compte de leur habileté d'archer. — 3. « Les Kin et les Tchang » : ces noms de deux illustres fonctionnaires de l'époque des Han ont servi plus tard à désigner la haute noblesse en général. — 4. Le palais des Longs Saules : un palais des Ts'in, puis des Han, situé dans le Chen-si, célèbre pour son parc de saules pleureurs. — « Le Très-Auguste » : l'Empereur. — 5. Long-si : ancien nom de la région du Kan-sou, qui évoque ici les campagnes militaires des Han aux marches du Nord-Ouest. — 6. Les vieux généraux ont peiné toute leur vie sans gloire et sans profit.

Chao nien hing : Ts'ien kin pao tao hong yu pa, sieou ngan ts'ou ta tch'ang
ts'ieou hia...

Tr. Leang P'ei-tchen.
Rv. Diény.

Tcheou Long-tsao

LES EAUX DU LONG-T'EOU

Au loin, sur les flancs du Long-t'eou, s'allongent neuf lacets.
    Je hâte ma voiture et m'apprête à passer, le cœur noyé de
                                                        [rêves.
Soudain j'entends des eaux qui pleurent, à côté du chemin ;
    On prétend que ces eaux murmurent des adieux.
Ce sont des flots de sang, jaillis des yeux des voyageurs,
    Et pour l'éternité chargés de leurs sanglots,
            D'un bruit de sanglots
            Qui coulent sans cesse,
            D'un bruit de poulies[1]
            Qui tournent sans fin.
Lorsque sonne à minuit le pipeau frissonnant[2],
        Que de partout le vent des frontières se lève,
            Nulle tristesse n'est plus triste
            Que les eaux du Long-t'eou.

Tcheou Long-tsao (Tcheou Han-siun, Tcheou Heng-tchai, XVIIIe siècle), licencié et poète.

Le Long-t'eou, ou Long-chan : montagne du Chen-si, célèbre depuis des siècles pour ses « neuf lacets » et les eaux claires qui dévalent sur ses flancs (cf. « Chanson sur l'air Les eaux tranquilles du Long-t'eou », p. 212). Certaines chansons de l'époque des Han ou des Six Dynasties prêtent déjà à ces torrents le son d'une voix qui sanglote.

1. « Un bruit de poulies » : il s'agit peut-être des machines élévatrices qui refoulent l'eau dans les canaux d'irrigation (norias). — 2. « Le pipeau » : instrument de musique des Barbares fait d'une feuille de roseau enroulée. Sa sonorité mélancolique a frappé les poètes chinois qui le mentionnent souvent, comme un symbole de la solitude et de la tristesse des contrées barbares.

Long chan chouei : Long pan yao yao kieou tchŏ tch'ang, k'iu tch'ŏ yu tou sin s'ang mang...

Tr. Leang P'eitchen.
Rv. Diény.

Tcheou Hang

INSCRIT SUR LE TABLEAU
D'UN « HOMME FAISANT PAÎTRE UN CHEVAL,
APPUYÉ SUR SON ÉPÉE »

Cent onces d'argent a coûté son épée ;
   Mille onces d'argent a coûté son cheval[1].
Dix ans, il aiguisa l'épée, sans pouvoir l'éprouver ;
   Lors, pressant sa monture, il est rentré chez lui ; sous un
                       [roc il paît le cheval.

Il rêve au brocart de jadis, aux blanches fourrures de
                       [renard[2],
   Lorsque, ceignant ses deux dragons[3], il parcourait dix
                       [mille stades.
En ce temps-là, d'un air de morgue, il dédaignait marquis et
                       [princes.
   Tout homme, hélas, a son destin ; il serait vain d'en
                       [discourir...

Sa barbe foncée était alors cornue comme un dragon ; il
             [déplore à présent ses cheveux blancs.
   Un brave cœur ne peut attendre que les chevaux portent
                       [des cornes[4].

Les deux mains dans ses manches, il semble regretter
[d'avoir tiré le sabre en vain.
Ne voyez-vous pas, de tout temps, les revers, les succès,
[se suivre et s'engendrer, comme les nuées dans la
[bourrasque ?

Dans les montagnes du Midi, parfois l'on trouve encore
[un bon chasseur de tigres ;
Mais nul ne sait qu'il est le grand général Li[5].

Tcheou Hang (Tcheou Tsou-wang), XVIIIe siècle.

1. L'épée et le cheval : cf. « Ballade du damoiseau », p. 570. — 2. Le brocart et les fourrures blanches de renard : ces deux termes désignent traditionnellement les vêtements précieux des gentilshommes. — 3. « Ses deux dragons » : les deux longs sabres qu'il passait dans sa ceinture. — 4. Même s'il a du cœur, le guerrier ne peut attendre indéfiniment l'occasion d'un exploit. La vieillesse vient vite. Le *Che-ki* rapporte qu'au prince de Yen, qu'il voulait retenir en otage, le roi de Ts'in déclara : « Quand les corbeaux auront la tête blanche et que les chevaux auront des cornes, vous pourrez repartir. » — 5. Les deux derniers vers servent de conclusion à cette méditation sur les vicissitudes de la fortune. Le héros du poème achève misérablement une carrière qui s'annonçait brillante ; de même le grand général Li Kouang des Han ne fut jamais récompensé selon son mérite. On raconte qu'une nuit ce valeureux soldat transperça d'une flèche le rocher qu'il avait tout d'abord pris pour un tigre. Son nom désigne ici, par extension, tous les héros méconnus.

T'i yi kien mou ma t'ou : Pai kin mai yi kien, ts'ien kin mai yi ma...

Tr. Leang P'ei-tchen.
Rv. Diény.

Houang King-jen

LA TOMBE DE LI T'AI-PO

A l'âge où l'on noue ses cheveux[1], je lisais tes poèmes ;
  Et aujourd'hui je viens visiter ton tombeau.
Sur le fleuve, un vent frais approche allégrement ;
  Je voudrais lui confier mon humble admiration.
Hélas ! même avec ton talent, nul n'échappe à la mort ;
  Mais je sais bien que mort, tu n'es pas mort !
Pour trois mille ans la planète Vénus est descendue sur
                                              [terre[2] ;
  Ci-gît, comme à K'ouen-ming, la cendre prise à un dieu[3].
Un haut bonnet tout droit, à la ceinture une rapière...[4]
  Tu tirais le sabre en virtuose, et ton génie émerveillait[5].
Dans ton creuset s'unirent K'iu et Song, pour te placer
                                        [parmi les maîtres[6] ;
  Ta main jouant des rayons de soleil et de lune, tu as créé
                                      [un langage éblouissant.
Tous n'ont pu t'approcher au temps où tu vivais,
  Mais aujourd'hui, devant tes restes, on pense encore à toi.
Le réveil, c'était l'hébétude ; l'ivresse, un flot de poèmes :
  Le démiurge sans doute a dirigé ta main[7].
Au monde il n'était rien qui séduisît ton cœur,
  Sinon boire du vin, et rechercher les Immortels.

De toute ta vie, tu n'as courbé le front que devant Sie
[Siuan-tch'eng[8].

L'entrée de ton tombeau fait face, toujours verte, au vert
[de la montagne.

Ta flamme rayonnante brille aujourd'hui comme autrefois.
Ci-gît aussi celui qui sur son âne traversa le pont de la
[Pa[9].

En telle compagnie, le souterrain séjour est bien digne de
[plaire ;
Devra-t-on s'étonner si les eaux et les monts ont ici tant
[d'éclat ?

De toute éternité, sur ces eaux et ces monts, brille le clair de
Ton âme ivre a sombré, et ne s'éveille plus[10]. [lune ;
Habits soyeux et barques peintes sont tombés dans
[l'oubli[11] ;
Seul un discret refrain hante les eaux du fleuve.

Les restes de ton fard, les traces de ta poudre, épars dans
·[l'univers[12],
Te font encore parmi les hommes des milliers de disciples.
De ton contemporain, le poète censeur,
La pierre tombale borde, elle, la Siao-Siang[13].
Je l'ai vue autrefois, lors d'un voyage dans le Sud ;
Les nuages du mont Heng rejoignent tristement la
[montagne Kieou-yi[14].
Les lieux où, dans la mort, reposent vos deux corps
Offrent mêmes contrastes que vos arts poétiques.
Mais chez ce maître auguste, je regrette à la fin tant d'accès
[de courroux ;
Si tu n'es, toi, mon maître, quel autre pourrait l'être[15] ?
Livrons à la gaieté nos cent années de vie :
Mille coupes en un jour, c'est trop peu pour me plaire !
J'observe en souriant bûcherons et bergers, et leur babil
[sous les rayons obliques ;
Après ma mort, que l'on m'enterre sur ce versant boisé !

Houang King-jen (Houang Han-yong, Houang Tchong-tsö, 1749-1783), d'abord imitateur de Han Yu et de Tou Fou, se mit ensuite à l'école de Li Po. Poète vagabond, peu soucieux de sa gloire. Descendait de Houang T'ing-kien (cf. p. 371).

La tombe de Li Po (Li T'ai-po) se trouve au pied de la Montagne Verte (Ts'ing-chan), dans le district de Tang-t'ou, à l'est de la province du Ngan-houei.

1. « A l'âge où l'on noue ses cheveux » : dans l'enfance (à huit ans ou à quinze ans selon les interprétations). — 2. Allusion à la nature divine du poète. Selon la tradition, la planète Tch'ang-keng (Vénus) apparut en songe à la mère de Li Po, avant la naissance de l'enfant. Communément appelée T'ai-po, « la très blanche », cette planète a donné au poète son nom officiel (Po) et son nom honorifique (T'ai-po). — 3. A l'époque de l'empereur Wou des Han, on découvrit dans l'étang de K'ouen-ming des cendres noires, dans lesquelles on reconnut les restes d'un dieu déchu, condamné à vivre et périr sur la terre. Houang King-jen imagine de comparer les cendres de Li Po à celles d'un dieu banni parmi les hommes. C'est une manière de rendre hommage au poète qu'on avait surnommé « l'Immortel banni » (cf. p. 246). — 4. Ce vers a été emprunté à un passage du *Li-sao* où K'iu Yuan (cf. p. 60) dresse un portrait majestueux de lui-même. — 5. Li Po, dans sa jeunesse, passait pour un escrimeur redoutable. — 6. Li Po allie le génie de K'iu Yuan à celui de son disciple Song Yu (cf. p. 68). — 7. « Le démiurge », *hong-mong* : il désigne tantôt le chaos, tantôt le principe créateur qui œuvra au sein du chaos et ordonna le monde. — 8. Autrement dit Sie T'iao, un grand poète des Dynasties du Sud au Ve siècle (cf. p. 179). — 9. Il s'agit de Kia Tao des T'ang (p. 332), qui composa l'un de ses poèmes en franchissant à dos d'âne le « Pont de la Pa » (Pa-k'iao) près de Tch'ang-ngan. Sa tombe se trouve encore, comme celle de Li Po, dans le district de Tang-t'ou au Ngan-houei. — 10. Le mot « sombrer » fait allusion à une légende célèbre sur la mort de Li Po : sur le Fleuve Bleu, près des Rochers de Couleur (cf. Hiu T'ing-yong, « Les Rochers de Couleur », p. 559), le poète ivre tomba dans l'eau en voulant saisir le reflet de la lune et se noya. — 11. « Habits soyeux et barques peintes » : le décor des fêtes de jadis, auxquelles participait Li Po, et qui ont disparu avec lui. — 12. « Les restes de ton fard, les traces de ta poudre » : les vestiges de ton art, les poèmes que tu as laissés à la postérité. — 13. Le poète Tou Fou eut le titre de censeur, plus exactement *che-yi*, « fonctionnaire chargé de reprendre les négligences (de l'empereur) » par des représentations orales ou écrites. Sa tombe se trouve dans le district de Fong-yang (Hou-nan), au bord de la Siao-Siang. — 14. Le mont Heng est dans le centre du Hou-nan, et la montagne Kieou-yi dans le sud de la même province (district de Ning-yuan).

— 15. Esquisse d'un parallèle entre les deux grands maîtres de la poésie des T'ang. A la gravité et aux perpétuelles indignations de Tou Fou, Houang King-jen préfère la géniale insouciance de Li Po.

T'ao po mou : Chou fa tou kiun che, kin lai tch'an kiun mou...

Tr. Leang P'ei-tchen.
Rv. Diény.

Tsiang Che-ts'iuan

LES LUMIÈRES DE LA VILLE AU SOIR

Les feux de la ville, les lampes des bateaux brillent comme
                    [un essaim de lucioles ;
  Les nuages du soir déversent leur encre dans la nuit
Je me crois au plus haut des cieux,   [obscure.
  Penché pour voir parmi les hommes scintiller des rangées
                       [d'étoiles.

*Tsiang Che-ts'iuan (Tsiang Sin-yu, 1725-1785), éminent lettré, histo-
rien et poète. Il mourut à Moukden, où il travaillait à la bibliothèque impé-
riale.*

*Wan wang kiun tch'eng teng houo : Che houo tch'ouan teng cha louan
ying, mou yun t'o mö ye ming ming...*

Tr. A. T'ang.
Rv. M. Kaltenmark.

Tchao Yi

LECTURES OISIVES

Lorsque nous lisons les vieux livres,
    Nous le faisons toujours de notre point de vue :
Comme des gens qui, sur une vaste place,
    Entourent une haute estrade où jouent des comédiens.

En bas, les petits hommes
    Se dressent sur la pointe des pieds et tendent le cou :
Mais celui[1] qui se hisse sur un périlleux balcon
    Peut jouir du spectacle à la bonne hauteur.

La comédie est la même,
    Mais différentes les positions des spectateurs.
Les petits hommes, la représentation finie,
    Se vantent d'avoir tout vu.

Mais l'homme du balcon, à les entendre,
    Ne peut s'empêcher de pouffer de rire.

Tchao Yi (Tchao Yun-song, Tchao Ngeou-pei, 1727-1814), érudit bien connu par ses Notes sur les vingt-deux Histoires dynastiques *et autres ouvrages historiques et littéraires, qui en font une des grandes figures du mouvement intellectuel de l'ère K'ien-long.*

1. Le texte dit : Lieou Tchen. Il s'agit d'un personnage du temps des Trois Royaumes qui osa, au cours d'un banquet, regarder en face l'épouse de Ts'ao P'ei (187-226), le futur empereur Wen des Wei, au lieu de se prosterner bien bas comme le reste de l'assistance.

Hien kiu tou chou : Heou jen k'an kou chou, mei souei ki king ti...

Tr. M. Kaltenmark.
Rv. Hervouet.

Poèmes à chanter (ts'eu) *des Ts'ing*

(1644-1911)

Na-lan Sing-tö

SUR L'AIR « LONGUE NOSTALGIE »

Une étape en montagne,
Une étape par eau...
Je m'en vais là-bas vers la Passe aux Ormes[1] :
Au profond de la nuit, lanternes de mille tentes.

Une veille de vent,
Une veille de neige...
Des cris coupent court au rêve que j'allais faire de mon
[pays natal :
Il n'y avait point de bruits pareils dans mon jardin
[d'autrefois.

Na-lan Sing-tö (Na-lan Jong-jo, 1655-1685), poète mandchou, de son vrai nom Nara Cengde, fils d'un noble du clan de Nara qui fut un des premiers hauts fonctionnaires mandchous en Chine et fit élever son fils dans la culture chinoise. Licencié à dix-sept ans, docteur à vingt et un, officier de la garde impériale, ce pur Mandchou passe pour le plus grand auteur de ts'eu de la dynastie des Ts'ing. La brièveté de sa vie et le caractère passionné de ses vers l'ont fait comparer à Keats.

1. La Passe aux Ormes (Yu-kouan), ancien nom de Chan-hai-kouan, la

Passe de la Montagne et de la Mer, à l'est de Pékin. La Grande Muraille y rejoint la mer ; c'est la frontière entre la Chine et la Mandchourie.

Tch'ang siang sseu : Chan yi tch'eng chouei yi tch'eng, chen hiang yu kouan na p'an bing...

Tr. O. Kaltenmark.
Rv. M. Kaltenmark.

SUR L'AIR
« LES BARBARES BODHISATTVAS »

Le vent du Nord disperse la neige de la troisième veille,
Alors que mon âme charmée ne peut se détacher de la lune
[sur les fleurs de pêcher.
Qu'on ne m'éveille pas ! Je fais un si beau rêve.
Il me conduit en des lieux merveilleux...

Mais voici que, sans crier gare, sonne le clairon peint.
Auprès de mon oreiller, une mince glace rosée[1]...
Les chevaux des frontières poussent un hennissement ;
Les dernières étoiles frôlent la grande bannière.

1. Larmes de sang.

P'ou sa man : Cho fong tch'ouei san san king siue, ts'ien houen yeou liuan t'ao boua yue...

Tr. O. Kaltenmark.
Rv. M. Kaltenmark.

SUR L'AIR
« LA LESSIVE DE SOIE AU TORRENT »

Les mille branches des saules accompagnent le pas de mon
[cheval ;
Au Nord les oies sauvages reviennent à tire-d'aile de leur
[voyage vers le Sud.
Qui donc me passera un vêtement de printemps ?...

Voici qu'avec le crépuscule revient mon éternelle mélan-
[colie.
Pendant tout ce printemps, mon rêve solitaire se laissera
[aller comme fil de soie flottant.
À sa lettre, je viens de répondre que la séparation a trop
[duré...

Le sous-titre de cette pièce est « L'antique Passe du Nord » (Kou-pei-k'eou), nom d'une passe de la Grande Muraille au nord-est de Pékin.

Houan k'i cha : Yang lieou ts'ien t'iao song ma t'i, pei lei tcheng yen kieou nan fei...

Tr. O. Kaltenmark.
Rv. M. Kaltenmark.

Tchou Yi-tsouen

SUR L'AIR
« LES PENDELOQUES DE CEINTURE DÉNOUÉES »

Pendant dix ans j'ai frotté mon épée[1],
Et noué des relations auprès des Cinq Mausolées[2] ;
Toutes les larmes que j'ai versées dans ma vie s'en sont
[allées au gré du vent.
Devenu vieux, sur d'anciens airs je compose des paroles
[nouvelles[3],
Dont la moitié disent le regret du vide qu'a été mon exis-
[tence,
Et dont plusieurs chantent les épingles de cheveux en ailes
[d'hirondelle et les boucles de tempe en ailes de cigale[4].

Je n'ai pas pris pour maître Ts'in le septième,
Je n'ai pas pris pour maître Houang le neuvième[5] ;
J'ai suivi des accents nouveaux, plus ou moins proches de
[ceux de Yu-t'ien[6].
Je flâne le long des fleuves et au bord des lacs.
Je ne suis bon qu'à organiser les chants et les banquets où
[figurent des beautés poudrées de rouge ;
Et je prévois que, même les cheveux blancs, je ne serai
[jamais apanagé marquis.

Tchou Yi-tsouen, cf. p. 549.
Cette pièce est destinée à présenter le recueil des ts'eu *de Tchou Yi-tsouen.*

1. Comme pour me préparer à l'action, sans succès. — 2. Wou-ling, les cinq sépultures impériales des Han, près de Tch'ang-ngan, synecdoque pour la capitale ou la cour impériale. — 3. Mot à mot « je remplis des *ts'eu* » : je mets des paroles dans les cases du schème prosodique de chaque type de *ts'eu*. — 4. Courtisanes. — 5. Ts'in Kouan et Houang T'ing-kien, deux célèbres auteurs de *ts'eu* des Song du Nord (cf. pp. 409 et 371). Les ordinaux s'appliquent à leur rang dans la lignée des frères d'une même génération. — 6. Nom honorifique de Tchang Yen, un auteur de *ts'eu* des Song du Sud (XIIIᵉ-XIVᵉ siècle).

Kiai p'ei ling : Che nien mo kien, wou ling kie k'o...

Tr. O. Kaltenmark.
Rv. M. Kaltenmark.

BIBLIOGRAPHIE SOMMAIRE

Aperçus historiques de la littérature chinoise.

NAGASAWA Kikuya, *Geschichte der chinesischen Literatur* mit Berücksichti-
gung ihres geistesgeschichtlichen Hintergrundes, trad. Eugen FEIFEL,
2ᵉ éd., Hildesheim, 1960.
J. R. HIGHTOWER, *Topics in Chinese literature*, 2ᵉ éd., Harvard University
Press, 1953.
O. KALTENMARK-GHÉQUIER, *Littérature chinoise*, Paris, « Que sais-je ? »,
1948.
M. KALTENMARK, *Littérature chinoise*, Paris, Encyclopédie de la Pléiade,
1956.
P. DEMIÉVILLE, *Letteratura cinese*, Le civiltà dell' Oriente, Rome, 1957.
JAMES J. Y. LIU, *The art of Chinese poetry*, Londres, 1962.
J.-P. DIÉNY, Aux origines de la poésie classique en Chine, étude sur la
poésie lyrique à l'époque des Han, Leiden, 1968.

Traductions de poèmes choisis.

Arthur WALEY, *Chinese poems*, Londres, 1946 ; *The Temple and other
poems*, Londres, 1935.
André D'HORMON, poèmes traduits sous la direction de — (texte chinois
en regard), dans *Études françaises*, 30 fasc., et *Lectures chinoises*, 1 fasc.,
Centre franco-chinois d'études sinologiques, Pékin, 1939-1945.
Sung-nien HSU, *Anthologie de la littérature chinoise* des origines à nos
jours, Paris, 1933.
Patricia GUILLERMAZ, *La poésie chinoise*, Anthologie des origines à nos
jours, Paris, 1957.
H. A. GILES, *Gems of Chinese literature*, II, Verse, 2 vol. (dont un de texte
chinois), Londres-Changhaï, 1923.

Alfred FORKE, *Dichtungen der T'ang- und Sung-Zeit*, 2 vol. (dont un de texte chinois), Hambourg, 1929-1930.

Cyril BIRCH (éd.), *Anthology of Chinese literature from early times to the fourteenth century*, New York, 1965.

F. D. FRODSHAM et CH'ENG Hsi, *An anthology of Chinese verse : Han, Wei, Chin and the Northern and Southern Dynasties*, Oxford, 1967.

Traductions d'œuvres poétiques.

S. COUVREUR, *Cheu king*, texte chinois avec une double traduction en français et en latin, Ho kien fou, 1896.

Arthur WALEY, *The Book of Songs [Che-king]*, Londres, 1937.

David HAWKES, *Ch'u Tz'u*, the Songs of the South, an ancient Chinese anthology [Poèmes de Tch'ou], Oxford, 1959.

Burton WATSON, Cold Mountain : 100 poems by the T'ang poet Han-shan, New York, 1962.

David HAWKES, *A little primer of Tu Fu*, Oxford, 1967.

J.-P. DIENY, *Les dix-neuf poèmes anciens*, Paris, 1963.

Études biographiques avec traductions de poèmes
(cf. ci-dessus, Introduction, p. 35).

Sung-nien HSU, *Li Thai-po, son temps, sa vie et son œuvre*, Lyon, 1935.

LIOU Kin-ling, *Wang Wei le poète*, Paris, 1941.

LO Ta-kang, *Homme d'abord, poète ensuite*, présentation de sept poètes chinois, Neuchâtel, 1949.

LIN Yutang, *The Gay Genius : the life and times of Su Tungpo*, New York, 1947.

Arthur WALEY, *The life and times of Po Chü-i*, Londres, 1949 ; *The poetry and career of Li Po*, Londres, 1950 ; *Yüan Mei, Eighteenth century Chinese poet*, Londres, 1956.

Alfred HOFFMANN, *Die Lieder des Li Yü, 937-978, Herrschers der Südlichen T'ang-Dynastie*, Glückstadt, 1950.

William HUNG, *Tu Fu, China's greatest poet*, 2 vol., Harvard University Press, 1952.

Donald HOLZMAN, *La vie et la pensée de Hi K'ang (223-262 ap. J.-C.)*, Leiden, 1957.

K. P. K. WHITAKER, Études sur l'œuvre et la vie de Ts'ao Tche, dans *Bulletin of the School of Oriental and African Studies* et *Asia Major*, Londres, 1954-1957.

Yves HERVOUET, *Un poète de cour sous les Han : Sseu-ma Siang-jou*, Paris, 1964.

F. W. MOTE, *The poet Kao Ch'i (1336-1374)*, Princeton, 1962.

James T. C. LIU, *Ou-yang Hsiu (1007-1072)*, Stanford, 1967.

F. D. FRODSHAM, *The Murmuring Stream : the life and works of the Chinese nature-poet Hsieh Ling-yun (385-433)*, 2 vol., Kuala Lumpur, 1967.

TABLE

POÈMES DES HAN
(206 av. J.-C.-219 ap. J.-C.)

POEMES A CHANTER (YUE-FOU) DES HAN
(206 av. J.-C. -219 ap. J.-C.)

ET DES WEI
(220-264)

599

POÈMES DES TSIN
(265-419)

POÈMES DES DYNASTIES DU SUD
ET DU NORD
(420-589)

Dynasties du Sud.

POÈMES À CHANTER (YUE-FOU)
DES DYNASTIES DU SUD ET DU NORD
(420-589)
Dynasties du Sud.

POÈMES DES SOUEI

(581-617)

POÈMES DES T'ANG

(618-907)

POÈMES A CHANTER (TS'EU)
DES T'ANG ET DES CINQ DYNASTIES
(618-959)

POÈMES DES SONG
(960-1279)

POÈMES A CHANTER (TS'EU) DES SONG
(960-1279)

POÈMES DES KIN
(1115-1234)

ET DES YUAN
(1260-1367)

POÈME A CHANTER (TS'EU) DES YUAN

(1260-1367)

POÈMES À CHANTER (K'IU) DES YUAN

(1260-1367)

POÈMES DES MING
(1368-1643)

POÈMES DES TS'ING
(1644-1911)

POÈMES A CHANTER (TS'EU) DES TS'ING
(1644-1911)

DÉJÀ PARUS DANS LA COLLECTION

Ce volume,
le cent cinquante-sixième de la collection Poésie
composé par SEP 2000
a été achevé d'imprimer
sur les presses de l'imprimerie Bussière
à Saint-Amand (Cher), le 3 février 1982.
Dépôt légal : février 1982.
Imprimé en France (364).